行动改变命运，
感恩影响中国

赠言：

领先一步，领跑一路。
不要让期待你的人期待太久，
不要让爱你的人失望！

一定要请你尊重的人在这本书上面签名，让爱你的人和你爱的人一起来鼓励和见证你的生命成长！

记住，为你见证和鼓励的人越多，你的能量和磁场就会越大，马上行动！

记录感恩时刻……

感恩父母 感恩老师 感恩同学

记录感恩时刻……

为中华之崛起而努力读书

青少年必上的十六堂心灵修炼课

学会感恩
让心灵充满爱

XUE HUI GAN EN

RANG XIN LING CHONG MAN AI

杨春送　杨昌盛◎编著

高飞　李杰　陈坤　高丹　孙鹤芝　◎编委
吴刚　苏醒　傅俊　张帅　邢梁

中国原子能出版社

图书在版编目（CIP）数据

学会感恩，让心灵充满爱 / 杨春送，杨昌盛编著 . —北京：
中国原子能出版社，2012.9
ISBN 978 – 7 – 5022 – 5695 – 1

Ⅰ.①学…　Ⅱ.①杨…　②杨…　Ⅲ.①品德教育—中国
—青年读物 ②品德教育—中国—少年读物　Ⅳ.
①D432.62

中国版本图书馆CIP数据核字（2012）第225931号

学会感恩，让心灵充满爱

出版发行	中国原子能出版社（北京市海淀区阜成路43号　100048）
责任编辑	孙凤春
印　　刷	北京明月印务有限责任公司
经　　销	全国新华书店
开　　本	787mm×1092mm　　1/16
印　　张	16
字　　数	262千字
版　　次	2012年9月第1版 2012年9月第1次印刷
书　　号	ISBN　978 – 7 – 5022 – 5695 – 1
定　　价	45.00元

我们每天生活在繁华的都市里，到处都是熙熙攘攘的人群，川流不息的车辆，然而路灯下映衬的却是一个个孤独的影子。他们不断地擦肩而过，却从没有对视而笑，在这不断变化的世界中，能够留在人们心中的除了寂寞还有什么？生活的忙碌成为人们封闭内心的借口，对别人的帮助说一声"谢谢"成为一种奢侈，父母的养育，恋人的关怀，朋友的帮助，社会的援助在人们的眼里都成为理所当然。

回想一下，你有多长时间没有好好看看这碧蓝的天空，闻一闻这芬芳的花香，听一听这鸟儿的歌声？又有多长时间没有回家看看自己的亲人和朋友，和他们谈谈心，听听他们的烦恼和快乐？是不是因为一路上的风风雨雨而忘记了天边的彩虹，是不是因为行色匆匆的脚步，而忽视了路边的迷人风景？此刻，除了拥有一颗疲惫的心，麻木的心，你还有一颗感恩的心吗？

不要因为生命的沉重而忽略了感恩的心，也不要因为生活的忙碌而缺失了感恩的心。也许因为坎坷，我们才会看到互相搀扶的身影，也许因为失败，我们才能体会一句鼓舞的真诚，也许因为不幸，我们才会更懂得珍惜当下的幸福。试着用一颗感恩的心去体会，你会发现你的生活别样精彩。不要因为冬天的寒冷而失去对春天的希望，拥有了一颗感恩的心，你就没有了抱怨，没有了嫉妒，没有了愤愤不平，你也就有了一颗从容淡然的心！

清晨，推开窗户，放眼蓝蓝的天，绿绿的草，晶莹的露珠，你会感恩上天赐予你如此美好的一天；走在街上，看到路上每一个或陌生或熟悉的笑脸，你会感恩我们生活的和谐社会；走进校园，看到老师和同学们，你会感恩他们陪伴自己成长；在家里，和亲人们坐在一起用餐，你会感恩所有亲人给予自己的关爱；生活中遇到困难的时候，你会感恩患难中的朋友真情；出国旅游的时候，你会感恩祖国的强大给予我们的尊严和爱的天空……

需要感恩的太多太多，感恩亲人，感恩老师，感恩生命，感恩生活，感恩工作，感恩对手，感恩挫折，感恩祖国，感恩大自然……每天都以一颗感恩的心去迎接生活中的一切，因为感恩，人与人之间的距离越来越近；因为感恩，世界变成了爱的海洋。

《学会感恩，让心灵充满爱》这本书不仅让我们青少年学会凡事都以一颗感恩的心去面对，更以系统的编排，真切的感情和精心挑选的案例故事，让我们从感恩中重新寻找幸福的感觉，体验成功的喜悦和人生的真谛。读完此书，你会发现在我们的生活中，处处要感恩，时时要感恩，"感恩"让我们的心灵充满了爱，"感恩"这堂课是我们每个青少年都必须经历的心灵修炼。人生幸福的关键在于用什么样的心去看待自己和这个世界。胸怀感恩的心才会懂得爱自己、爱别人，才能长久地感受到来自他人的爱，从而享受快乐、幸福的人生。

感恩可以消解内心所有的积怨，可以涤荡世间一切尘埃。感恩是爱和善的基础，我们虽然不可能变成完人，但常怀着感恩的情怀，至少可以让自己活得更加美丽，更加充实。对于我们的人生来说，感恩是我们人生中最为珍贵的财富之一，能教会我们许多人生的大智慧。

感恩，是一门永远修不完的课程。感恩，不应该只是一个心念，它需要我们每一位青少年都将其落实在自己人生的过程中，付诸行动之中。

CONTENTS
目 录

Chapter 3　第三课
感恩的做人原则，使你拥有更多人气

Chapter 4　第四课
不吝于表达谢意，感恩带来神奇的改变

Chapter 5　第五课
施予你的热情，让感恩在良性互动中传递

Chapter 9　第九课
感恩老师、同学，伴随我们不断成长

Chapter 10　第十课
感恩生活，让灰暗的日子变得幸福

Chapter 11　第十一课
感恩工作，工作代表着一个人的尊严和保障

Chapter 12　第十二课
感恩对手，对手是你取长补短的镜子

Chapter 13　第十三课
感恩周围的人，每个人都在他人的支持与合作中成长

Chapter 14　第十四课
感恩社会，给予我们安定与和谐

学会感恩，成功的人生从感恩开始

成功学家安东尼·罗宾曾说过：成功的第一步就是先存有一颗感激之心，时时对自己的现状心存感激，同时也要对别人为你所做的一切怀有敬意和感激之情。感恩是净化人们心灵和校正人们态度的一剂良方，感恩让人的内心更加深沉、更加博大、更加从容。拥有感恩之心的人能够在成长的道路上勇往直前，拥有感恩之心的人会比别人成功得更快。

感恩节的由来

感恩节始于1621年，是北美洲独有的节日。在1863年，美国总统林肯将它定为国家假日，并且规定每年11月的最后一个星期四为美国的感恩节。感恩节是一个古老的节日，总共有4天假期。借着长假，很多美国人都会赶回家庆祝佳节，可以说，美国感恩节的热闹程度绝不亚于中国的中秋节。

感恩节的由来和英国基督教的宗教纷争有关。在17世纪中叶，清教徒遭受了政府和教会势力的残酷迫害，各种酷刑、逮捕、宗教审判都在无时无刻地威胁着清教徒，无奈之下，他们迁徙到了荷兰，但是他们的命运并没有因此而改变，他们不仅继续遭受着宗教迫害，而且饱受战争带来的痛苦，为了彻底改变他们的命运，清教徒们决定再一次进行大迁徙。

公元1620年的9月，清教徒的著名领袖布雷德福召集了自己的101名同伴驾驶着一条长90英尺的破旧木制帆船——"五月花"号开始远航，虽然这个破旧的帆船不适合远航，但是他们已经没有别的选择了，为了找回失去的权利和自由，他们必须不顾一切地去寻找属于他们自己的归宿。在这条船上，所有的人都抱着对新世界的憧憬和随时可能葬身大海的恐慌，向着不可预知的前方驶去。

9月的大西洋风大浪高，"五月花"号在海上时而被抛向浪尖，时而又沉落波谷，就像狂风暴雨中的一片树叶，艰难地向前漂泊。人们在船上克制不住地大声叫骂，抱怨声充斥着整条船。叫骂完了之后大家又开始祈祷，祷告上帝保佑他们平安。

虽然面临着随时船毁人亡的危险，但是所有船员都齐心协力、共同努力；虽然在海上他们粮食吃完了、疾病降临了，但是他们并没有因此而绝望。在这个关键时刻，他们空前地团结了起来，他们抱着必死的决心和同绝望抗争到底的勇气向困难发起了挑战。在那个时候，巨浪滔天，人们的体能都已耗尽，但是他们抗争的勇气依然存在。

就这样他们艰难地度过了两个多月的时间，在12月26日，他们发现了新大陆，到达了美国的普利茅斯港。在整个远航过程中，虽然充满了艰险，但是只有一名清教徒去世了，但是有意思的是，在这个人逝去的同时，船上的一个孕妇顺利地分娩出了一个新的生命！因此，到达新大陆的时候，仍然是102个人，这个结果让船上所有虔诚的教徒都感谢着上帝的眷顾。

到达新大陆之后，大家都憧憬着幸福，准备着开始新的生活。然而，对于这些渴望幸福的移民来说，第一个冬天并不美好。在整个冬天里，大西洋上吹来的凛冽寒风让他们无法忍受，漫天的冰雪无情地拍打着他们简陋的房子。他们没有过冬的必备装备，没有在这个陌生地方生活的经验，繁重的劳动把他们累倒了，恶劣的饮食让很多人倒地不起，接踵而来的传染病让更多的人失去了生命。一个冬天过去了，他们只剩下了50多个人。踏上新大陆的欢乐心情没有了，每个人的心头都充斥着对生活的绝望。

面对着自己的美梦被打碎，所有的移民都束手无策，但是就在此时，一个印第安人来到了普利茅斯村。移民们向这位印第安客人倾诉了自己的来历和经受的种种苦难。印第安人听完后露出了怜悯之情。几天后，土著的印第安人给移民送来了大量的生活必需品，并派人教授他们狩猎、捕鱼和种植作物，很快，"五月花"号上的移民就战胜了种种磨难，迎来了丰收的日子。

就在这一年的秋天，已经成为普利茅斯总督的布雷德福颁布举行盛典，感谢上帝的眷顾，当然在这一天，"五月花"号上的这些移民没有忘记帮助他们获得幸福生活的印第安人，特地邀请他们参加盛典。盛典一共举行了3天，他们在盛典上共享玉米、南瓜、火鸡等制作成的佳肴，一起跳舞、唱歌、摔跤、射箭，气氛十分热烈，这就是历史上的第一个感恩节。

现如今，在美国人的心目中，感恩节是一个比圣诞节还要重要的节日，在长达4天的假日里，他们尽情地狂欢和庆祝，家家都是合家团圆、共享天伦。甚至有很多人前往普利茅斯港参观、游览，重温美国的历史。

感恩的习俗直到今天仍被完整地保留了下来，也正是因为他们拥有一颗感恩的心，让美国人打开了智慧大门，在日后的生产、生活中，他们无往而不胜，直到成为世界上强大的民族和国家。

感恩作为社会文化的一部分，带给美国人的福祉无以言表。感恩是净化人们心灵和校正人们态度的一剂良方，感恩让人的内心更加深沉、更加博大、更加从容。拥有感恩之心的人能够在成长的道路上勇往直前，拥有感恩之心的人会比别人成功得更快。

学会感恩比什么都重要

现如今，很多公司、企业、餐馆等都把感恩作为公司的企业文化，以感恩为主题的活动在各个学校也会举行，可以说，感恩已经被越来越多的人所重视，那么什么才是感恩呢？

感恩，就是对世间所有人和事物给予自己的帮助表示感激，铭记在心。感恩是我们每个人生活中不可或缺的阳光雨露，一刻也不能少。无论你是何等尊贵，或看似如何卑微；也不管你身处何处，有着什么样的特殊经历，只要你胸中常常怀有一颗感恩的心，就必然会不断地涌现出诸如温暖、自信、坚定、善良等这些美好的处世品格。一个会感恩的人，会将冰冷的世界变得温暖；一个会感恩的人会在学习和生活中比别人更加努力；一个会感恩的人会把爱心播撒到世界的每一个角落。可以说，学会感恩比什么都重要。

刘星在当学生的时候，家里非常贫困，为了积攒学费，刘星挨家挨户地给人推销产品，推销的过程非常不顺利，一天下来也没有推销出去一份产品。傍晚时分，刘星感到疲惫万分，饥渴难耐，这个时候他敲开了一个客户的门，希望主人能够给他一杯水喝，开门的是一位非常年轻漂亮的女子，这位女子看到刘星后，没有给他端水而是端上了一杯浓浓的热牛奶，刘星对此感激万分。

很多年后，刘星经过自己的努力成为一名非常著名的外科医生。一天，一位患病的妇女因为病情严重，被送到了医院，但是由于当地的大夫束手无策，这位妇女被转到了刘星所在的医院，刘星为这位妇女做完手术后，惊喜地发现，她就是那位当年在他饥寒交迫的时候，热情地帮助过他的年轻女子，当年正是这位女子的热牛奶让他鼓起了勇气和信心面对生活中的一切难题，才成就了今天。

结果，当这名妇女正在为昂贵的手术费发愁的时候，她却在自己的手术费单上看到这样一行字：手术费就是一杯牛奶。

在生活中，我们每个人都或多或少地会得到别人的帮助，对于别人的帮助我们应该像刘星一样用一颗感恩的心对待曾经帮助过我们的恩人，对待我们身边的每一个人，用实际行动报答他们，回报社会。

滴水之恩，当涌泉相报。知恩图报是我们中国民族的传统美德。生为中华儿女的我们，更应该懂得传承这一美德。然而在当今社会上很多中学生、青少年不知道感恩，不懂得感恩，他们认为别人对自己的付出是应该的，如果这种人多了，我们的社会便会多了一份冷漠，少了一份希望。

深圳歌手丛飞一直被人们称为"爱心大使"，他曾经在10年时间里耗资300多万元资助了178名贫困学生上学，然而就这样一个好人，当他家财散尽、身患癌症、生命垂危的时候，那些曾受他资助读完大学并已经有了一定经济基础的人，却没有一个人过来看望他一下，更别说帮他支付医药费了。还有一些正在接受他资助的学生家长，竟还在不停地抱怨。这件事情被新闻披露之后，其中有一个受助者不但没有羞愧之心，反而怨气十足，抱怨这样的报道让他很没有面子。

丛飞听到这些无情的人和事之后，表示：我当初资助他们的时候虽然没有希望他们回报我，但是还是有一点儿伤心。

其实这已经不是一个单纯的让人伤心的问题，虽然丛飞没有希望受助者可以回报他一些什么，但是最起码这些受助者应该怀有一份感恩之心，而不是对此心生抱怨。

作为一名青少年，正是学做人的关键时刻，绝对不能被社会上这种不良风气所影响，要知道只有具备良好品格的人，才能算是一个合格的人才，而只有一个

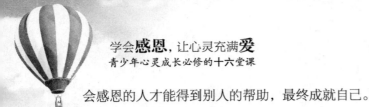

会感恩的人才能得到别人的帮助，最终成就自己。

会做人不如会做事，会做事不如会感恩。一个会感恩的人会自觉地给人帮助，用爱去感恩，而一个不会感恩的人带给社会的只能是冷漠和残酷。作为青少年的一代，要知道，学会感恩比什么都重要，学会感恩是每个人都应该做的，哪怕只是一句简单的"谢谢"。

感恩之心，走向成熟和成功的第一步

成功学家安东尼·罗宾曾说过：成功的第一步就是先存有一颗感激之心，时时对自己的现状心存感激，同时也要对别人为你所做的一切怀有敬意和感激之情。如果你接受别人的恩惠，不管是礼物、忠告或帮忙，你都应该抽出时间，向对方表达谢意。

在学习和生活中，一个人只有让自己对周围的环境和人心存感激之情，他才能主动地去帮助那些需要帮助的人，从而在遇到困难的时候得到更多的帮助，所以他就会比别人成功得更快一些。正如安东尼·罗宾一样。

那是一个感恩节的清晨，在一个非常平凡、贫穷的家庭里，小男孩早早地就醒了，但是他没有作声，因为他不想惊醒还在睡梦中的父母。其实，这个时候，他的父母早已醒了，但是他们不愿意起来面对儿子那失望的眼神，因为在今天，他们已经没有任何能力准备任何的节日礼物和膳食送给自己的孩子了。

孩子的父亲在心里想着：如果我能放下脸皮去当地慈善团体联系一下，也许就可以分到一只火鸡过感恩节了。但是我真的不愿意让人感觉我在行乞……

经过几个小时的思想斗争，孩子的父亲和母亲还是硬着头皮起床了。他们两个都没有心情，唉声叹气的。小男孩看着这一切，心里非常难过，但是他也无能为力，因为这就是穷人的生活。

孩子的父母看到孩子失望的眼神，争吵了起来。就在此时，一阵敲门声响了起来，男孩跑过去打开了门。门外站着一个男子，手里提着火鸡、罐头等节日膳食。男子微笑着对他们说："这些东西是一位知道你们有需要的人送来的，他希望你们知道，在这个世界上还有人在关怀着你们。"

孩子的父母极力推辞，但是这位男子说："不要推辞了，我只不过是个跑腿的，祝你们感恩节快乐！"说完，他把东西放在了小男孩的家里就转身离开了。

这件事情被小男孩深深地记在了心里，他从心底升起了一种无可名状的神奇感受，而这件事情也影响了他的一生，并注定让他成为一个懂得感恩、懂得帮助别人的人。

发生在感恩节的这件小事让小男孩对自己的人生充满了希望，他从这件事情看到了人性最可贵的一面，他发誓自己以后一定要像这位哥哥一样去帮助那些需要帮助的人。

很快，小孩就18岁了，虽然他的收入还是很微薄，但他还是买了很多感恩节的节日礼物走到了一户人家的门口，并敲响了门。这户家庭是一个西班牙籍的妇女独自带着6个小孩，她的老公无情地抛弃了他，眼下，她和孩子们正在遭受着断炊之苦。

这位妇女打开门之后，充满戒备地看着男孩，男孩说："你好！我是来送节日礼物的。"说着，男孩拿出了丰盛的节日大餐，这个女人惊呆了，后面的孩子们都欢呼了起来。

女人看着男孩，激动地说："你一定是上帝派来的……"男孩轻轻地说："噢，不，我只是个送货的，是一位朋友要我送来这些东西的。"说完后他递给女人一张纸条，然后离开。纸条上写着："亲爱的朋友，希望你们一家人能够过个快乐的感恩节。也希望你们知道有人在关怀和深爱着你们，希望你们日后有能力的话，去帮助更多需要帮助的人。"

这个男孩在日后的工作和生活中始终保持着帮助和感恩之心，几年后，他成为美国总统的特别顾问，他就是美国著名的心理励志专家、潜能开发大师、成功学权威——安东尼·罗宾。

在日常学习和生活中，我们或多或少都得到过别人的帮助，接受过他人的恩惠。对于这些恩惠和帮助，我们是否因此多了一份感恩之情呢？在每个人的人生道路上，大家都会遇到一些让人感动的事情，但是在这个物欲横流世界里，又有多少人能够懂得感恩自己受到的帮助呢？在忙碌的学习和生活当中，如果一个人忘记了感恩，那么他的人生是多么的悲哀。

作为一名中学生，要懂得感恩学习和生活中的一切，要知道感恩是走向成熟和成功的第一步，只有走好第一步，你的人生才会变得更有意义和价值。

成功者都有一种感恩情怀

成功者都有一种感恩的情怀。一个成功者会感激周围的一切，包括坎坷、困难和敌人。任何事情都不是孤立存在着的，而是有着相互的联系，没有周围的一切，就没有你的存在。现实生活中，确实有不少人是因为怀着感恩之心才最终获得成功的。

在学习和生活中，当你怀着感恩之心去审视身边的一切时，你就会发现原来生活是这么美好；当你对周围的每个帮助自己的人都怀有一份感恩之心的话，你会发现成功就近在咫尺。

王老师现在已经退休在家，一天一个年轻人找到了他家："王老师，您还记得我吗？"

王老师在脑子里思索，因为他的学生太多了。

这位年轻人提醒王老师说："我是从某县来你的班复读的，那一年我成为你的学生的时候，你知道我是外县来的对我格外关照。一次，我妈妈生病住院了，你还专门去医院看望我的母亲。快高考的时候，你说我在山西考大学的可能性不大，就跟我谈话，动员我去东北考试。我当时在东北一个人都不认识，你竟然给我联系了一个学校。不仅如此，在我扛着铺盖去车站的时候，你还专门用自行车送我去车站。这些年来我一直在找你……"

此时的王老师想起来了这位学生，其实，这个学生所说的一切他对很多学生都做过，当时这位学生没有自行车，而从学校到车站有七八里路，又没有别的交通工具，知道这个情况后，王老师就送他到了车站。

想起来后，两个人就热情地聊了起来，这位学生如今已经是一个大企业的老板了，他给王老师讲起自己到东北之后受了很多的磨难，如何考上了大学，如何从一个普通工人成为一个企业老板。他对王老师说："我之所以有今天的成绩，就是因为你的帮助。在外面，每当遇到困难的时候，我就想：我一定要努力，一定要干出一番业绩来，否则我就没办法向你交代，你当年费了那么大的心血把我送到东北，我如果干不出一番成绩，就没办法回来见你。"说着，这位年轻人握着老师的手继续道："老师，我能走到今天，就是因为对老师有一种感恩戴德的心，我对周围的一切磨难、问题都心存感激，这种感恩的心逼着我必须干出非常突出的业绩再向你汇报，为了这样一个愿望，我一直在不懈地努力……"

一个人如果怀着一颗感恩之心去面对生活，即使处在最困难的处境中，他也会看到沙漠中的绿洲，从而怀着更加美好的希望去面对生活。其实感恩的心就像一粒种子，如果你懂得珍藏，并适时地进行播种，你就能给他人带来爱和希望。

没有阳光，就没有温暖；没有水源，就没有生命；没有父母，就没有我们自己；没有亲情友情和爱情，世界将会一片孤独和黑暗。一个人的成长，要感谢父母的恩惠、师长的恩惠、周围所有人的恩惠。如果没有父母的养育，没有师长的教诲，没有周围所有人的帮助，我们如何生存于天地之间呢，又怎么能取得成功呢？

感恩不仅是一个人素质的体现，更是一个人走向成功的阶梯。这些都是一些非常浅显的道理，没有人会不懂，但是，在生活中确实有很多人缺少这种感恩的情怀，尤其是青少年一代。他们常常忘记了，无论生活还是事业，都需要感恩。在他们的眼里，很多事情都是理所当然应该拥有的，他们总认为父母无微不至的照顾、老师呕心沥血的教导、朋友义不容辞的帮助都是应该的。其实这种想法是完全错误的。

成功者都有一种感恩情怀，感恩的情怀让一个人拥有一颗健康的心，在顺境中，感恩使人谦逊；在逆境中，感恩使人重新树立斗志。当你在成长的道路上总是怀着一颗感恩的心，你就会脚踏实地地迈向成功，实现自我的价值。

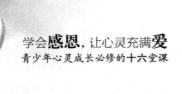

把感恩节延伸到生活每一天

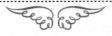

感恩节是美国人独创的一个古老节日，也是美国人合家欢聚的一个节日，提起感恩节，美国人都会倍感亲切，而现如今，世界变得越来越小了，信息化的时代让所有好的东西都不只归属于某一个国家。谁家有什么好事，大家都会一起分享。因此，在我们中国，很多人也过起了感恩节。

其实，自古以来，我们中国人一直都是谦虚的、心怀感激的。老祖宗给我们留下的"滴水之恩，当涌泉相报"的古训也一直教育着一代又一代的中国人。但是，随着时代的发展，物质世界的富足与生活节奏的变快让越来越多的国人渐渐失去了感恩的心。从这一点来看，让更多的中国人像美国人一样在感恩节里感谢一下帮助自己的人、感谢一下亲友、感谢一下老师……让虔诚和感激重新洗涤自己的心灵也是十分必要的。

只有世间的每一个人都心存感恩，这个世界才会充满爱的温馨。感恩是一个永恒的话题，不是说只有感恩节才需要感恩，在平时的每一天我们都要懂得感恩，都要常怀感恩之心。我们要把感恩节延伸到生活的每一天。

有一个小女孩先天性失语，她的爸爸在她很小的时候就去世了，她一直和妈妈相依为命。为了两个人的生存，她的妈妈每天很早就出去工作，很晚才回来。每天黄昏，小女孩都会站在自家的门口，充满期待地望着门前的那条路，等待着妈妈回家。每天晚上见到妈妈的那一刻也是小女孩一天之中最快乐的时刻，因为妈妈每天都会给她带一块年糕回家。对于她们这样一个贫穷的家庭，年糕可以说是非常美味了。

一天，下着大雨，女孩跟往常一样站在门口等待着妈妈回来，已经过了晚饭时间了，还是不见妈妈的踪影。天越来越黑；雨越下越大。小女孩很担心妈妈，于是就顺着妈妈每天回家的路寻找自己的妈妈。走了很远，小女孩终于看到妈妈了，她的妈妈独自一个人躺在路边。小女孩跑过去使劲摇晃自己的妈妈，可是妈妈却没有回答,她以为妈妈太累了,睡着了。就把妈妈的头枕在自己的腿上,想让妈妈睡得更舒服一些。但是就在这时,她看到妈妈的眼睛没有闭上,小女孩明白了:妈妈已经死了!小女孩非常害怕,她使劲地摇晃妈妈,却发现妈妈的手里还紧紧地攥着一块年糕……

她拼命地哭着,但是因为先天性失语,她发不出一点声音。此时的雨还在下着,小女孩不知道哭了多久,她明白妈妈是不会再醒来了,她知道妈妈之所以没有闭上眼睛是因为她担心自己的女儿一个人不能够生存。小女孩擦干了眼泪,决定用自己的语言告诉妈妈她一定会好好地活着,让妈妈可以放心地走……

小女孩在雨中一遍一遍地用手语做着《感恩的心》,泪水和雨水混在了一起,从她小小又坚强的脸上划过……

"我来自偶然,像一颗尘土……感恩的心,感谢有你,伴我一生,让我有勇气做我自己……感恩的心,感谢命运,花开花落,我依然会珍惜!……"就这样,小女孩在雨中不停地做着手势,直到妈妈的眼睛终于闭上……

这个感人的故事相信很多青年人都听说过,是的,感恩的价值是不会随着时代的变迁和空间的轮换而有所改变的,感恩存在于我们每个人的心里。每当感恩节的时候,就有很多青年人会想:"我欠下同学的那份人情还没有还哪!还没有给帮助我的老师报答呢!对父母的感恩计划没有来得及实施呢……"其实,人生需要感恩的事情实在是太多了,要想在感恩节那一天将所有感恩的事情办完是不可能的。

节日一年只有一次,但是感恩的心却要每一天都有,要懂得把感恩节延伸到生活当中的每一天。如何感恩只是一种形式,心怀感恩才是问题的根本。用什么形式表达感恩并不重要,重要的是你是否学会感恩。让感恩成为我们的习惯,每一天都可以是我们的感恩节!

幸运属于懂得感恩的人

在现实生活中，有很多学生抱怨说："我每天上那么长时间的课，那么辛苦地学习，放学后还有那么多的家庭作业要做，上学真累。"还有很多人抱怨说："这个世界太残酷了，付出了那么多却没有成功。"他们在学习和生活中，什么都看不惯，觉得什么事情都不如意，怨气冲天，牢骚满腹，总觉得别人欠他的，社会欠他的，他们从来都不知道感激周围的一切，他们就像生活在土里的蚯蚓一样，即使有一天钻出土层，也感受不到阳光的明媚，因为在他们的身体里根本就没有"感光细胞"。

有一位哲人曾经说过，"世界上最大的悲剧和不幸就是一个人大言不惭地说：没人给过我任何东西。我们每个人都知道这个世界的所有事物都是相互依存和联系的，任何事物都不可能不依赖于别的事物而独立存在，我们的成长离不开父母的养育、师长的教诲、他人的帮助、社会的关爱、大自然的赐予……"

当你明白了这一点，你就会感恩周围的一切，慢慢地，你就发现周围的一切都是那么的美好，你就愿意为自己的成功多付出一份努力，自然幸运就会很快地属于你。

在一个城市，因为闹饥荒，很多孩子都没有饭吃。一个家庭殷实的面包师心地善良，他把城里最穷的几十个孩子都聚集到了一起，然后拿着一个盛有面包的篮子说："小朋友们，这个篮子里的面包你们一人一个。在上帝带来好光景之前，你们可以每天都来这里拿一个面包。"

话音刚落，就见这些饥饿的孩子们一窝蜂地涌了上来，他们围着篮子挤来推去，大声叫嚷着谁也不想让最大的面包落入别的孩子手里。当他们每人都拿到了一个面包之后，竟然没有一个人向这位好心的面包师傅说一声"谢谢"，就转身离开了。

此时，还剩下一个小女孩站在边上，她叫丫丫。她没有和其他小朋友一起争抢面包，而是谦让地站在一边，等别的孩子都拿到了面包之后，才将篮子里剩下的最小的面包拿起来。拿出来之后，她没有马上离开，而是向面包师说了声"谢谢"，并亲吻了一下面包师的手之后才转身离开。

第二天，面包师同样把盛面包的篮子放在了小朋友们的面前，除了丫丫，其他孩子们依旧像第一天一样，疯抢完面包后转身离去，可怜的丫丫最后只得到了一个比昨天更小的面包。

第三天，第四天，……

一周过去了，在面包师的家里每天都发生着同样的事情，唯一不同的就是，小女孩丫丫的面包一天比一天小，到第七天的时候，小女孩的面包已经小的不到第一天得到面包的一半了。但是小女孩还是感谢了面包师之后才离开。

回家之后，丫丫的妈妈切开面包，很多崭新的银币掉了出来。妈妈赶紧对丫丫说："丫丫，快去把钱给面包师傅送回去，一定是揉面的时候不小心揉进去的。赶快去，丫丫！"丫丫跑到面包师的家里，把妈妈的话告诉了面包师。面包师面带慈爱地说："孩子，没有错。是我把银币放进小面包里的，我要奖励你，希望你永远都能够保持现在这样一颗感恩的心。快回家吧，告诉妈妈这些钱是你的了。"

丫丫激动地跑回了家，把这个令人兴奋的消息告诉了妈妈，这是她怀有感恩之心的回报。

幸运属于懂得感恩的人，小女孩丫丫因为比别的小朋友更懂得感恩，虽然表面上她得到的是最小的面包，但是最后她得到的要比别的孩子多得多。其实这是一个很浅显的道理，但是在我们的现实生活中，一些人已经习惯了金钱至上的思维方式，他们为了金钱心灵扭曲、道德滑坡，对需要帮助的人视而不见，对帮助过自己的人嗤之以鼻。由于感恩之心的缺失，他们对善良变得麻木，对善举失去反应，这样的人很难体会到快乐和幸福。

因此，劝勉当今的中学生和青少年，要时刻怀有一颗感恩的心，因为只有学会感恩，感谢生活，才能从各个方面获得更大的回报，才会收获更多的快乐和幸福，幸运属于懂得感恩的人。

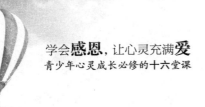

把感恩当成一种生活态度

感恩在牛津字典里的解释是这样的："乐于把得到好处的感激呈现出来并且回馈他人。"我们生活在这个世界里，那么这里的一切对我们都有恩情。感恩可以扩充一个人的心灵空间，让人们逐渐仁爱、宽容起来；感恩可以减少人与人之间的摩擦和矛盾；感恩可以缩短人与人之间的距离；感恩可以增强人与人之间的合作。

在我国，虽然没有专门的节日让人表达感恩之情，但是感恩的思想在我国自古就有。"谁言寸草心，报得三春晖"、"谁知盘中餐，粒粒皆辛苦"这些诗句无不让我们感受到一种感恩的情怀。不仅如此，作为礼仪之邦的中国对"感恩"在很多方面都有描述，比如我们说过的"滴水之恩，涌泉相报"，还有"吃水不忘挖井人"、"给人玫瑰，手留余香"等等。

感恩是一种发自内心的生活态度。我们每个人都非常需要感恩，然而在现实中却有很多青少年抱怨自己的父母不能给自己富裕的生活，抱怨自己的老师不能给自己最好的教育，抱怨自己的上司对自己不公平……。殊不知，这所有的一切都是你个人的原因：不是父母不给你富裕的生活，而是你太爱攀比，不是老师不给你好的教育，而是你不努力学习，不是上司对你不公平，而是你自己缺乏进取心……。

其实我们很多人都接受过感恩的教诲，但是日复一日的生活，让人们都已经忘记了，还有什么值得感恩。其实感恩，它不一定要感谢大恩大德，感恩是一种生活态度，一种善于发现美并欣赏美的道德情操。

给大家讲述一件发生在我身边的小故事：

那是一个清晨，我正在一家快餐店吃早餐，看见旁边的桌子上有三个小孩趴在餐桌上写着什么。于是我便问其中最大的一个小孩："你在做什么啊，小朋友？"

老大抬头看了我一眼后，说："我正在写感谢信。"

"三个小孩一大早在这写感谢信？"当时看着这个小朋友理所当然的神情，我感到非常怀疑。于是我继续问："写给谁的？"

"给妈妈。"小孩立刻回答说。

"为什么要写给妈妈？"我好奇地问。

"我们每天都写啊，这是我们每日必做的功课。"孩子回答说。

我充满好奇地凑过去看了一眼他们手下的纸张。只见其中最大的那个孩子写了七八行字，老二写了五六行字，老三只写了两三行字。当我仔细看他们的内容的时候，才发现里面都是些诸如"昨天吃的包子真香。""今天的天气真好！""妈妈昨天讲的故事真好听！"之类的一些非常简单的话。

看完之后，我明白了。他们其实不是在专门感谢妈妈给他们帮了多大的忙，而是在记录自己幼小心灵中所感受到的种种点滴的幸福。对于他们来说，并不知道什么是大恩大德，他们只知道对于自己身边每一件美好的事物都心存感激。他们感谢母亲辛勤的工作，感谢大自然赐予的美好生活，感谢兄弟姐妹之间的友爱……，他们把感恩当成一种生活态度，对很多常人认为理所当然的事情，都会怀有一颗感恩的心。

在生活中，我们中学生经常会听到要感恩的声音，然而却有多少学生真正做到呢？一个不懂得感恩的人不会用平和的心态面对事情，对待自己的得与失，我们要知道能够得到父母的关爱，得到别人的帮助，那是我们的幸运和福气。俗话说态度决定一切，如果我们每个人都把感恩当成一种生活态度，怀着一颗感恩的心去生活，我们的日子会过得更加的愉快和幸福，那么我们又何乐而不为呢？

感恩的是别人，受惠的是自己

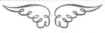

在学校里，我们经常会看到一些同学总是对老师一次次的真诚批评耿耿于怀；有些学生对班集体的一切漠不关心，认为跟自己没有关系。在工作中，我们经常看到很多员工对老板吩咐的任务不予理睬，对同事的帮助不予感谢；在生活中，我们看到很多人对父母的付出认为是理所当然，对国家给予的补助认为是必须给的……其实这些现象的背后，都是感恩之心的缺失。

感恩，是一种境界，是对别人给予自己的关心帮助的良性回应。一个人如果有了感恩之心，他就会对别人有所宽容。感恩是一种力量，在生活中我们每个人都需要它，社会的稳定和谐发展也离不开它！一个人如果懂得感恩，那么他自己也会因此受益。

玲玲是一位学习成绩非常优秀的女孩子，经过自己的寒窗苦读，玲玲考上了一所非常著名的大学，可是由于她来自非常偏僻的山村，家庭的贫困让她已经欠了学校很多学费，这样的情况已经让她很难再读下去了，没想到这个时候，她的父亲又因为车祸去世了，家里唯一的经济来源没有了，玲玲不得不准备退学。

但是，让她没有想到的是，在她最困难的时候，学校的老师和同学帮助了她，大家都慷慨解囊捐款捐物，她的事情让越来越多的人知道后，很多社会上的好心人也来帮助她渡过难关。这样的情景让玲玲震撼了，当她收到这些好心人给的财物时，她一件都舍不得用，于是她把这些东西都放在了一个小箱子里，每天早上起来，玲玲做的第一件事情就是打开看看这些东西，一种战胜困难的决心油然而生，她一整天都会精神焕发。

玲玲说："那么多人给我的帮助，是我的精神财富，会永远留在我的心里。我要努力学习，用实际行动来回报社会，回报祖国，回报所有帮助我的人。"就这样，玲玲通过自己的勤工俭学，顺利地完成了自己的学业，不仅如此，她还出国留学，继续深造，最后走进了一家500强企业。

玲玲之所以能够战胜困难，获得成功，就是因为她怀有一颗感恩的心。她虽然感恩的是别人，但是受惠的是她自己，在她看来，报答恩人最好的回报就是努力学习，让自己成为一名国家的栋梁之才，经过几年的努力，玲玲做到了，她成为一名优秀的人才，闪烁着耀眼的光芒。

其实，在我们的周围像玲玲一样坚强的青少年有很多，他们在得到别人的帮助的时候，都会给予丰厚的回报，因为他们拥有一颗感恩的心，在他们的心底充满了爱，他们会真诚地对待身边的每一个人，他们也明白感恩的是别人受惠的是自己。然而，我们也经常会看到一些缺乏感恩意识的中学生，他们不懂得感恩，不知道回报别人对自己的关爱，最终后悔不已。

曾经有一个老木匠在自己的工作生涯中一直勤勤恳恳，后来，到了退休的年龄，老木匠准备离开建筑行业，回家和自己的妻儿共享天伦之乐。可是老板对他说："希望你能够帮我再建最后一座房子。"老木匠不好推脱，只好答应了。

但是在建房子的时候，老木匠已经无心工作，结果他建了一座质量最差的房子。老木匠急于回家，不管三七二十一就去给老板交差。可是让他没有想到的是，老板对他说："亲爱的木匠，为了感谢你一直以来对公司的付出，我决定把这座房子送给你。"

听到这句话后，木匠后悔不已。

这位木匠不知道报答老板对自己的长期关爱，不知道感恩，最终害了自己。其实，在学习和生活中，每个人都是在为自己的人生建造房子，当你在这个过程中对关爱你的父母、老师和同学都抱有一份感恩之心的时候，你会发现，最终受益的是你自己。

西方哲人康德曾说："世上只有两种东西令我感动，一个是仰望夜空时璀璨的星空，另一个是人世间至高无上的品德"。感恩就是一种美德，在当今社会即使你再有才华，成绩再优秀，也不要忽视感恩，不要忽视别人对自己的帮助和关爱，只有这样你才能拥有美好和谐的生活，才能够拥有更加光明的前途。

记得在成功法则中有这样一条黄金定律：待人如己，懂得感恩。意思是说，一个人要想成功就要凡事处在对方的立场上思考问题，理解别人对自己的恩惠。

感恩的是别人，受惠的是自己。作为一名中学生，你要多考虑一下老师的难处；作为子女，你要站在父母的角度思考一下；作为一个员工，你要多站在老板的角度考虑问题。如果我们人人都能够懂得感恩，能够站在别人的角度考虑问题，就会在理解别人，帮助别人的同时，促进自己走向成功。

　　如果你认为被击败了，

　　那你必定被击败。

　　如果你认为不敢，

　　那你必然不敢。

　　如果你想胜利，但你认为不可能获胜，

　　那么你就不可能得到胜利。

　　如果你认为你会失败，那你就已经失败。

　　因为在这个世界里，成功是从一个人的意志开始的，

　　而意志全靠精神。

　　如果你认为你比别人优越，

　　那么你就一定比别人优越。

　　在你得到奖励之前，

　　你必须对自己有自信。

　　人生的战斗，并不是始终有利于较强的一方。

　　但最终的胜利是属于——

　　自己认为有力量的人。

感恩的处事方式，
让复杂的现实变得简单 ▶

　　在日常生活中，我们不可避免地会和人打交道，难免会和别人发生矛盾、产生争斗。如果在这个时候，双方都不能互相包容，不能原谅对方，那么就会给自己和对方增加心理上的压力，这样不仅会影响双方的感情，而且会影响双方日后的正常学习和生活。相反，如果双方都采用感恩的处事方式，给对方一个包容的微笑，那么一切都会变得简单。

感激比仇恨更有力量

当你在生活中遇到困难的时候，当你在和别人交流时被人辱骂的时候，当你在学习中被人耻笑的时候，你是会选择感激还是仇恨？可能很多人都会说"我选择仇恨"，问其原因时，他会回答"他欺负我，我为什么要感激他？"，而我要说，这种想法是不正确的。

不管是别人帮你，还是不帮你或者是耻笑你，你都不应该选择仇恨，而应该选择感激。因为感激比仇恨更有力量。感激伤害你的人，因为他磨炼了你的心志；感激欺骗你的人，因为他增长了你的见识；感激遗弃你的人，因为他教会了你如何自立；感谢绊倒你的人，因为他强化了你的双腿；感激斥责你的人，因为他助长了你的智慧；感谢藐视你的人，因为他觉醒了你的自尊……

感激比仇恨更有力量，仇恨是一种负面的情绪，这种情绪会阻碍你的理性思维，破坏你和别人之间的友好关系，仇恨不仅会影响社会的和谐，而且很容易葬送你的前程。相反，感激是一种正面的情绪，拥有这种心情，你会感到幸福和温暖，一个心存感激的人会在生活中感受到更多的拥有。

一家知名公司需要招聘一名经理助理，前来应聘的人非常的多，经过一层层的筛选，最后只剩下了2个人小李和小张。招聘官对他们说："你们回去吧，最后会聘请谁，我们得经过经理层的会议讨论决定，结果我们会在三天之后以电子邮件的形式告诉你们。祝你们好运！"

几天后，公司给他们两个人发了同样的邮件内容：您好！很遗憾地告诉你，经过公司管理层研究决定，您落聘了。虽然你的才华、胆识和气质我们都很认可，也很欣赏，但是，由于公司只需要一名经理助理，所以我们只能忍痛割爱。

不过如果公司日后有招聘名额，一定会优先考虑您。您给我们公司递交的材料将会在复印后以最快的速度还给你，另外为了感谢您对我们公司的厚爱，我们将随信寄去一份本公司产品的优惠券，祝您好运！

小李看到电子邮件之后，虽然心里很难过，但是他认为公司对自己是非常有诚意的，于是就写了一封简短的感谢信作为回复，整个回复过程只花费了小李一分钟的时间。结果让小李没有想到的是，在他回复完信件后，不到一个小时，他就接到了公司人力资源部的电话，通知他明天开始正式上班。

而小张在收到邮件后，非常生气，他骂公司说："什么破公司啊，此处不留爷自有留爷处，还说得那么冠冕堂皇……"，自然，小张只能重新找工作了。

感激比仇恨更有力量，在面对人生的困难和挫折时，一个懂得感恩的人会顺利地通过生活中的一个个陷阱，直至成功的彼岸，而不懂得感恩的人会对困难产生仇恨，憎恨一切给自己造成麻烦的外界环境，这样的人，即使机会来了，也会从他身边擦肩而过。

张欣然由于只是高中毕业，找不到好的工作，在一家公司给人打杂。一天在公司里，张欣然碰到了以前的同学，两人聊天后，才知道，他的同学大学毕业，现在在这家公司做文员。他的同学知道张欣然在做打杂时，半开玩笑地说："在做这种工作，你简直就是个窝囊废！"然后就离开了。

这句话让张欣然心里很不是滋味，他的眼泪不停地往下流，心里难受得快要窒息。但是张欣然没有选择仇恨，他在心里暗暗告诉自己：我不要做窝囊废，我一定要奋发图强，做个有所作为的人，让你看看我也可以很优秀。

自此以后，张欣然开始充分利用自己的所有业余时间发奋读书，在很短的时间里，张欣然通过了成人自学考试，并且考上了公务员。现在张欣然已经在某行政单位工作了几年了，并且已经是单位里的骨干人物，他在单位里的出色工作，得到了单位领导的认可和同事的赞赏。

张欣然在被同学打击之后，没有选择仇恨，而是将其转化为一种动力，一种斗志，最终获得了今天的成功。一个怀有感恩之心的人在遇到困难和挫折时，会将自己的潜能发挥出来，越挫越勇，逼着自己去改变现状，直至成功。

所以说，感激比仇恨更有力量，我们每个人在挫折面前，都不要在心底埋下仇恨的种子，仇恨不能为我们带来任何好处，只会带来无尽的痛苦和悲伤，一个会感恩的人，一个心里没有仇恨的人，生活会过得更好。

知足惜福，别让名利拖着走

当今社会，"忙"成为人们生活的真实写照，人们每天生活的基本状态都是在忙，走在大街上，几乎所有的人都在奔跑，你去观察他们一天的行程就会发现：青少年早上忙着去上学，在学校里，忙着埋头苦学，放学后忙着埋头写作业；而成年人和他们没有什么区别，早上忙着上班，到公司忙着工作，下班后，忙着赶回家照顾孩子。当你问他们在忙什么时，中学生会说："为了考上重点学校，为了以后找到好的工作。"成年人会说："为了买房，为了买车，为了赶超别人，为了能够晋升，为了能够拥有自己的事业……"总之，几乎所有的人都在为了名利而奔跑，而忙碌。

在比较、攀比中，我们失去了快乐，在追逐名利，权势中，我们失去了幸福。我们的物质在进步，素质在下滑；欲望在膨胀，精神在萎缩。我们追求的不是幸福，而是比别人幸福，其实这就是人们痛苦的根源。所以，打开快乐之门，寻找幸福本源，就是我们的当务之急。而要实现这一目标，就是要做到珍惜所拥有的快乐生活，感恩生活，知足惜福，别让名利拖着走。

在很久很久以前，有一个石匠，每天为了一份微薄的薪水从早辛苦到晚。这样的生活让他很厌倦，一天他对着天空大喊："我要是有很多很多的钱，我就一定不会去做这份可怕的工作。"突然天空中传来一个声音："你想变成什么，就会变成什么。"果然，石匠变得很富有，他曾经梦寐以求的东西都立刻到手：华屋、美食，享尽各种欢娱。

石匠每天都过得很快乐，直到有一天，石匠看到一个国王被随从前呼后拥地经过。石匠觉得光有金钱是不够的，他还需要权力。像这位国王一样。果然，他成为国王，一个全世界最有权力的人。权力的滋味让他很陶醉，人人都服从他，惧怕他。但是没有多长时间，带点邪恶的贪心的念头再度蚕食了他。他在心里想："我要，我要，我要！"他抬头看了看天，觉得太阳的权力比自己还大，于是他如愿又变成了太阳。

成为太阳的他更加巨大、强壮、光芒四射。他统治着天与地，任何东西离开了他，都活不了。他认为自己无比重要。但是有一天，他发现云朵遮住了他，让他无法看到陆地的景物，而且云朵轻飘飘的，来去自如，变化无穷。他想云朵无忧无虑，自由自在，多么让人羡慕啊！

于是，他又变成了云朵，悬挂在天际、柔软蓬松、来去自由，好不惬意。它快乐而恣意地变幻形状，忽而厚重乌黑，忽而明亮洁白，忽而如刺绣般细致。可是，有一天云朵凝聚成了雨滴，落了下来滴在一块花岗岩石上。他又想："这块石头太厉害了，伫立在那里已经数千年了，而小雨滴打在它上面立刻迸溅流入土壤，被吸收后永远消失。当一块石头真好！"

于是他又变成了石头，他每天乐在其中，因为他感觉自己找到了稳固，找到安全感。雨点打在他身上，从边缘顺流而下；太阳的光芒拥抱他、温暖他；天上星斗照看他；微风每天都吹拂着他，令他心旷神怡。他几乎已经臻于圆满境界。

然而，有一天，他的想法又改变了，他看到一个男人的身影从地平线出现，越走越近。那人微弯着腰，手上拿着一把大榔头在他身上敲打。此时，他心底涌出绝望，比身上的疼痛还难受。这个人比他还厉害，能决定他的命运。而这个人的身份是一个石匠。他又想："如果我是石匠就好了。"

就这样，他再一次成为石匠，没有了金钱，没有了权利，自由也少了很多，更不能像石头一样长寿，但是这一次，他很快乐。在他眼里，切割石头是一件很有乐趣的事情，榔头的敲打声更是如天籁之声，每天的辛苦工作给他带来更多的是一种满足感。那天晚上，他梦到一个用他的石头建造的华美教堂……

古语说："天下熙熙皆为利来，天下攘攘皆为利往。"在我们的周围，有太多太多的人不懂得知足，让名利拖着往前走。他们有了10块想要100块，有了100块，想要1000快，成了大臣，想成为国王，成了国王想统治世界。为了名利他们朝思暮想，挖空心思，削尖脑袋，争得你死我活，不知牺牲了人生的多少快乐，更不知有多少人为名利而断送了前程，甚至丢了卿卿性命。

"人心不足蛇吞象"，我们十分理解那些为名利望眼欲穿，贪得无厌，欲壑难填的人，他们一心争得名利也是人之本性，人之常情。但是他们不清楚真正的快乐其实就在眼前，那些虚名浮利都乃身外之物，生不带来，死不带去，争来争去的结果都是竹篮子打水一场空。正如《红楼梦》里"好了歌"唱的那样："世人都晓神仙好，唯有功名忘不了；古今将相在何方？荒冢一堆草没了。世人都晓神仙好，只有金银忘不了；终朝只恨聚无多，及到多时眼闭了。"

人生不论长短，都要努力让这辈子没有遗憾，无遗憾的人生才有意义。人生如何才会如意？就要学会知足，别让名利拖着走。知足才会知福，知福才会再造福。

不要为了小事消耗生命

在生活中我们经常会看到有一些人，总是喜欢为了一些小事而斤斤计较。比如：在路上，我们会看到两个司机因为两个车微乎其微的擦伤而在路中间争吵一天；在公交车上，两个人因为不小心踩了脚而大动干戈；在学校，两个同学因为一句话而厮打在一起……，其实为小事斤斤计较的人是不懂得感恩的人，这种行为其实就是在消耗自己的生命。

夕阳如金，皓月如银，人生的幸福、快乐是享受不尽的，哪里还有时间让我们因为小事而去斤斤计较，去生气呢？有句话是这样说的：生气就是拿别人的错误来惩罚自己。因为别人不小心踩了一下你的脚，你就生气；别人一句开玩笑的言语，你就发火，气不打一处来，其实这些做法有什么用呢，这样做不仅不能解决问题，反而会让问题复杂化，最终给你带来不必要的麻烦。

琳琳养了一只狗，非常温顺乖巧，可是有一天，琳琳的狗在外面被一只大狗咬了一下，大狗的主人赶紧把它归还琳琳，可是当琳琳心疼地伸手去接小狗的时候，小狗却扑上去准备咬她。

琳琳非常生气，踢了自己的小狗一脚，说："我对你这么好，你竟然咬我。"结果小狗出于本能地狠狠地咬住了琳琳的小腿……

其实小狗之所以咬琳琳是因为它受了一次伤而出于本能的自我防卫，可是琳琳没有理解自己的小狗，她认为自己对狗付出了多年的心血，却被狗反咬了一口非常生气，结果是既伤了狗，也伤了自己。

在我们青少年成长的过程中，经常会遇到一些困惑和问题，在面对它们的时候，人的心情难免会有所波动，但是如果此时你不能拥有一颗感恩的心，因为小事而影响自己的情趣，只会是影响自己的生活，消耗自己的生命。正如一位哲人所说："生命的完整，在于宽恕、容忍、等待和爱，如果没有这一切，即使你拥有了一切，也是虚无。"

汉姆是一个牧场的牧场主，在一个冬天，汉姆养的一头牛冲破了附近一户农民的篱笆墙偷吃玉米，这个农民没有经过汉姆的允许，就将牛给杀死了。汉姆知道这件事情后，非常生气，于是他带着自己的佣人去找那个农民理论。

因为是冬天，特别冷，汉姆和佣人到达农民的小木屋时，都快被冻僵了。汉姆敲开农民的门，准备理论，但是农民没在家，农民的妻子看来了客人就热情地邀请他们进屋等待。汉姆走进屋里，看到这位妇人非常憔悴，而在家里面还有3个瘦弱的小孩子在饭桌旁等待着吃饭。

没一会儿，农民就回来了，汉姆本想理论，但是他没有张口，而是伸出了自己的手，农民也不知道汉姆来的目的是什么便开心地和汉姆握手，并且邀请他们共进晚餐。农民满怀歉意地对汉姆说："真是对不住，本来可以让你们吃牛肉的，但是因为刮大风牛肉没有准备好，只能委屈你们吃这些豆子了。"家里的3个孩子听说有牛肉吃，都高兴地欢呼起来。

在吃饭的时候，汉姆的佣人一直在等汉姆跟农民谈杀牛的事情，但是汉姆好像忘记了一样，只是和农民一家又说又笑地吃饭。晚餐结束后，天气还是没有好转，于是农民一定要让他们留下来过夜，汉姆没有拒绝，他们在农民家里住了一夜，然后第二天早上用过早餐后，告辞回去了。

在回家的路上，佣人忍不住问汉姆说："你不是去找农民为杀牛之事讨公道吗？"汉姆听了后，笑着说："是啊，我已经讨回来了呀。"佣人不解。汉姆说："我本来是打算讨一头牛回来的，但是现在我得到了比一头牛更有价值的东西，那就是快乐，不仅我得到了快乐，别人也因此得到了快乐。"

不要为了小事儿斤斤计较，在生活中要学会宽容大度地去面对一切，宽容和大度就像充满了希望的眼睛，它会让人看到一个春光明媚的世界。宽容与大度让你得到的远远大于失去的！得与失只是瞬间的事，唯有大度宽容才会永恒。

多想想别人的好处，矛盾自然消解

我们在日常生活中，不可避免地会和别人打交道，然而要和这些人保持长期和谐的关系，一个最重要的原则就是要多想想别人的好处。

尺有所短，寸有所长。我们每个人的身上都有缺点和毛病，但是同样，每个人也有自己的优点和长处。然而在生活中我们很多学生却认识不到这一点，他们往往因为一些小事就闹翻脸，不仅如此还抱怨对方说："他忘恩负义。我对他那么好，他却这样对我。"在那一刻，他们的眼里只有自己是好人，别人都很坏。

其实事实并不是这样的，如果在和别人闹翻、吵架的时候，能够多想想对方的好处，就不会抱怨对方，矛盾也就自然化解了。

有一对夫妻老是吵架，有一天，两个人实在是都忍受不了对方身上的缺点，于是决定离婚。在离婚前双方决定最后在一起吃一顿晚餐。

于是，两个人去了当年谈恋爱经常去的餐厅用餐。因为是最后一餐，落座后，两个人心情都非常平静。他们没有再提吵架的事情，不再扯皮和指责对方的缺点，而是像谈别人的事儿一样，开始回忆他们曾经所拥有的美好。

没想到，他们两个人的话题越说越多，从恋爱时的"花前月下"开始说起，慢慢地，说到双方结婚生子……，回想两个人在一起10年的点点滴滴，结果他们发现其实对方身上存在着很多的好处和优点。原因是什么呢？原来以前他们都是顺着看对方，所以越看越激动，越看越生气，而现在却是倒着看对方，带着判断是非的理性看，因此，他们越看越冷静，在冷静之中开始反思自己，检讨自己。

结果，矛盾解开了，这顿离婚晚餐也成为他们破镜重圆的团圆饭。

其实在生活中，很多的离婚个案，都是因为一方只看到另一方的缺点而一气之下分道扬镳的。而当他们真正离婚后，回忆起以前的生活才发现原来对方身上还有那么多的优点和好处。而此时回头已经太难，很多人因此也一直单身，还有一部分人虽然找到了新的另一半，但是也只是凑合削足适履地过日子。

其实不管是婚姻，还是和朋友、同学、父母、老师或者是和陌生人都是一个道理。如果你总是一味地去挑剔对方的毛病和缺点，那么你就很难和对方长期和谐相处。当你给别人一个微笑的时候，别人也会回敬你一个微笑；而如果你给对方的是一张愤怒的脸，对方给你的脸色可能会更难看。

小敏每天都过得很不开心，她总在抱怨说："这个世界上的好人都去哪里了，我怎么都碰不到一个？生活真辛苦啊，到处都是虚伪、两面三刀的人……"

小敏的工作单位已经换了很多次，几乎每家公司都只待二、三个月就呆不下去了。在公司里，小敏总是看谁都不顺眼，嫌弃小张爱打小报告；反感小李背后一套；看不惯小刘妖里妖气的样子……

回到家后，小敏更是心烦，经常为了一些鸡毛蒜皮的琐事和邻居吵架，比如她经常抱怨邻居说话声音大，影响她睡觉；嫌对门的小朋友见自己不打招呼，没有礼貌等。

曾经有人向一位乐天派请教快乐的秘诀，这位乐天派对他说："把别人的缺点像蒸汽一样蒸发掉，蒸着蒸着你就快乐了！"其实，人生的许多不快乐、烦心事都是因为看到别人太多的缺点而发现不了对方的优点导致的，在那些人际关系非常和谐融洽的地方，听到的总是笑声。在平时，多想想别人的好处，多看看别人的优点，最终收益的肯定是你自己，因为快乐是可以传染的。

金无足赤，人无完人。生活中的许多不满、怨气和矛盾，都与只想自己如何好、别人如何不好有关。因此，当你和亲人、朋友、同学或者其他人发生矛盾的时候，忘掉别人的缺点，多想想别人的好处和优点，那么矛盾自然会化解，你也会因为自己的宽容而得到快乐。

顺应自然，不患得患失

在生活中我们经常会看到一些人，在做什么事情的时候都会反复考虑，而在做完之后又总是放心不下，他们总是会对方方面面都考虑得尽量周到，只怕有什么不妥，会影响别人对自己的看法，他们非常注重个人的得失，总是把自己笼罩在患得患失的阴影之中，心房被得失纷扰得没有一份安宁。

这些人的心理非常自私，从来不知道感恩别人，当你给他分一半苹果的时候，他不会感谢你，而是在想，你肯定给了别人一个苹果；当老师对他的错误给予纠正的时候，他不会感谢，而在想，一定是谁在背后告我的状；别的同学在一起聊天，他总是会想，会不会在说我的坏话，是不是老师偷偷给他们开小灶了……，这种人每天在自己的心里都布满疑虑，总是对任何事情都患得患失，他们几乎从来都没有轻松和愉快。

患得患失就是一种私欲的表现，是一种心理的残疾，是一种文明的缺失，它会导致心灵的脆弱。患得患失、过分计较自己的利益将会成为一个人获得成功的大碍。

后羿是非常有名的一位神射手，他练就了一身百步穿杨的好本领，不管是立射、跪射还是骑射他都样样精通，而且是每一箭都射到靶心，从没有失过手。人们都传颂他高超的射箭技术，佩服他的本领。

他的高超射技很快就传到了国王的耳朵里，国王也亲眼目睹过后羿的表演，所以非常欣赏他的功夫。一天，国王想再次领略一下后羿的炉火纯青的射箭技术。于是他把后羿召入宫中，让他一个人表演功夫。

国王命人把后羿找来，带他到御花园里找了一个开阔地带，并为他准备了一个靶心直径大约一寸的兽皮箭靶，国王对后羿说："今天请你来，是想让你再一次展示一下你精湛的本领，你就以这个箭靶为目标，不过为了让这次表演更加有意义，有彩头，我给你定了一个赏罚规定：如果你在两箭之内，有一箭射中靶心，我就赏赐给你黄金万两；而如果你射不中的话，我就要削减你一千户的封地。好了，先生现在可以开始了。"

后羿听了国王的话，心情变得紧张起来，面色变得凝重起来。他慢慢地走到离靶一百步之远的地方，取出一支箭搭上弓弦。摆好姿势拉开弓开始瞄准。

后羿在心里想：射中了还好说，一旦射不中可是丢了一千户封地啊。他越想心里越紧张，一向镇定的后羿此时呼吸变得急促起来，手也开始微微发抖，瞄准的时候总感觉没有瞄好，好几次都没有把箭射出去。后羿做了一个深呼吸，下定决心后，松开了弓弦，结果只听"啪"的一声，箭钉在了离靶心足有几寸远的地方。

后羿脸色一下子变白了，他没有说话，又拿出了一支箭搭上弓弦，可是此时他的精神更加难以集中，结果射出的箭自然是更加偏离靶心。

后羿收拾好自己的弓箭，勉强赔笑地向国王告辞，然后悻悻地离开了王宫。国王心里非常失望，但是他此时更多的是疑惑，他问自己手下说："后羿被人称为神箭手，他射箭从来就是百发百中，可是为什么今天给他定了一个赏罚规则，他就和平时表现相差这么多呢？"

手下对国王解释说："后羿平时射箭，只不过就是练习练习，所以他抱着一颗平常心，水平自然可以正常发挥，可是今天却不一样，今天他射出的成绩直接关系到他的切身利益，这个时候，你叫他怎能静下心来充分发挥自己的射箭技术呢？"

国王听了后说："看来，一个人只有不要患得患失，真正把赏罚置之度外，才能成为当之无愧的神箭手啊？"

患得患失，就是为自己考虑过多，说穿了，是患异己之得，患个人之失。一个患得患失，斤斤计较的人总是喜欢用阴暗的心理去看待周围的一切，他们埋怨这个，抱怨那个，对这个不满，觉得那个不公平。他们不仅生活得很自私，而且也会很累，这种人会和与时俱进的社会越来越远，最终被文明社会抛弃。

其实，我们的生活本身就由矛盾构成，关键看你如何解决矛盾，如果一个人能够在生活中把个人的地位、名声、利益这些东西置之度外。能够多些宽容，多些理解，多些文明，那么他的生活之路将会越走越宽广，家庭、社会也才能更加和谐。

感恩，在包容中拥抱收获

在这个世界上，我们每个人的生活都不是独立完成，都需要和外界有所接触，而在日常琐碎的生活和工作中，难免会和别人发生矛盾、产生争斗。如果在这个时候，双方都不能互相包容，不能原谅对方，那么就会给自己和对方增加心理上的压力，这样不仅会影响双方的感情，而且会影响双方日后的正常生活和工作。

而如果我们在遇到问题、发生矛盾的时候，都能够包容对方，你礼让一尺，我礼让一丈，不管谁对谁错，都对对方说一声"对不起"；当别人道歉的时候都能够给对方一个包容的微笑，那么我们的美好之路不就更宽阔一些呢。

古希腊神话中有一个故事：一天大英雄海格力斯走在坎坷不平的山路上，发现在路边有一个袋子似的东西躺在那里，虽然并没有挡住他的去路，但是看起来非常碍事，于是海格力斯狠狠地踩了它一脚，想把它踩破。可是没有想到，这个东西不但没有踩破，反而膨胀了起来。海格力斯恼羞成怒，找了一块大石头向袋子砸去，可是这个东西却越来越大，几乎把路都堵死了。

正在这时，一个圣人路过这里，对海格力斯说："朋友，快别动它了，它的力气要比你的大得多，它叫仇恨袋，如果你不触犯它，它会小如当初；如果你去触犯它，它就会膨胀起来，你触犯得越厉害，它就膨胀得越大，挡住你的去路，与你敌对到底。"

在我们的人生道路上，和人产生摩擦、误会、矛盾是在所难免的，如果你因此产生了一个仇恨袋，不放过它，与它做对，那么你的仇恨会越来越大，最终它只会阻碍你前进的道路。而如果你不要去动它，主动地去宽容它，你就会继续前进，而仇恨也会随着时间的推移最终消失。

一个人在遇到挫折，打击的时候选择"以恶报恶"，那么他是非常愚蠢的。聪明的人在问题和挫折面前不会选择把仇恨的种子播入心田，而是选择放下仇恨，用宽容的心对待伤害自己的人，化仇恨为动力，那么成功最终一定是属于他的。

在一个寺庙里有一位老禅师，一天晚上，老禅师在禅院里散步，路过墙角的时候，看到墙角有一个空椅子，老禅师心想，肯定是哪位弟子违反寺规越墙出去玩了。老禅师没有多说什么，他走到墙边，把椅子挪开，然后自己蹲在了椅子的地方。果然，没多大一会儿，有一个小和尚从墙上翻了进来，因为天黑，小和尚也看不见就踩着老禅师的脊背跳进了禅院。

下来之后，小和尚感觉不对，仔细一看，原来自己踩的不是椅子而是自己的师傅。小和尚顿时不知所措，羞愧地低下了头，等待着师傅的训斥。但是没有想到的是，老禅师没有批评小和尚，而是温和地对他说："夜深天凉，赶快回去穿件衣服吧。"

听了老禅师的话，小和尚被师傅宽宏大度的态度所感动，自此以后彻底改正了错误。

包容对方总比和对方斤斤计较要好得多，如果在这个世界上，每个人都能够像老禅师一样宽容，那么这个世界将是多么的美好。学会包容别人，不管是对别人还是自己都是很有好处的。包容可以化解人与人之间的矛盾，让人和人之间的关系更加美好。

在日常生活中，如果一个人有包容之心，那么他身边的朋友就会多一些，生活中的阳光就会多一些，社会就会更加美好和谐。所以，我们每个人都应该学会包容，包容就像一股清泉，能够浇灭人与人之间的矛盾和仇恨。

记住：多给别人留条路

　　记得看过这样一个报道：在某地发生地震时，有一个小煤矿的工人相互拥挤着往外跑，可是由于坑道口太小，他们都想自己逃命，没有一个人给别人让条路，结果由于他们互相不让，全都没有逃生；而另外一个煤矿的20个工人全都安全逃脱，因为地震的时候，他们的队长非常镇定，他没有抢在别人前面往外逃，而是忍住恐惧，站在后面指挥大家不要拥挤，一个一个往外走，最后全部幸免于难。

　　其实，不管在生活还是工作中都应如此，对别人多一些宽容，多一些理解，多一些爱心。给别人留条路，其实就是给自己一个机会。

　　楚庄王是春秋战国时期一位具有雄才大略的霸主。在他身上发生过一个流传至今的故事：

　　一次，楚庄王款待群臣，在席间，他命美女给众位大臣斟酒。大家都喝得很尽兴，不知不觉之中天就黑了，于是就点起了蜡烛继续开怀畅饮。而当大家都喝得醉醺醺的时候，突然刮起了一阵风，把蜡烛都吹灭了。黑暗中有一个大臣浑水摸鱼，抓住了楚庄王宠妃的衣袖。这位妃子左右为难，喊又不敢喊，走又走不了，于是她拉断了那个人的帽缨，然后跑到楚庄王跟前哭诉着说："大王，有人在黑暗中调戏我，我已经将他的帽缨摘了下来，等蜡烛点燃之后，此人就能够被查出来。"

　　楚庄王听了后，心想："我不能为了显示妇人的贞洁而让我的臣子受辱啊。"于是，他在黑暗中大声说道："今天诸位臣子能够和我一起饮酒作乐，谁要是不扯断自己的帽缨就不算玩得开心。"群臣听到楚王下的"命令"，纷纷扯断了自己的帽缨，继续饮酒狂欢。等蜡烛点燃后，由于所有大臣都把帽缨扯断了，那个调戏庄王宠妃的大臣就"幸运的"逃过了这一劫。

　　后来，在楚国围困郑国的一场战役中，战局对楚国很不利，楚庄王也陷于危险，就在此时，一勇士为了楚庄王舍命沙场，最后战局因此转危为安，楚国大获全胜。战后，楚庄王询问这位勇士何以这么勇猛，这才知道原来他就是那天晚上调戏楚王宠妃的人。

楚庄王给自己的大臣留了后路换得了大臣对自己的舍生相救。给别人留条路，其实就是给自己一片天，而在生活中很多人却非常自私，只顾自己不去考虑别人，其实不给别人留条路，最终只会自断退路，更别谈更远的发展机会了。

很久以前，有一只狼在偶然间发现了一个秘密，它看见很多小动物要想去河边饮水都要穿过下面的一个山洞。狼非常高兴，它在心里想：如果我把洞的另一头堵死，然后自己在入口等着，等有小动物进入山洞后，我不是就可以不费力气就把它们吃掉了吗？

于是狼就把洞的另一头给堵上了，然后自己在洞口等，第一天，有一只山羊跑进了山洞，狼猛扑上去，山羊看见后拼命地跑，结果在山崖的一个小口子跑了出去，狼特别生气，于是它把那个小口子又堵上了，第二天，又跑进来了一只小兔子，同样，狼赶紧追，兔子拼命跑，结果兔子又从一个更小的口子里跑了出去，狼又把这个更小的口子封住了。就这样山洞里面除了入口，没有任何出口了，狼心想，这回总算可以有午餐了，可是没有想到的是，第三天，一只老虎走进了山洞，狼慌不择路地跑进了山洞，结果由于已经没有任何出口，最后狼被老虎吃了。

倘若一个人的心里容不下一条留给别人的路，那他注定也就断了自己的后路。把别人的生路断了，其实就是断送了自己的退路。不管是在生活还是工作中我们都要有容人之心，容人之量，应该对人好一点，对事负责一点，虽然刚开始你可能感觉很累，但是到最后你会发现，你得到的远比付出的要多很多。

所以一定要记住：多给别人留条路！

CHAPTER 3 | 第三课
感恩的做人原则，使你拥有更多人气 ▶

　　会做事不如会做人，会做人不如感恩。感恩世间种种，以感恩的心来看待世界，这是做人的基本原则，也是一个人优良品质的重要体现。一个懂得感恩的人知道，自己怎样做、怎样说，才会对得起自己，对得起别人，对得起良心，因此他会比别人更容易得到别人的帮助，从而拥有更多人气。

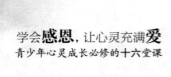
适度回馈，体现必要的诚意

在生活中，有不少人本来有很多好朋友和一些合作伙伴，但是却由于没有一颗感恩的心，处处计较自己的利益，不愿意给别人适度回馈，最终双方反目成仇，不欢而散。

曾经有人问小巨人李泽楷说："你父亲有没有教给你一些成功赚钱的秘诀？"李泽楷回答说："我父亲没有教我如何赚钱，但是他教了我如何做人。我父亲告诉我，和别人合作的时候，如果拿七分很合理，拿八分也可以，那么你拿六分就可以了。"

正如李嘉诚所说，当你和别人合作的时候，一定要学会给别人一些回馈，不要总想着我能拿八分不拿七分，能拿七分不拿六分。如果拿六分你可以找到一百个合作伙伴的话，拿八分你却只会找到五个合作伙伴，相比之下，吃亏的还是你。

其实在生活中也是一样的，不要总想着如何让自己多得到一些，要学会向对方表示你的诚意，给对方一些适度回馈。只有这样，别人才乐于和你长期合作，你也会越做越大。

"钢铁大王"卡内基在年轻的时候结识了一位青年，他叫弗里克，主要经营煤炭业，在当地号称"煤炭大王"。而当时，卡内基的钢铁公司正需要煤炭，再加上卡内基非常欣赏弗里克的胆识和才干，于是他决定找弗里克合作。

弗里克是一个非常自负的人，谁都看不起，而且非常要面子，即使他明知道对自己有利，也不会轻易合作。一天，卡内基将弗里克请到家里热情款待，虽然按年龄来说卡内基是长辈，按财富来说也比弗里克多出很多倍，但是他仍然非常礼貌和谦逊地对待弗里克，他的礼貌和热情让骄傲自负的弗里克都无法克制地产生了好感。

这个时候，卡内基觉得时机成熟了，就跟他谈起了合作成立一家煤炭公司的建议。并表示新公司的总价值是200万美元，除了弗里克煤炭公司大约33万美元的价值外，其余的全部都由他支付，但是股份双方各得一半。

这种打着灯笼都找不到的好事，弗里克心里自然很高兴，但是他还是犹豫了，因为他是一个非常好面子的人，他在心里考虑，如果公司是以卡内基的名义运作的话，他肯定是不乐意的。

而此时的卡内基也看出了他的心事，补充道："不仅如此，新公司的名字叫'弗里克煤炭公司'。"

弗里克一听，爽快地答应了。弗里克自此以后就成为卡内基的合作伙伴，后来成为了卡内基钢铁公司的高层领导。

卡内基之所以能这么成功，很大的一个原因就是他会站在对方的角度考虑问题，只要对事情有好处，他就会给对方一些回馈，不吝于将一些出风头的事情让给别人。这样子，既得到了合作伙伴的认可，又让自己获利，而作为商人，利已经来了，还会害怕没有名至吗？

可见，能够拥有一个好的人脉网络，找到你的良师益友，合作伙伴，不是光有一双明眼，一张巧嘴就可以了，还需要你给对方一些适度回馈来体现你必要的诚意。而回馈要给得有方法有技巧，就像卡内基一样。

卡内基把事业做大了，把人也做到了极高的水准，这样优秀的人大家都乐意传诵他的名，如今他已经是名扬全球的"钢铁大王"了，就是一个最好的证明。然而，我们生活中，就是有那么一些人，总是抠门抠到极点，总害怕别人多拿他一分钱，结果是既丢了名，又丢了利。

有一位明星大腕投资搞实业，他找了一块土地和当地的农民合作建厂房。可是，几年后，赚了钱的这位大腕却不愿意按照合同给付农民的土地股金，想自己独吞这笔资产。农民因此蒙受了巨大的经济损失，无可奈何之下，农民们联名把他告上了法庭。一下子，这位大腕臭名昭著，没有人再愿

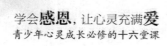

意和他合作，他也不再有自己的粉丝。

这位明星大腕不愿意兑现自己的承诺，给当地农民一些回馈，最终让自己因此蒙受了巨大的损失。

所以，我们在日常生活和工作中，为人处世一定要学会给别人一些适度回馈，只有这样才能向别人体现出你的诚意，你才会因此获得好的人缘市场，从而利用这些自己的人脉关系做出更大的成绩。

懂得感恩的人有人情味儿

当今社会人类已经进入到了文明时代，一个人爱的已经不仅仅是自己，还有他人以及整个世界，这个时候，有人情味的人就更容易得到别人的尊重和爱戴，有人情味的人就更能适应市场的需要，在市场中占有属于自己的一席之地。

那么什么是人情味？人情味是从人的内心发出的对于别人的热爱和尊重，它不是偏私，也不是施舍，而是一种博爱，它让你掏出真爱给予身边的每一个人。

那怎样的人才显得更有人情味呢？不可否认，一个怀有感恩之心的人是最有人情味的。因为一个人拥有了感恩之心，他就会在别人摔倒的时候，拉上一把；在漆黑的巷子里，为别人点上一盏明灯，在朋友失败的时候，给予对方应有的关心。

李响现在已经是一家大企业的总裁了，但是李响小时候家里非常穷，别说是什么过年的压岁钱、节日的新衣服之类的了，连最基本的温饱问题都满足不了。

但是在李响的记忆里，让他终生难忘和感恩的人就是儿时的那些小伙伴，他们对李响都非常好，如果谁的手里有一个馒头，肯定会分给李响半个，如果有两个糖果，也会毫不犹豫地给李响吃上一个。在儿时小伙伴们的真诚帮助和呵护下，李响健康地长到了16岁。

16岁那年，李响觉得要改变自己的命运就必须走出农村，去外面闯荡，于是他告别了小伙伴们，外出闯荡。一眨眼20多年就过去了。经过这些年的努力拼搏，摸爬滚打，李响已经成为了一个名副其实的富翁了。这个时候，他想起了儿时的那些帮助自己的小伙伴。

于是，李响选择了一个艳阳高照的日子回到家乡，他挨家挨户地给老乡们送去礼品，感谢他们曾经对自己的帮助，并提出在第二天请他们到自己的院舍赴宴。当然此时那些儿时的伙伴都已经和李响一样，成为四十多岁的中年人了。

第二天，曾经儿时的伙伴基本上都来赴宴了，而且都按照当地的风俗带了或多或少的礼品，李响没有拒绝大家，而是一一收下，准备离开的时候再附赠一份礼品让他们带走。

正当大家热闹地举杯畅饮的时候，李响的又一位儿时的伙伴走进了院舍，他的手里提着一瓶酒，对着大家说："不好意思，各位，我来晚了。"大家心里都非常明白，这位朋友的日子过得非常艰苦，和李响小时候的生活条件没什么区别。

这个时候，李响接过这位朋友递给自己的酒，拉朋友坐到自己的身边，然后对大家说："我们不如先喝这瓶酒吧。"说着就开始给各位伙伴一一斟酒。此时，坐在他旁边的那位朋友眼中闪过一丝慌乱。一一给朋友倒满之后，李响举起杯子对大家说："来，我们一饮而尽。"

大家喝完后面面相觑，默不作声，而李响的这位朋友更是面红耳赤，低下了头。李响看了一眼大家的表情，说："不知道大家认为这酒怎么样，但是我走南闯北这么多年，却从来没有喝过这么好喝的酒，比起以前喝过的酒，这杯酒更有味道，更让我感动。来我们再斟上，再干一杯！"

此时李响流泪了，这位朋友流泪了，在场的所有伙伴也都流泪了。其实他们喝的根本就不是什么好酒，而是水。

看看我们的周围，你会发现，我们大多数人的生活都是在每天非常辛苦地追求物质上的满足，而当物质得到满足的时候，试问一下，我们的心灵是否因此而充实？可能很多人会摇头。在这个故事里，李响的朋友虽然贫穷，但是并没有因此而避退三舍，而是提着一瓶水去见自己曾经的好伙伴，而已经是总裁的李响更是不忘旧情，虽然得到的只是一瓶水，但是在他眼里，这要比金山银山还要珍

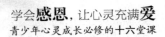

贵，因而大受感动，情不自禁地流下了眼泪。

试想，世上还有什么场面比这更令人感动？还有什么事情比这更让人觉得有人情味呢？我们在生活中，一定要时刻怀有一份感恩的心，在身边的朋友遇到困难的时候，伸出你的援助之手，把你的真情和关怀送给他们，只有这样，当你陷入泥泞的时候，他们才会给你很多温暖和帮助。如果人人如此，那么我们的世界就是一个充满人情味的世界，我们的生活就是一个充满人情味的生活。

过河拆桥的做法不可容忍

过河拆桥，出自元代康进之的《李逵负荆》第三折"你休得顺水推舟，偏不许我过河拆桥"。意思是说，自己过了河，便把桥拆掉。这个成语主要用来比喻当某人达到目的后，就把帮助过自己的人一脚踢开。

过河拆桥的做法让人无法容忍，于工作，于生活，人们都不应该去过河拆桥。然而在生活中，我们经常会看到一些过河拆桥的人，他们在得到别人帮助的时候，还口口声声地说"滴水之恩当涌泉相报。"但是一转眼就过河拆桥，将帮助过自己的人抛之脑后，而当再遇到困难需要求助时，发现已经没有人再愿意帮助他了。

张铭大学毕业后进入一家公司上班，在公司里张铭不仅聪明好学，而且是能说会道，刚到公司就受到了公司领导和同事的一致好评。公司里所有人员都非常认可张铭，尤其是他的直接上司——部门经理。为了让张铭能够快速成长，部门经理每天下班后都会腾出一些时间给他进行专业指导，白天工作的时候张铭要是有什么问题不明白，不管是找资料、完善计划还是其他任务，同事们都会尽可能地帮助他。

学习了将近半年，张铭的能力有所提升，此时公司里刚好有一个出国培训的名额，为了让张铭能够更充分地得到学习和锻炼的机会，大家都把机会让给了他。可是没有想到的是，这位年轻人自从知道自己可能出国培训后，变得骄傲起来，总认为自己高人一等，他觉得自己培训完之后一定会回到公司总部担任中高层管理者。因此在言谈举止中对别的同事总是表现出一副高高在上的样子。

大家看到张铭的这种姿态，变得厌恶起来，都为张铭这种过河拆桥的行为感到愤愤不平。很快，张铭就从国外培训回来了，可是张铭并没有因为在公司的特殊待遇而被公司任命为中高层管理者，而是继续在原来的部门工作。虽然他的能力已经很强了，专业技能也大大提高，但是他发现自己工作起来却比以前难了很多，因为周围的同事都不愿意和他合作，领导也对他不再热情……

张铭本来可以有一个很好的前程的，但是在他得到同事和上司的帮助后，并没有对帮助自己的人表示感激，而是觉得这些都是理所当然的，在自己小有成绩之后，不去感谢同事和上司，而是过河拆桥，认为自己高人一等，觉得谁都没有自己有能力，结果不但没有得到提升，还失去了上司的信任，同事的帮助，成为公司里的一名"独行侠"。

过河拆桥的做法让人无法容忍，因此无论我们身处怎么样的地位，都不要过河拆桥。在今天这个竞争激烈的社会中，只有拥有良好道德品质的人才会得到别人的尊敬和帮助。一个喜欢过河拆桥的人只会让人觉得他是一个没有道德品质的人，这样的人，自然也很难得到别人的尊敬和帮助。

然而在生活中，偏偏有人喜欢扮演"过河拆桥"的角色。他们自以为自己非常聪明，别人不会识破他的那点小把戏，却不知大家对他的行为早已心知肚明。就比如，我们当今有很多大学生因为家庭贫困贷款读书，可是毕业之后，他们不感谢国家，而是故意拖欠银行的贷款，直到万不得已的时候才会去还贷，这种过河拆桥、忘恩负义的人要想再得到别人的帮助肯定是很难了。

所以，作为社会的一员，尤其是正在成长中的中学生，青少年，一定要谨记：切勿过河拆桥，过河拆桥的行为不仅对别人无益，也会害了你自己。

挑剔过多让人厌烦

前苏联作家车尔尼雪夫斯基说："既然太阳上也有黑点，人世间的事情就更不可能没有缺陷。"世界上的任何事物都不可能是十全十美的，每个人也都有自己的缺点，即使你不去挑它，它也是存在的。但是同样，每个人的身上也有他们的优点和长处。

小说《飘》中充满积极人生态度的梅兰姑娘的一句话："假如你用挑剔的眼光看待这个世界，那么，你眼中将遍地荆棘。"因此我们应该用欣赏的眼光去看待自己的同事和朋友，尽量地去寻找他们身上的优点，只有这样你的心情才会变得舒畅起来，你做起事来才会更加的有效率。

张启娜回国后被某知名企业聘用。张启娜在国外学习了几年，有着一口流利的英语，再加上学习成绩优秀，人也长得非常漂亮，所以深受大家的喜爱。由于该企业的业务比较多，而且都是大客户，因此经常要和一些老总打交道，自然对员工的谈吐和形象要求都非常高，能够找到张启娜这样的员工，公司感到非常幸运。

在公司里，能够一开始就得到老板的赏识和同事的认可，张启娜自然是工作热情非常高，可以说是干劲十足。可是，过了没多长时间，大家对这位留学生的印象改变了。由于公司接了一个新的项目，时间非常紧迫，要求所有员工都加班直到项目完成，因此加班就成了家常便饭。其实对于加班，大家早已经习以为常，因为每次项目来的时候，大家都会先昏天黑地地工作，等项目顺利完成之后再好好休息庆祝一番。可是这一次，当老板在办公室里宣布加班消息的时候，张启娜却当面质问领导说："按照国家规定，加班是要支付加倍工资的，这一点不知道公司能否兑现？"她的这一提问让领导很没有面子，但是领导并没有大发脾气，而是说："关于这一点，人事部门会处理的。"

自此以后，张启娜的问题可以说是越来越多：先是对公司要求加班表示不满，然后又在同事面前抱怨公司剥削员工。不仅如此，在和客户通电话时，她总是一副苦大仇深的样子，经常和客户产生矛盾，嫌弃客户要求太多；遇到不顺心的事情就在办公桌上摔东西；和同事发生不愉快的事情，就哭鼻子、闹情绪……

总之，在她眼里，不管是领导、同事还是客户都是毛病百出，看什么都不顺眼。她的过分挑剔让老板和同事都很有成见，不到一个月的时间，张启娜就被公司找个理由开除了。

张启娜本是一个非常优秀的员工，可是因为一件很小的加班问题，就改变了自己的情绪，对什么事情都开始过分挑剔，吹毛求疵，最后遭到了老板和同事的反感，落了个被扫地出门的下场。

一个对别人过分挑剔的人会让别人在他身上也寻找不当之处，结果不但让别人疏远了你，也让别人在你身上找到很多毛病。

张小华就是一个比较挑剔的人，她总喜欢在别人身上找缺点。她给别人说，王琳的个子太高了，周围的人会情不自禁地打量一下张小华的个子，结果发现她是一个十足的矮子。当她告诉别人，李娜的眼睛看起来让人很不舒服的时候，周围的人开始注意她的眼睛，并将两个人的眼睛做了一个比较，结果发现，相比之下，李娜的眼睛要比她的清澈很多，明亮很多。当她给别人介绍王青的鼻子是个难堪的塌鼻子的时候，却没有想到自己脸上的那块肉头也不怎么样，当她说到许晓的耳朵是个招风耳的时候，却被人们看出她的耳朵更是没有好看之处。

张小华不断地给别人介绍他人的缺点，结果在她挑剔别人的同时，别人也同样地发现了她的缺点。

在人的一生中，真正值得你去重视和谨慎处理的事情应该是那些足以改变你的命运的事情。对于一些鸡毛蒜皮的小事，即使你弄得清清楚楚，也没有任何意义。对于那些不是很重要的事情，更不必去钻牛角尖。每个人都渴望自己的生活过得轻松快乐，而要做到这些，就应该把小事看开一些，不要过多挑剔，只有这样你才能够真正体会到生活的乐趣，才能够有充沛的精力去处理一些大事。

不要做怨气的传染源

　　可能很多学生在学校都有过这样的经历，当大家都在教室安静地学习的时候，突然有一个人抱怨说："这么多作业，累死了！"结果"一石激起千层浪"，抱怨的人越来越多，整个教室都炸开了锅；而相反，当大家都非常疲惫，感觉作业完不成的时候，有一个同学站起来说："我的作业完了，可以去玩了。"大家就会赶紧埋头写作业，想着别人能完成，我也肯定能完成。

　　其实，这是一种一呼百应的现象，这种现象在我们的生活中非常普遍，心理学家把它称之为"波纹效应"。就像把一块石子扔到水里一样，平静的水面会溅起波纹，一圈圈地不断扩散。波纹效应，不仅有好的影响，也有坏的影响。就比如当你看了某个电影，感到满意的时候，你就会对周围的人说："这是一部很好的电影。"从而引起大家的讨论，大家越讨论越觉得这个电影真不错；而如果你对电影不满意的时候，你的抱怨也会给听到的人留下不好的印象，大家也会因为你的一个表情或一句话而受到感染。

　　有一班主任发现，在最近一个月里，班里同学的成绩都有所下降，对学习也都提不起精神来，在课堂上，各个都是唉声叹气；布置作业的时候，各个都是愁眉苦脸。班主任很是不理解：这一个月，学习任务并没有加重，老师也在尽量地让课堂氛围更加活跃，怎么会出现这种现象呢？于是她开始进行调查，并找了一些同学单独了解，最后发现，问题的原因在于，班里有一个同学琪琪总喜欢有意无意地唉声叹气，结果周围的同学听了后受到影响，慢慢地，大家都养成了这种习惯。

　　只因为琪琪一个人的不良情绪，而影响了整个班级的气氛，让大家的成绩也因此受影响，可见情绪的传染是多么严重。因此，在我们的工作和生活中，每个人都应该学会做快乐的传播者，而不要去做怨气的传染源。情绪不好时，别一直抱怨，以免把周围的气氛都弄得压抑。当然，心情不错时，要记得大方地和大家分享，让快乐的涟漪传播得更远。

大兵刚到公司的时候，发现公司里的人每天都是愁眉苦脸，紧张地工作着。在他们眼里，工作就是一份苦役，一份谋生的手段，毫无乐趣可言。而大兵在生活中是一个乐观的人，对周围的一切都抱有乐观的态度，从不抱怨，即使和别人发生不快，他也会很快忘记。来到公司后，大兵并没有因为大家的情绪而影响自己，而是继续保持自己乐观的心态，很快他的乐观就影响到周围的同事，大家都喜欢和大兵在一起，因为和他在一起，会感觉工作并没有想象的那么难，因此在大兵的感染下，大家的工作情绪很快就提高了，公司的效益比起以前更是好了很多。

公司老板知道此事后，决定给大兵加薪，并考虑有好的机会给大兵提升职位。

戴尔·卡耐基说："抱怨会让我们陷入一种负面的工作和生活状态中，会让我们常常在他人身上找缺点，包括最亲密的人。不抱怨的人一定是最快乐的人，没有抱怨的世界一定是最令人向往的。"因此，当你对周围的环境有所不满时，当你对一件事情不喜欢时，不要试图去改变它，因为这些都是无法改变的，唯一能够改变的是你的态度。

作为一名中学生，只有你在学习和生活中始终保持乐观的、积极向上的态度，你才不会被别人的不良情绪所影响，而且，如果你始终保持一种乐观的态度，经常和大家分享你的快乐，别人就会被你的快乐心情所影响，把你的快乐传播到周围的每一个角落，从而大家都能够斗志昂扬地学习和生活。

因此，我们一定要记住：于学习，于生活，都不要做怨气的传染源，而是做快乐的传播者。

感恩使你拥有强大的人脉网络

　　在这个世界上，我们会看到这样一群有才华的穷人：他们个个都才华横溢、能力超群，可以说是拥有上天入地的本领，但是最终却都一事无成，颗粒无收。很多人对此感觉非常不解，其实答案很简单，他们之所以沦落为穷人就是因为他们缺乏朋友，没有很好的人脉关系网。在当今社会，人脉就是钱脉，一个人成不成功，不在于你知道多少东西或者会多少，而很大程度上取决于你有多大的人脉关系网络。

　　无论是学习，生活还是事业，一个朋友众多的人会左右逢源，事事顺利，而没有朋友的人则会寸步难行。21岁的董思阳之所以能够成为总裁除了自身的努力以外，一个很关键的因素就是她有一个强大的人脉网络，可以说在她每一个成功的阶段都得到了朋友的相助。因此，如果你已经很成功，那么一定要感谢在你背后帮助和支持你的人，如果你还在通向成功的路上，则更要感谢周围对自己付出的人，因为有了他们的帮助，你才会成功得更快一些。

　　刘莉大学毕业后，进入一家世界500强企业工作。在工作中，刘莉不管对上司、同事还是客户都总是报以感激之情，大家都非常喜欢她，几乎每一个和她相处过的人都成为她的好朋友。

　　不仅如此，刘莉在工作中也非常努力，尽职尽责，更是得到大家的认可，来到公司不到一年的时间，刘莉就在公司全票通过晋升为部门经理。

　　有人很不解，就问刘莉是如何和人相处的，秘诀是什么？

　　刘莉微笑着说："因为我很幸运，结识的人都帮助了我。在我很小的时候，我的父母就教导我：要学会感恩，对周围任何人的帮助和赋予都报以感激之情，对于那些不愉快的事情要尽快地忘掉。由于他们的教导，让我拥有了一颗乐观和感恩的心；在我上学的时候，我的老师教育我如何做人，如何成为一个对社会有用的人，我和我的同学互帮互助，共同成长，因此我很感激他们对我的一路陪伴；如今我工作了，我更是要带着这种感恩的态度去工作，正因为如此，我发现周围的一切都非常美好，虽然会有一些微不足道的不快也会很快过去，我总是工作得很开心，领导和同事也都乐意帮我。"

听了刘莉的话，大家都明白了，刘莉之所以这么快地得到晋升，之所以能够和周围的人保持融洽的关系就在于她始终抱着一颗感恩的心，对周围的一切都报以感激之情。

感恩可以让你拥有强大的人脉网络，拥有一颗感恩的心，你就会在生活中得到更多人的帮助，老师会因为你的感恩而对你额外帮助，同学会因为你的感恩而对你更加关心，父母会因为你的感恩而对你更加理解，可以说，没有哪个人不喜欢会感恩的人。然而在生活中，总有那么一些人不珍惜自己的人脉，在用到别人的时候，百般奉承，而一旦觉得这个朋友没有用了，就忘恩负义，把朋友抛之脑后，最终他的朋友越来越少，新朋友交不到，老朋友也离开了他。

美国钢铁大王卡内基说："对于一个人成功专业知识的作用只占15%，而其余的85%则取决于人脉关系。"人脉虽然是一种摸不着看不到的东西，它不能像钻戒那样明码标价。但是这并不代表它就没有价值，要知道好的人脉关系是一份无价之宝，即使钻戒也是换不来的。因此，一个人要想得到一份好的人脉，就一定要怀有一颗感恩的心，真诚地去跟人交朋友，而不是戴着有色眼镜去看人。

感谢压力，压力证明存在的价值

CHAPTER 4 | 第四课
不吝于表达谢意，
感恩带来神奇的改变 ▶

　　如今，有很多人，即使潜意识里明白别人有恩于自己，也不善于向他人表达谢意，一是受传统文化影响，感情比较含蓄，二是觉得谢谢或感激之类的词过于西洋化，甚至还有些虚情假意。但实际上，人们有所付出后，都希望得到相应的回馈，对方的感谢或感激，是所做之事被认可的一种体现，可以增进彼此的感情。适时感恩，犹如一项投资，既为别人注入了动力，也为自己将来的神奇改变创造了机会。

感恩是一种合作的心态

感恩是一种良性的心态。一个懂得感恩的人，才有可能成就其人生的高度。社会大环境，职场小环境，无论身处何种场所，个人都是团队中的一员，不孤立于世。任何一个人的成功都不纯粹是个人努力的结果，同时也离不开别人的支持和帮助。因此，每个人都应学会感恩，感恩那些给过你温暖的人，哪怕是点滴关怀或是只言片语。同时，也应该感恩自己所拥有的一切，珍惜现在，进取但不贪心。

每一个人生来都是平等的，别人没有义务为你做任何事情，懂得这一点就要抱着感恩的心面对万事万物。你感恩社会，社会将给你更多回馈；你感恩老师，他们会对你更加器重；你感恩合作伙伴，他们会带来更多的利益分享；你感恩竞争对手，他们会让你更加强大。

李菁是一个不出名的小画家，擅长灵感创作，五花八门的画不少，但很少得到他人的赏识。加上自己没有经济基础，办不了画展，推广不了也卖不出去。因此，一直以来，生活得很窘迫。

一个偶然的机会，一家画廊的负责人发现了他的画，愿意出价购买其中的几幅。虽说价格不高，但也只好勉强同意。两个月后，这位负责人又来了，说是愿意同李菁签订一份协议，要求在规定时间交付如数作品，按均价购买。这个均价和上次的价格相比高出了不少，李菁喜出望外，总算等来了自己的"伯乐"。

这样持续了一年多，有一天，李菁突然想去画廊打探一下他的画销路如何。于是，他悄悄地以一个参观者的身份进入了画廊，很快，在一个还算比较显眼的地方看到了自己的画。为了便于观察那些前来欣赏自己作品的人们，他躲在了附近的一个角落里。不一会儿，有一对夫妇对他的画颇为满意，并招来了工作人员，工作人员的讲解令李菁心花怒放：什么风格新颖，独树一帜，特色艺术品，销量好等等。更让他吃惊的是，他的画最终竟然以差不多十倍于他卖出的价格售给了那对夫妇。为了验证这一点，他佯装要购买自己的另一幅画。同样的，价格仍然是数倍于他卖出的价格。

李菁觉得心里不公平，自己辛辛苦苦地创作，得来的酬金只有那么一点点，而画廊只不过是借用了展厅的一角，竟然可以轻松赚得高额差价和利润。这样一想，李菁更觉得不是滋味，一狠心，就停止了与画廊的协议，向周围筹借了一笔资金，着手自己创办一个工作室。

可是李菁根本就不懂得经营，生意一直不景气，好不容易来了一些客户，却都对他的画评头论足，嫌东嫌西，根本就没有人购买，再加上资金不充足，知名度不高等各种原因，不到一年的时间，李菁的工作室就已经经营不下去了。

无路可走的李菁想回去找那些和自己合作过的画廊，和他们继续合作，但是遭到了他们的拒绝。

在自己失意时，是画廊带李菁走出了困境。受益的李菁不但没有去感恩，反而非常自私，算计着如何使自己利益最大化，如何把画廊的利益最大限度地让给自己，结果不但没有达到自己的目的，反而让自己本来所拥有的那些利益也失去了。合作本来就是一种互惠互利的关系，合作需要你对对方抱有感恩之心，如果你容不得别人的利益，别人也不会容你，那么最终的结局只能是损人不利己。

感恩是一种合作的心态，心怀感恩，和朋友之间就少了一份钩心斗角和嫉妒，多了一份理解和宽容；心怀感恩，你就不会去斤斤计较自己和合作伙伴的利益谁多谁少；心怀感恩，你就会把自己的时间充分运用到如何让双方达到共赢。

在一家公司，旭东是业务员，只负责接订单，虽说他工作看似不多，但工资奖金却是他人的数倍以上。吴楠就为此抱怨过，她是负责联系工厂的，工厂的事情很繁琐，大小事情都要过问，经常搞得她心烦意乱，片刻不得安宁。

某一天，吴楠因为一时疏忽，造成发货延迟。这可影响不小，客户向来对货物的交货期要求极为严格。面对这种情况，吴楠着急却没有办法，而旭东知道情

第四课 不吝于表达谢意，感恩带来神奇的改变

况后，什么也没说，立即与客户联系，一遍遍的斡旋调解，终于说服了客户，获得谅解。吴楠很内疚，旭东反而安慰她："大家都很辛苦，你也不要太自责了，事情发生了就一块想办法解决。"吴楠听后相当感动，从那以后，她不再去拿薪水作比较，也不再抱怨自己的工作，积极配合他人，尽心尽力地做事，而他们这支队伍的业绩也一直都是公司最好的。

在和别人一起共事的时候，拥有一颗感恩的心，你就会容忍别人一时的失误，理解伙伴的艰辛，将帮助别人看成是自己的举手之劳，将共赢作为自己奋斗的目标。这样的心态才能更好地培养与伙伴之间的真诚情意、合作互助，做事才能达到默契。

人们常说：享受生活，就会觉得人生充满乐趣，宛如天堂；反之，抱怨生活，一味地计较得失，人生就如同地狱，苦涩不堪。感恩的心态可以改变一个人的一生。拥有感恩情怀的人，通常都是乐观和宽容的，他们充满激情，积极向上，释放真诚，凡事为他人考虑，这样的人，自然有着良好的人际关系，别人愿意与他们携手并肩、合作前行，共享甘苦，因此他们的路越走越开阔。而那些不懂感恩的人，只会看到人生的阴暗面，怨天尤人，抱怨生活和工作，抱怨他人，即使某时获得了别人的帮助，也觉得理所当然，不知心存感激，久而久之，他们获得的帮助少了，周围的人群疏远了，自己成了名副其实的"孤独者"。

感恩是人与人之间的相互尊重

羊有跪乳之恩，鸦有反哺之义。动物皆有感恩之举，何况人呢？人活在世，父母给了生命和养育之恩；老师给了知识和教导之恩；朋友给了友谊患难之恩；伙伴给了互助和合作之恩；领导给了栽培和器重之恩……当一个人对这些恩情无动于衷，一味地被动接受不知回报时，他就成了无情无义之人，将会遭到众人的唾弃和指责，也失去了被尊重的机会。而那些施恩的人长此以往也会心冷，失去了付出的激情。

在人际交往中，人与人之间的情感是双向流动的，有了相互付出才有了相互尊重。一方付出，另一方需感恩回报，感恩是尊重的前提。心怀感恩之情，无论是与亲人、友人、爱人、同事或者领导相处，关系都会和谐融洽，即使有了矛盾或不满都可以化解。因为感恩教会人们学会反思和观察，观察自己也观察别人。在反思和观察中，不断地重新审视和调整自己的心态。

大仲马，是19世纪的法国很受欢迎的一位剧作家。每当大仲马有新的剧本问世的时候，各大剧院都是争相购买。这一次，又有一本新作完成了，于是，在第一时间里就有两个剧院的经理前后找他购买新作。

第一个来的经理是一个小剧院的经理，在见到大仲马的时候，他先是毕恭毕敬的朝着他行了一个脱帽礼，接着请大仲马坐下，然后说："打扰先生了，我是刚开的一家剧院的经理。久闻您的大名，但是一直没有机会拜访您，这次呢，除了拜访您之外，还想购买您刚刚完成的新作。希望我能买到您的剧本，这将是我个人以及我们剧院最大的荣幸！""很高兴您能来拜访我，先生，我一周后给您答复可以吗？"大仲马此时也客气地说。

第二天，当地一家很大并且非常有名气的剧院经理，也找到了大仲马。

他一见到大仲马就说："喂，先生，你的新剧本卖么？多少钱，报个价吧！我愿意出高价钱买它，你们这些写剧本的不就是为了挣钱么，对吧，先生？"大仲马回答道："是有一本新的剧本要卖，但是我现在想把它低价卖给你的一位同行。""不会吧先生，难道你觉得钱不重要么？"大仲马毫不客气地说："当然重要，但是我还是决定卖给你的那位同行。很简单，他很有礼貌，他一见面就先给我行礼而不是说直接拿钱买我的剧本，他以能与我交往感到自豪。"这位大剧院不可一世的经理听完直接灰溜溜地走了。

他知道，他失去的不仅仅是大仲马这次的新作，还有别人对自己的尊重。

尊重别人是一个人崇高道德的表现。在大剧院经理的心里只有剧本，只有利益，为了利益，他忽视了创作这个剧本的人，把最基本的尊重给忘了。这样的他当然不会得到别人的尊重，也就不可能得到剧本。而小剧院的经理却因为懂得尊重赢得了一切。

其实生活就是这样，在与人交往中，你可以没有金钱，没有地位，甚至是没有智慧，但是你不能没有礼貌，要学会尊重，在尊重别人的同时你会发现自己也正被别人尊重着。

我们每个人都希望得到别人的尊重，而要维护这种尊重其实也非常简单，就是以一颗宽容的人，感恩的心去对待别人，不对别人做出侮辱性的事情，给别人一些宽容，不仅能够让别人感到被尊重，也会让自己得到百倍的尊重。

明明十二岁那年，和爸爸一块坐火车回老家。上车后，发现两人的座位被人占了一个。爸爸安排明明坐下后，不动声色地站在旁边。几分钟后，发现此人还没有让座的意思，明明实在忍不住了，正要提醒对方：这个座位是我们的，我们买了坐票。但是被爸爸制止了。

一路上，爸爸还和此人不时地聊上几句闲话家常，相谈甚欢。明明有些不解，这人如此不知礼貌，爸爸为什么还要对他那么友善。几小时后，车到站了，下车后，明明向爸爸说出了心中的疑惑，爸爸微笑着告诉他："那人腿部有残疾，他都能忍受一辈子的行动不便，我一个健康的人，区区几个小时的站立又有什么关系，我给他让个座位是应该的，而且同时我还应该感恩自己四肢健全才是啊。"明明顿时醒悟，爸爸的形象也从此更加伟大起来。

人与人之间的相处是永远的话题，而只有有了尊重，我们才会有真诚、互助，才能拥有真正的朋友！相互尊重是人与人相处的一种普遍形式，只要人与人之间建立起这种美丽的桥梁，就能达到相互尊重的彼岸，创建友好和谐的世界观和人际圈。

感恩拥有巨大的潜在价值

洛克说："感恩是精神上的宝藏。"尼采说："感恩是灵魂上的健康。"感恩蕴藏着无穷的力量和价值，它可以净化人们的思想，指引着人们的一言一行，懂得感恩，才能把视线投得更高，脚步迈得更远。

曾经有这样一首小诗：

感恩伤害你的人，因为他磨砺了你的心志；

感恩蔑视你的人，因为他觉醒了你的自尊；

感恩欺骗你的人，因为他增长了你的见识；

感恩抛弃你的人，因为他教会了你的自立；

感恩绊倒你的人，因为他强化了你的意志；

感恩斥责你的人，因为他助长了你的智慧。

分别给久经干渴的两人一只苹果，懂得感恩的人会说："谢天谢地，这只苹果可以助我恢复体力。"而不懂感恩的人则抱怨："真倒霉，为什么不是一杯水呢？"上帝对每个人都是公平的，不同的是他们的心态。感恩的人用乐观宽容的心态看待周围的一切，并借助于感恩消除脑海中那些与积极心态背道而驰的所有不良因素，这样的人生必定会更加轻松，哪怕是困难险阻，也能坦然面对。

有一位归国的老华侨，一心想为国家做些力所能及的贡献，后来他想到了资助一些贫困学生。于是，在相关部门的协调下，给多个需要捐助的学生每人寄去一本书，并随书将自己的联系方式一同寄出。对于老华侨的做法，很多人都不理解，为什么只捐助一本书？而且还要留下自己的信息？书寄出去后不久，身边的人发现老华侨一直在焦急地等待着什么，他会经常等电话，或者不时地打开信箱，检查信件。终于有一天，老人高兴不已，原来一位收到书的学生，向他寄来了感谢信并祝福他，这也是唯一一位和他联系的受赠者。很快，他向这位同学汇出了第一笔丰厚的助学金，并放弃了对其他没有信息反馈的学生的资助计划。此时，其他人才恍然大悟，老人寄书只是为了考验学生，看他们是否懂得感恩，在他眼里"不懂得感恩的人没有资助的价值"。

感恩是衡量一个人的道德标准之一。人的一生，总会获得来自周围环境的帮助和支持。无论是物质上的还是精神上的，也许施予者并不强求获得回报，但是知恩感恩能使他们感觉欣慰：自己的付出是值得的。一个人即使事业做得再好，

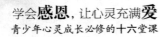

成就再大，如果心无感恩，他必定无多大发展前景，自私自利，对于别人的帮助也只会是过河拆桥，用的时候畅快接受，用完就遗忘搁浅。人活在世，不是为了索取和享有。伟人之所以伟大，除了拥有智慧，他们还有一个共同的特点：懂得感恩和回报，他们的目光永远不会只停留在自己身上，而更多的是关注他人、群众和社会。

　　女孩乔怡美貌聪慧，并拥有一份好工作。她在一次朋友的聚会上邂逅了自己的白马王子浩然，这是一位有学识内涵，潇洒多金的年轻男子。两人总有相见恨晚的感觉，短暂的接触后，发展成了男女朋友。那时，恰逢国难——汶川地震发生之时，许多同胞在灾难中失去了亲人，失去了家园。虽然乔怡的城市远离汶川，但是她心灵也受到了强大的震撼，每次看到新闻播报，她总是潸然泪下。

　　某一天，两人一块逛街，看到街边有很多为灾区募捐的活动。乔怡对浩然说，"咱们也去捐点吧。"浩然愣了一下，然后掏出钱夹，厚厚的一沓钞票中，他只抽出了唯一的一张十元，嘴里还在嘀咕着"怎么突然要捐款了呢？害得我事先没准备零钱。"然后在乔怡的目瞪口呆中，浩然捐了十元并准备拉着乔怡离开。乔怡挣脱了他的手，毅然地从自己包里掏出五六张鲜红的钞票投进了募捐箱。浩然不可思议地瞪着乔怡"你疯啦，捐那么多干吗，无名无姓的，多少意思一下就行了。"从那以后，乔怡再也没有联系过浩然，家人都在劝和，但是乔怡坚决地分手了。乔说："和一个自私不知感恩，不懂得帮助别人的人在一起，没希望。"

　　感恩塑造了爱心和善心，这是为人的基础。感恩，映射出一个人的品行。每个人都拥有巨大的潜能，可以创造出无穷的价值，然而一旦心灵被蒙上了阴影，就失去了发现和利用它的机会，人生的旅途就多了更多的阻碍。对每个人来说，感恩，它不是枷锁、压力，更不是债务负担，而是催人向上的动力。感恩的人，懂得爱和回报，懂得如何帮助和理解别人，懂得如何拂去心灵的浮躁和抱怨，懂得如何反思和成长。

感恩可以改变一个人的命运

感恩作为一种健康积极的心态，决定着人的性格和行为，它是主动发展的动力之源，可以改变一个人的命运。人与人之间本无区别，成功者和失败者差别的关键就在于心态，健康积极的心态是一个人成功的重要资本。

有无感恩心，直接影响着对事物的判断力和执行力。感恩的人，定会觉得人生如同一顿大餐，虽然充斥着甜酸苦辣，却是千姿百味，值得品味享受。命运并不可怕，可怕的是你自己不能掌握自己的命运。

19世纪初，在美国一个小镇上，一个名为玛丽的小姑娘降临了。伴随着成长，她逐渐发现一个现象：周围所有人都在疏远她、嘲笑或者歧视她，连小朋友们都不愿意和她玩。后来她才知道，自己是个私生女，妈妈在未结婚时和别人生下了她，后来那个男人又抛弃了她们。在这样一个小地方，这样的事是会被大家视为是一种耻辱。没有爸爸，她本来就很难过，现在还要让其他人这么对待她，她觉得世界不公平，太残酷了。

上学后，这些歧视并未减少，老师和同学们都是以冷淡、鄙夷的眼光看她，甚至是还在背后议论：这是一个不知廉耻女人的孩子，一个不好家庭诞生的孽种，肯定也会和她妈妈一样没有教养。这给她的心灵带来了巨大的创伤，她开始逃避人群，封闭自我。她害怕别人对她的指指戳戳，窃窃私语。

13岁那年，镇上来了一名牧师，玛丽听大人讲，这是一位德高望重的牧师，说道极好。她非常羡慕别人的孩子，每周可以有父母陪伴去教堂做礼拜。可是这样的公众场合，她却从来不敢去。后来有一天，她实在忍不住心中的渴望，悄悄地溜进去躲在后排聆听牧师的演讲。她听得入迷，忘记了应该提前离开，结果当教堂的钟声响起她才被猛然醒悟。但是已经来不及了，人群蜂拥向门口移动，她只好低头悄悄尾随在最后面。突然，一只手搭在她肩上，玛丽惊慌看去，是牧师。他温和地问道："你是谁家的孩子？怎么一个人呢？"玛丽一直害怕听到的话又一次被人无情地道出了。一时间，还未离开的人们停止了走动，数双眼睛注视着她。玛丽知道自己又要再次被众人嘲笑，她不知如何回答，委屈极了，满是眼泪地低下了头。

这时，牧师又拍了拍她，慈祥地说："哦，我知道你是谁家的孩子了。你是上帝的孩子。"玛丽惊愕地抬起头，望着他，牧师接着说："你和这里的所有人一样，都是上帝的孩子！我们的存在，是一个奇迹，我们应该感恩自己可以来到这个世界上。人生最重要的不是你从哪里来，而是你要到哪里去。孩子，痛苦都是人们自找的，幸福就在身边，大胆去寻找吧。"教堂立刻响起了人们的掌声。

从此以后，玛丽变得开朗自信起来，她主动与人交谈，帮助别人，人们也渐渐淡忘她私生女的身份，接受了她。日后，经过自己的努力，玛丽彻底走出了阴影，过上幸福的生活，并成为社会上一个很优秀的人。

生活总是有很多不尽如人意之处，如果你只是活在抱怨之中，冷眼相看所有的一切，迟早有一天，你就丧失了对生活的兴趣，逐渐老去在自己的消沉和抱怨中，生活永远也就得不到改观。其实，比抱怨更重要的是如何为改变这一切做努力，首先，这就需要对生活进行感恩，从意识上引导和纠正，从行动上实践。感恩可以沉淀出理性的人生，少一分挑剔，多一份适应；少一分抱怨，多一份感激。

命运是公平的，常怀感恩之心，才能紧抓命运的缰绳，与爱同行，与矛盾磨合，与挫折斗争，在命运面前不低头，勇往直前，这样才能走出最精彩的人生。

告诉眼前人，他对你很重要

人的一生，总要经历到形形色色的人：亲人、友人、爱人、同事、或是陌生人……一份份来自他们的关爱、理解、支持或问候包围着你，滋润着你，扪心自问，你有让他们知道，他们对你有多重要吗？也许你早已习以为常，或许你羞于表达自己的感激之情，但是情感经不起推测，它需要你正面道出心中的感激，一句"谢谢"会拉近你们彼此之间的距离，一句认可对方的话语会让对方倍感温馨，让对方感觉到自己存在的价值。

凯文一家靠父亲打鱼为生，每天清晨父亲驾着小船出海，经常天黑时，拖着湿漉漉的衣服归来。之后，清点打了多少鱼，成了凯文最快乐的事。父亲有一辆破旧的货车，开起来总是发出很大的声响，但这却是他家最值钱的家当。父亲每天早上出海前，都会开着那辆货车送他去上学。到学校门口，车子停下来后，父亲总要跟着凯文一块下车，伸出他健壮的胳膊拥抱凯文。那时候，他觉得父亲的怀抱是最温暖的，最宽广的。

凯文五年级的一个早上，父亲像往常一样开车送他去学校。他坐在车上，突然觉得那辆破车的声音太大太难听了，他甚至透过车窗，看到街上来往的行人很惊讶地看着这辆破车，还有一些掩嘴而笑的表情。父亲似乎并不在意，有说有笑的，显得很快乐，可是凯文心里很不是滋味。车子开到校门口，同学们像是看怪物一样的看着这辆车子，凯文觉得自己羞愧极了。父亲停好车子，然后微笑着张开双臂等待着凯文的拥抱，凯文看向他，父亲身上永远都穿着洗得泛白的旧衣服，皱皱巴巴的，还有散发出的浓浓鱼腥味……这一切让凯文讨厌。因此，他拒绝了父亲的拥抱，僵硬地对父亲说："我不是小孩子了，不需要这样了，别人会笑话的。"父亲明显地愣了一下，有些不知所措，尴尬地缩回了手，在两腿侧蹭了蹭，嘴里喃喃道："我的凯文长大了，长大了……"凯文迅速向父亲道别，逃跑似的钻进了学校。

以后的每一天，凯文都不再接受父亲的拥抱，这让父亲感到很伤心，不久后的一天，父亲永远留在了海上。

还在学校上课的凯文得知消息后，痛哭流涕，他想起了那一天早上父亲未送出的拥抱，此时的他好想让父亲再抱抱他，或是亲吻他，此时的他好想告诉父亲："父亲，我爱你，你是我生命中不可或缺的一个人……"可是，已经永远没有机会了。

有一位作家说："人在年轻的时候，并不了解自己追求的、需要的是什么，等你再长大一些，再成熟一些的时候，你才会知道你真正需要的是什么，可那时你已经做了许多悔恨的使你锥心的蠢事。"所以，当你在自己真正爱的人面前时，一定要告诉他，他对你很重要，不然等哪一天你错过了，后悔都来不及了。

告诉眼前人，他对你很重要其实是一种爱的表现，爱是一种力量，这种力量

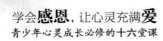

会让我们察觉到自己在对方心目中不可或缺的作用，从而让我们体会到一种安全快乐的感觉。爱拒绝犹豫，拒绝观望，他需要我们勇敢地付诸行动，勇敢地说出来。

有一个女人，她的脸动过手术后，有一小段面部神经被割掉了，结果造成脸部部分神经瘫痪，表情变得非常扭曲，而且从此以后都是这个样子。

她照了照镜子，觉得自己非常恐怖，于是问医生："我以后一直都是这副样子吗？"

"是的，女士。"医生回答说。

听了医生的话后，女人低下了头，这时站在旁边的丈夫说："亲爱的，我喜欢你这个样子，相信孩子也会喜欢你现在的样子的。"说完后，丈夫没有在意周围人的表情，低头去吻妻子那因脸部变形而扭曲的嘴。

此时，周围的人都憋住了气，不敢呼吸，他们认为自己目睹的是一个十分神圣的画面。

勇敢地将心里的爱说出来，真心地传达出对对方的爱，这是送给对方最好的礼物，也是给对方最大的支持。女人虽然脸部扭曲了，虽然变得很丑，但是因为丈夫对自己表达的爱意，她一定会绽放出最美的笑容。其实，很多时候，不是我们不爱对方，而是因为我们的含蓄而失去了向对方表示感谢，表示爱意的机会。等到失去了，错过了，才后悔莫及。

所以，当自己所爱的人，所尊重的人，要感谢的人在自己眼前的时候，一定不要过于含蓄，鼓起勇气，告诉对方，他对你很重要。

善于表达你的感激之情

中华民族本来就是一个含蓄的东方民族，不喜欢也不习惯当众表达自己的心情。尤其是一些年轻人，处世不够圆通随意，即使在接受了别人的好意时，也羞于表达自己的感激。

没有谁对我们的帮助是理所当然的，感恩是认定别人帮助的价值，从而达到彼此感情交流的一种有效手段。其实感恩图报是一种良好的心态，更是一种奉献精神。当你抱有一种感恩的心态生活和工作时，你会生活得更愉快，与人交往更和谐，工作也会更加出色。

　　在工作中，很多人虽得到了上司、同事的很多帮助，并且取得了很大的成功，但也没有表示对上司和同事的感谢。造成这种现象的一个主要原因是，很多人的脑子被某种错误的意识占据了。他们把别人的辛苦、帮助和付出视为是理所当然的，认为没有必要表示感谢或肯定。

　　感恩的心态有助于人际关系的建立，加强沟通、增进感情的积累，不知道感恩的人往往难以赢得别人尊重、好感和支持。如果认为他人的帮助是理所当然的，不用感恩，那么在无意间就会带来副作用。

　　有这样一件小事。

　　有个妇女抱着一个小孩坐公交车，当时没有人让座。这时，售票员说："小朋友这边来，这边的叔叔想给你让座。"

　　那个青年听了这话，马上站起来让了座，没想到那位妇女径直走过去一屁股坐下，对这个青年看都没看一眼。这个青年的脸上立时就挂不住了，心想，好心让个座，连句感谢的话都没有，心里很是不快。这时售票员逗小孩说："小朋友，刚才叔叔给你让座，快感谢叔叔。"小孩马上说："谢谢叔叔。"那妇女也明白过来，忙不迭地说"谢谢"。

　　青年人听到"谢谢"，心里很高兴，还不时逗小孩开心。

　　感恩既是一种良好的心态，又是一种奉献精神。如果你对别人的帮助表示一下谢意，那么彼此的关系就会因此发生变化，彼此之间的距离也缩短了，感情就有了呼应和共鸣。对方在兴奋欢悦之余会给予更多的关照，更好的回报，这样，交际气氛就会更加友好和谐。

　　小李是一家电脑公司的编程员，一次在工作中遇到一个难题，他的同事主动过来帮助他。同事一句提醒的话使他茅塞顿开，很快就完成了工作。小李对同事

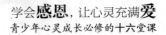

表示了他的感谢，并请这位同事喝酒，他说："我非常感谢你在编那个计算机程序上给我的帮助……"

从此，他们的关系变得更近了，小李也因此在工作上获得了很大的成绩。

小李很有感触地说："是一种感恩的心态改变了我的人生。我对周围人的点滴关怀和帮助都怀抱强烈的感恩之情，我竭力要回报他们。结果，我不仅工作得更加愉快，所获帮助也更多，工作也更出色，我很快获得了公司加薪升职的机会。"

心理学家认为，人与人之间存在"互酬互动效应"，即你如何对别人，别人也以同样的方式给予回报。道声"谢谢"，看似平常，可它却能引起人际关系的良性互动，成为交际成功的促进剂。

向别人表示你的感谢是一个积极有意义的举动。从你那里得到过感谢的人，会希望将来再次受到你的感谢和肯定，因为他看到自己对你的帮助能够被你认识和赞赏。你的衷心感谢也会换来真心相报，日后，对方还会乐意帮助你的。

我们大多数人的弊病在于：用人前好话说尽千千万万；事成后，半句问候也不言。让人觉得世态炎凉，伤透了被求者的心，让他以后对登门相求者，不肯轻易应诺。事成后，找个时间去对向你提供帮助的人进行感谢，这种做法，会让当事人心里暖烘烘的。

表示谢意，可以这样做：开门见山地表示谢意，"那件事多亏了你从中帮忙，如今都办成了，我特意感谢您来啦！"一句话，让对方心中阳光灿烂，话题由此发挥。少了功利，多了份悠闲，彼此更容易沟通。

在人与人之间的交往中，多一些感谢，就多一份爱心，多一份温馨。人与人之间的关系会在相互的感激中更加亲密。千万不要忘了你身边的人，你的朋友，你的老板，你的同事，你的家人，他们是了解你、支持你的，说出你对他们的谢意，并用良好的心态回报他们，这样就能得到他们更多的信任、支持和帮助，这是对你大有益处的事，何乐而不为呢？所以生活中，你要常说"谢谢"。

CHAPTER 5 | 第五课

施予你的热情，
让感恩在良性互动中传递

　　司汤达曾说过："在热情的激昂中，灵魂的火焰才有足够的力量把创造天才的各种材料熔于一炉。"那么，是什么让一个人可以保有激昂的热情呢？答案就是心态，心态决定了人的思维方式和行动力。而感恩作为一种积极的阳光心态，对人生起着正面引导作用。感恩促使人们摆脱自私狭隘的心理，领会施予与帮助的快乐，同时，感恩还能唤醒一个人的使命感和自豪感，从而树立起正确的人生价值观。

感恩唤醒内心使命感

上帝会把最珍贵的礼物放在最后，留给最有使命感的人。完整的人生包括三感：使命感、失落感和危机感。使命感居首，它是一个人活着的意义和动力。每个人自从出生，就注定了他的使命，对父母孝敬赡养的使命，对知识孜孜追求的使命，对工作热爱敬业的使命，对国家无私奉献的使命……人人都具有使命感，然而并不是每个人都能恰如其分地让使命感引导自己的人生。因为，使命感是自发形成的，由心而生，只有自觉自知，拥有感恩的心才能唤醒内心的使命感。

感恩的人会珍惜眼前的一切，会感受来自周围环境的爱，比起他人，他们更能充满激情地生活，尽可能地回报他人和社会，会感恩的人明白自己应该做什么，以及这样做的意义，"做一天和尚就得撞一天钟"，"只要还当一天兵，就得站好每班岗"，这就是他们的使命。

海伦出生不久就双眼失明，双耳失聪，但是她凭借超强的毅力，练习识字、习书，并发表作品《假如给我三天光明》《我的一生》等等。对于自己的不幸，她从来没有抱怨过父母或别人，因为她知道，父母其实比自己更痛苦，更伤心。她是一个会感恩的人，对于自己的不幸，她曾说过"忘我就是快乐。因而我要把别人眼睛看见的光明当作我的太阳，别人耳朵听见的音乐当作我的乐曲，别人嘴角的微笑当作我的快乐。""黑暗将使人更加珍惜光明，寂静将使人更加喜爱声音。"正是这种心态，让海伦顽强地活了下去。在她的一生里，虽然障碍重重，但从未忘记感恩和自己的使命，那就是去帮助更多的人，为此，海伦终身都在奉献，她四处为残障人士做演讲，鼓励他们做个残而不废的人。在她的爱心努力下，残疾人事业赢来社会各界人士的广泛关注，不仅如此，她还亲身示范，给残疾人树立了坚强的信心。

阿进的父亲是个瞎子，母亲重度智障，除了他和姐姐，几个弟弟妹妹也都是瞎子。父母为了养活一家人，只能四处乞讨，他们住的是乱坟岗的墓穴，阿进一生下来就和死人的白骨相伴，能走路了就和父母一起去乞讨。他9岁的时候，有人对他父亲说，你应该让儿子去读书，要不然他长大了还和你一样当乞丐。于是父亲就送他去读书。上学第一天，老师看他太脏了，给他洗了澡。这是他人生中的第一次洗澡，他铭记在心。为了供他读书，才13岁的姐姐被迫卖身青楼。照顾瞎眼的父母和弟妹的重担落到了阿进小小的肩膀上，阿进知道要改变所有的一切，唯有珍惜自己的读书机会，勇往直前。阿进每天的生活非常忙碌，他从不缺课，每天一放学就去讨饭，然后回来跪着喂父母吃。后来他上了一所中专学校，阿进获得了一个女同学的青睐。但女孩的母亲坚决不同意，还说"天底下再也找不到像他们那样的一窝穷人"，并把女儿锁在家中，用扁担将阿进轰出了家门……

这样的环境并没有磨灭阿进的斗志，他也从未抱怨和诅咒上天的不公，因为在他身上有一种使命感，那就是改变自己的现状，改变家人的现状，后来，凭着这份使命感阿进成功了，就是台湾第37届十大杰出青年之一，一家专门生产消防器材的大工厂的厂长。在一次演讲中阿进这样说："我感谢上天为我安排了一切，我感谢生活，我感谢我的父母，他们虽瞎，却给了我生命，至今我还是跪着给他们喂饭；我还感谢苦难的命运，给了我磨炼和斗志，给了我这样一份与众不同的人生；我也感谢我的丈母娘，是她用扁担打醒我，让我明白要想得到爱情，我必须奋斗，必须有出息……"

生活中，也许你的处境很糟糕，但是如果你和阿进一样拥有一种使命感，那么摆在你面前的所有困难都不将是阻碍自己的绊脚石，而是让自己成长的垫脚石。感恩唤醒内心使命感，一个常怀感恩之心的人，会在学习和生活中坚守一份使命感，为了父母，为了恩师，为了所有帮助过自己的人，全力以赴地学习，尽职尽责地工作。

必要时，请伸出援助之手

"赠人玫瑰，手有余香"。有时候，为别人铺路，实际上也是为自己铺路。在必要时，伸出你热情的双手，帮助和关怀别人，你得到了快乐，别人也会倍感温暖。人际关系交往的一大原则就是，不遗余力的帮助别人，也许这对你来说只是举手之劳，但是对别人，很有可能达到雪中送炭的效果。

伸出援助之手，是一种感恩的回馈和无私的表现。只有懂得感恩的人，才能理解别人的需要，并能让自己的价值在他人身上得以体现，做到让自己问心无愧。

漆黑的夜晚，一位盲人手提灯笼走在路上。寂静空旷的街道，不时地传来拐杖敲打地面的声音。远远地走过来一个人，当然他并不知晓。走近了，在对方的招呼声中，他才知道碰见了一个老朋友。朋友很吃惊问他："你的眼睛又看不见，怎么还提着灯笼呢？用不上的。"盲人笑答："夜晚街道太黑，我提着灯笼是为了让别人看清前面的路。"朋友恍然大悟"哦，原来你是在帮助别人啊。"盲人用拐杖敲了敲地面，缓缓道："不，我是在帮助我自己，我是为了让他们不要撞到我。"

盲人本不需要灯，但是他打着灯笼看似方便别人，实则也方便了自己。这个世界上，每个人都有自己的特点和能力，各不相同，只有彼此相互补充各自的需要，互帮互助才能让世界更加和谐。

正在上班的张力接到家里的电话，说是他太太马上要生了，要他赶快回去。张力厚着脸皮向公司借了一辆车，那是一辆旧的快要当成废铁卖掉的车，但是他别无选择，火速钻进驾驶厢，一路向家里赶去。途中，车子突然走不动了，原来张力每次回家都必须经过一座山坡，那个山坡实在是太陡了，而车子又太老，根本开不上去。

张力恨透了这辆破车，但也只好再试试看，冲了几次都没上去，后来他又加了一把油门，车子才缓缓地开了上去，眼看就快要到达坡顶了，一个人气喘吁吁地赶了上来，拦着车道"能不能顺道带我一程，我提的箱子太沉了。"张力正烦躁着，没好气地回了一句："我赶时间呢。"但就在说话间，车子给停住了，并开始往下滑，张力怎么努力都无济于事，他暗自里骂了一句，准备将车倒回，重新猛冲上去。可是，突然，他发现车子竟然缓缓地向前挪动了，他颇感意外，从反光镜里往外看了一下，发现刚才要求搭车的那个人已经把行李搁置一边，正在用力地帮自己推着车子，张力羞愧不已。车子在两人的努力下，终于爬了上去。张力红着脸向那人道谢，那人摆摆手让他不要客气，同时，他又再一次请求"能不能带我一程，我赶着去前面那户人家接生。"原来，这就是那位要去他家接生的大夫，张力的脸更红了。

在必要时，伸出你的援手，帮助别人，今日他人受惠，未来的某一天，也许他会将心比心地去帮助其他人，当有一天你接受帮助的时候，帮助你的人也许就是曾经受过他人恩惠的人，这种帮助是一种良性的无止境的循环。

作为一名中学生，我们应该在别人需要帮助的时候，伸出援助之手。在家里，我们可以帮助父母做做家务，给父母揉揉肩，跟他们多交流交流；在学校里，我们可以多帮助那些需要帮助的同学；在社会上，我们应该根据自己的能力帮助他人，把援手伸向那些路上需要搀扶的盲人们，那些上不起学的孩子们，那些无力支付医药费的病人们……帮助他人，你才能发现自己原来拥有这么多。

拉布吕耶尔说过"最好的满足就是给别人以满足"。看看自己所拥有的，别吝于施舍和帮助，人要心怀善念和感恩之心，援助别人才能让自己更加满足和快乐。如今，在这个关系网错综复杂的社会，人际关系尤为重要，那种"各自自扫门前雪，莫管他人瓦上霜"的心态要不得，适时地伸出援助之手，既满足了他人的需要，也为自己留了条后路。

自豪感，是对生命的一种感恩

经常，会见到有人在叹息：身份卑微，家境贫寒，无权无势，工作低下，学习成绩差……如此种种，皆是缺乏理性认识导致没有自豪感的表现。可是，有些人就不会，他们无论遭遇何种境况，总是忽视困难，感叹生活，感恩一切的存在就像是上天赐给人类的礼物，因此，他们从内心迸发出强烈的激情，珍惜生命，懂得生活。

自豪感，源于对生命的感恩。父母没给你漂亮的容貌，但给了你生命和健康的体魄；你没有显赫的身世，但却有一个温暖的家；你没有出入高级写字楼的工作，但是你所做的工作也必须是有一个人来完成的。每个人都是独一无二的，你所拥有的就是你需要感恩的，也是你理当引以为豪的。身份亦无高低贵贱之分，用感恩的心去看待，所有的成绩都是通过人为努力而实现的。对于中学生来说，学习是个人实现自我价值的有效形式，但如果心存成见和偏念，就会产生抵触情绪，自然感觉不到学习的神圣和伟大。

微软办公室总部有一位临时雇用的清洁女工，在几百名雇员中，她是学历最低，工作量最大，薪水最少的人，但同时她也是最快乐的人。每时每刻，她都快乐地忙碌着，对每个人微笑，对每个人的要求，都会主动帮忙。

她的热情和快乐感染了身边的同事，很多人都不在意她的工作地位，愿意与她成为朋友。同事还经常调侃她像一团火焰，走到哪里就燃烧到哪里。

比尔·盖茨经过观察，很惊讶，问她："你为什么每天如此快乐？""因为我在为世界上最伟大的企业工作。"清洁工自豪地回答，透过她的眼睛，比尔·盖茨感受到了她的真诚，她继续说："我没什么文化，感激公司给我提供了这份工作，让我拥有足够供我女儿上完大学的收入。而我对这一切唯一可以回报的就是，做好自己的工作，所以工作对我来说是一件非常开心的事。"

比尔·盖茨被清洁工的感恩精神打动了，他真切地说："那你愿意成为我们公司的一员吗？"清洁工毫不犹豫地说："那是当然，那可是我最大的人生梦想。"

从此以后，这位清洁工开始学习有关电脑方面的知识，不懂时，她的朋友也都乐意帮助她。不久，她真的成了公司一名正式的员工。

人看事情本来就有两个面：负面看人生，事事都糟糕，自然无任何自豪感而言；正面看人生，处处有生机。正面负面取决的就是是否有一颗感恩的心态。这如同孔子所说："君子坦荡荡，小人常戚戚。"从心理健康的观点看，就是君子能自我悦纳，因此心胸豁达，乐观自信；而小人因不能正确认识自己和周边的环境，故总是自责、自惭、自卑、以至自毁。

人生不如意十之八九，或受困于客观厄境，或丧失了引以为豪的优势，无论是哪种不如意，只要有一颗感恩的心，就会珍惜身边所有的一切，善加利用，在困境中创造良机，主动寻求发展，逆境中前行更能激发人的自豪感。农民每天面朝黄土背朝天的耕作，播种，收割，年复一年，重复着繁重的体力劳动，但是对于感恩的他们来说，这些都是希望，播种希望，收获果实，因此他可以坦然承认："我是农民，我可以靠双手自食其力，自耕自足。"人都是一样，无论你是学生、打工者、艰苦创业者或其他，身份无贵贱，职位无高低，只有心怀感恩，正确认识和评价自己，才能乐观不自卑。

"天生我材必有用"，立于世，每个人都能发挥自己的作用，因此不可小觑自己，人都拥有无限的潜能，只是还未完全开发，潜能挖掘的越多，就越能体现个人优势，自豪感也就伴随而生。

忘记你曾经帮助过的人

古人云"施人慎勿念，受施慎勿忘"。发自内心地帮助别人是不会时刻记在心间，也不会惦记别人的回报偿还。如果像放债一样贪图回报，施恩则就成了"伪善"，别人也不敢轻易接受你这份"善行"。真正地帮助别人，是在别人需要之时自然而然伸出的援助之手，是不带任何目的的。

施与受是人际关系中的一种，两者的共同点是：都离不开"感恩"二字，懂得感恩，就懂得给予和付出；得到别人的帮助和馈赠，就更应该感恩。人常说：当你学会了，尝试去教人；当你获得了，尝试去给予。帮助别人是不带任何条件的，然而若将注意力过多集中在你帮助了何人、帮助了什么这些事情上，则不可能达到心灵上的愉悦，事业上的成功。

谢昕是一名优秀的律师，拥有自己的律师事务所。在他的带领下，律师事务所经营的有声有色。然而几年前，谢昕突然像着了魔一样迷上了炒股，股市风云变幻，稍有不慎就有可能血本无归。而谢昕就惨遭一劫，大笔资金投进却被套死。屋漏偏逢连夜雨，不幸的是，恰巧此时，公司代理的一个重大案子出现问题，需要赔偿大笔费用，经历了这两波风暴后，谢昕的律师事务所最终倒闭了。

谢昕一下陷入了困境当中，工作生活彻底被颠覆。正当他绞尽脑汁，如何开始新天地的时候，意外收到了益阳集团董事长的信，高薪邀请他做公司的法律顾问。益阳集团是当地一家颇富名气的企业集团，谢昕揣测，自己虽然这些年也办理了很多案件，但是还没有到惊动这家大公司的地步，况且自己与益阳非亲非故的，怎么会有这么好的事情发生呢？

于是他决定探个究竟，按信上的地址前去拜访这位董事长，可是，谢昕并不认识他。随即谢昕说出了心中的疑惑，董事长微笑地看着他，缓缓地从抽屉里拿出一张旧巴巴的名片递给他，谢昕接过来一看，这不正是自己十几年前刚成立自己事务所时的名片吗？那时，刚创业，一切都还很艰难，名片的制作也是很节约的，简单的设计，粗糙的纸面，这种名片随着谢昕日后事业的成功早就被淘汰了。而这位董事长不知为何一直长久地保留着他的旧名片，难道他也曾经委托过自己办理过案子吗？可是谢昕一点都想不起来。

看着谢昕仍很迷惑，董事长说："12年前，我刚来到这个城市，准备参加一个重要项目的竞标，人生地不熟的，打车时又碰到了坏心的出租车司机，把我拉到偏僻的地方，联手同伙将身上的钱财等值钱东西洗劫一空，我叫天天不应的时候，你适时出现，用你的摩托车把我一直送到我竞标大楼门前，临走时，我问起你的姓名，你给了我这张名片……"

谢昕隐约想起了这件事，当时自己好像在附近的客户家里了解案情，往回走的路上碰见了一个据说是刚被打劫了的人。

董事长继续道："那次的竞标对我来说异常重要，因为你的帮助才使得我没有错过，后来我的事业越做越好，我就越感激你。这么多年，我一直都在关注着你。现在，我想你正是最困难的时候，也是我感恩的机会，所以我希望我们可以一起工作。"

佛陀说，不求回报地帮助别人所得的回报不可思量。帮助别人是因为有一颗感恩的心，善待万物，与人方便。成功的人总是找机会帮助别人，而不成功的人总是会问："我能从中得到什么好处？"所以即使他们帮助了别人，也会经常耿耿于怀自己的帮助是否得到了回应，而不是思索自己应该如何努力。

有一种人，他习惯于慷慨解囊、无私奉献，然后再悄无声息地离开。正如华罗庚所言："我帮他人，莫记心上。"施比受更快乐，在施的过程中已经绽放出了人性的光辉，它是感恩的一种具体表现方式。感恩的人从来不关心自己得多得少，他们只在乎自己能为他人做些什么，自己创造什么。因此，尽可能地帮助他人，不被惦记，不求回报，这才是一种懂得感恩的人生境界。

莫生气，感恩让你获得好心情

好心情可以带来乐观的思想和良好的创造力。相反，生气、愤怒、暴躁、消沉等易形成思想上的阻力，产生负面效果，且不利于身心健康。即使如此，很多人还是无法控制自己的情绪，心情好时暂且不论，不好时，垂头丧气，抱怨连天，接受不了别人比自己好或者别人的一些习惯，比如别人取得好成绩受到表扬，自己怨恨嫉妒；别人揭了自己的短处或给予批评，自己气愤不已；别人拥有的而自己没有，又会莫名生气；别人升职或加薪，开始埋怨为什么不是自己；又或者因隔壁邻居的喧闹声而大动干戈，或者因别人吃饭的吧唧声而郁闷……

其实，任何事物都具有两面性，看的角度不同产生的后果也就不同。如同一棵树，从山上看很小，从地上看却很高大。对于人来说，当你怀有感恩之心看待万事万物的时候，就会宽容接受一切，看到短处的同时就会自主寻找它的长处，因此，在你眼里，任何挫折也会成为前进的动力，绊脚石也可能成为垫脚石，心情自然就会开朗起来。

有一个"哭婆变喜婆"的故事：从前，寺庙前住着一个老婆婆，人称她"哭婆"，因为她雨天哭，晴天也哭。长此以往，众人都觉得很奇怪。有一天，寺庙里的一个和尚问她："你为什么经常哭呢？"老婆婆边哭边回答："我有两个女儿，大女儿嫁给卖伞的，小女儿嫁给卖鞋的。晴天，我担心大女儿的伞卖不出去；雨天，我又害怕小女儿的鞋没人买。所以我很伤心啊。"和尚听完，笑着劝她："那你为什么不这么想呢，晴天，你应该为小女儿能卖出去很多双鞋感到高兴；雨天，你应该为大女儿能卖出去伞感到欢喜。"老婆婆听完，茅塞顿开，破涕为笑，从此以后，无论晴天雨天她都开开心心的。

事物本身并无变化，但是感恩能帮助你换个角度看待问题。就像一座房子，打开背光面的窗户，看到的只会是阴暗和冷清，但是打开向阳面就会看到生机和美景。

老板和老婆大吵一架，余怒未消地来到办公室，刚坐下不久，业务经理拿着文件前来与他探讨问题，听着听着，老板就极为不耐烦道："这么点事都要来过问。我要你们有什么用？"

经理碰了一鼻子灰，情绪低落地回到办公室。在座位上越想越生气，"我是你的员工，在为你工作，凭什么这么说我？"恰巧，一位手下的员工有事要请示他，经理也没给好脸色，悻悻地说道："你自己怎么就不能多动动脑筋，这么简单的问题还用我来教你吗？"

员工莫名其妙被训了一顿，觉得很憋火。下午回到家，看到妻子把晚饭还没准备好，就更不痛快。儿子见爸爸回来了，兴冲冲地拿着不会做的作业题来求助，爸爸本来就很烦，见此更来火，对着儿子大喊到："问什么问？你妈怎么把你生得这么笨，我累了一天，你就不能让我清静一会儿。"

儿子被爸爸连推带搡地打发走，心里也很恼火，拿着作业准备去对面小胖家里做，在门口的时候不小心被猫绊了一下，儿子正有火无处发，冲着小猫就是一脚，猫受到惊吓，逃到街上时正碰见一辆车开过来，司机为了避让小猫，结果撞到了路边的栏杆上，由此又引发了一场交通事故。

这一连串的故事看似很偶然，但真真实实反映了很多人的心理，遇到不痛快的事情就容易生气。结果让坏心情不仅左右了自己，还传染给别人，由此引发了更多不愉快的事情。一个人的心情其实是可以控制的，心情不好的时候，敞开心扉，换个角度想想，除了自己感觉到的痛苦外，原本还有很多自己可以从中收获和学习的地方，要知道，困境也可能成为机遇。

好心情是走向成功的密码。西方有一条格言叫做：怀着爱心吃菜，胜过怀着仇恨吃牛肉。爱心的源泉就是拥有一颗感恩的心。感恩是一种无穷的力量，可以融化一切不良情绪，怨恨、愤怒、生气……并教会你有心而发积极看待问题，乐观地接受人生的得与施，这样才能保持人生的好心情。

懂得感恩的人更有激情

卡耐基曾经说过：一个人成功的因素有很多种，而热情是这些因素中最重要的，没有它，不论你有多大的能力，都发挥不出来。一个人即使再有才华，如果缺乏热情，你将一事无成，相反，对于一个对工作充满热情的人而言，再枯燥的工作也会变得有趣，再难的工作也会变得简单。而感恩是让一个人充满激情最好的方法。

有一位心理学家，为了研究人们对用一种工作所产生的个体差异，他来到了马路上，对那里正在清扫马路的清洁工进行访问。

心理学家问第一位清洁工："您好！你在做什么呢？"清洁工看着心理学家没好气地回答："在做什么？难道你没看见吗？我正拿着一个大扫帚清扫着马路上这些该死的垃圾，你看看这漫天的尘土，害得我每天身上都是脏兮兮的，简直糟糕透了。"

心理学家往前走了走，又问第二位清洁工："您好！请问你在做什么？"第二位清洁工叹了口气，说："挣工资啊！为了每月的那点微薄的工资，我才会做这份工作，要不是家里几口人要吃饭，我才不会在这里干这种扫马路的工作的。"

心理学家又找了第三位清洁工，问了同样的问题。第三位清洁工看到心理学家，高兴地说："你们看见吗？我在美化环境啊！虽然每天的工作不是很轻松，但是每次看到被自己扫得干干净净的马路，一种成就感就会油然而生，看着那些路人心情舒畅地走在干净的马路上，我觉得自己特别高兴！而且能够为争创文明城市出一把力，是我的荣幸！"

学会**感恩**，让心灵充满**爱**
青少年心灵成长必修的十六堂课

同样都是扫马路的清洁工，却给人的感受完全不同。

第一位清洁工对自己的工作没有丝毫热情，每天都是无尽的抱怨，这样的员工，可以想象，在不久的将来，就会成为社会的弃儿。

第二位清洁工虽然抱怨少了一点，但是由于他没有一颗感恩的心，所以对工作没有热情，为了薪水而工作，为了工作而工作，相信他也很难得到公司老板的青睐。

而第三位清洁工对自己的工作充满了热情，从他的言谈举止中，我们可以看出，他是一个懂得感恩的人，他非常感谢自己能够拥有这样一份工作，感恩之心让他对工作不但没有任何抱怨，反而充满了热情，把工作当成一种享受，相信他的努力一定会给他带来丰厚的精神回报和物质回报。

其实，对于我们中学生而言，学习和工作是没有太大区别的，只要你像第三位清洁工一样，对自己的学习充满热情，那么相信你也一定会做出骄人的成绩，也会得到丰厚的回报的。

在微软公司内部有一种工作氛围那就是"工作第一，以公司为家。"在公司里，盖茨本人对工作非常狂热，他在公司的行为带动了公司员工对工作的热情。在他的带领下，员工们都是没日没夜地在干，公司里整天都充满了开放和相互忠诚的气氛。尤其是刚来公司的员工，几乎没有9点之前回家的，一个员工这样评价自己的老板："他不但是个工作狂，而且要求非常严格，如果手下认为办不到的事情，他会亲自去做，并且迅速而准确地做到几乎完美的地步，这让大家佩服得没有话说。在他手下工作，没有真本事，还真难做。"

微软公司从两个人开始，到现在拥有将近10万的员工，盖茨的领导力发挥了很大的作用，如今，盖茨站在员工的背后，通过无等级，人性化的管理方法，让更多的微软人找到归属感，在那里员工们感觉公司不仅给了自己钱和工作，也非常关注自己的家庭、职业生涯和未来发展，对此，员工们心怀感激，互相追赶，为微软竭尽全力地工作。

一个人如果不能把自己的感恩情绪投入到自己所从事的工作或学习当中，那么他的热情就很难被点燃，质量得不到改善，数量也很难提高，要想有所成就自然会比较困难；相反，一个心怀感恩的人，他会视万物皆为恩赐，苦难对他来说也是甘之如饴，因此他会对自己所从事的学习和工作充满激情。

感恩激发你的责任感

感恩能够激发一个人的责任感，一个拥有感恩之心的人才会知道自己身上肩负着什么样的责任。我们如果对父母的养育心存感激，就会知道我们有孝敬父母的责任；我们如果对老师的教育心存感激，就知道我们有努力学习的责任；我们如果对社会的给予心存感激，就知道我们有回报社会的责任。

同样，如果我们对公司给我们提供的平台心存感激，那么做起事来就能够尽心尽力，从而在职场中迅速成长。曾经有一位伟人说过："人生所有的履历都必须排在勇于负责的精神后面。"责任能让一个人全力以赴地投入工作，在自己的岗位上发挥自己的才能。而要做到这一点，首先必须有一颗感恩的心。

刘乐乐刚来公司的时候，只是一名普通的勤杂工，公司给她安排的工作无非就是打扫卫生，整理文件，帮同事们买买盒饭什么的。这种工作，在很多人眼里就是毫无前途的岗位，而且又脏又累。但是刘乐乐从来没有因此而抱怨过，她认为公司能够给她提供一个岗位，已经是很幸运的一件事情了，因此做每一件事情都非常尽职尽责。

来公司工作三年了，刘乐乐别说请假、矿工，就连迟到早退都从来没有过。她不仅工作非常努力，而且非常有爱心，乐于助人。办公室里不管谁需要帮助，刘乐乐都会伸出援助之手。每次公司要求加班的时候，她也从来都是毫无怨言，兢兢业业，并且从来没有伸手要过加班费。在她眼里，公司就是她的家，只要是她到过的地方，绝不会看到任何一片纸屑或者一个烟头。在工作中，刘乐乐非常讲究节约和环保，公司用不着的灯，她会主动关掉，水龙头滴水，她会及时关紧；垃圾筐里的垃圾她也会分类回收，将还能使用的空白纸张都收起来给同事们当便笺纸，可以回收的废纸卖掉后，把钱交给公司。同事们都说："刘乐乐甚至比老板还爱惜公司。"

刘乐乐对公司的热爱和对工作的负责赢得了领导和同事的尊重和喜欢，她年年被评为"优秀员工"。虽然她的学历很低，但是三年后，公司还是破格提升她为公司总务部主任。

刘乐乐之所以在没有学历的情况下，被公司破格提拔，就在于她有一颗感恩的心，把自己当成公司的一分子，用认真负责的态度对待工作给予她的一切。一个员工如果能够对公司和工作怀有感恩之心，那么她会关心企业，关心同事，更会与企业风雨同舟，对企业的一切负责。

感恩是一种力量，这种力量能够激发你的责任感，而这种责任感则会催人奋进，让你的梦想从此飞扬。当我们在公司里，对于工作和企业有一种感恩之情之后，我们就会不自觉地意识到我们身上肩负的责任，就会有一股力量驱赶着我们勇往直前，从而取得非凡的成绩。而如果我们对工作和企业没有感恩和责任的时候，工作对于我们就是非常厌烦的事情，毫无乐趣而言，我们自然就很难取得好的成绩。

李少华是奔驰公司的一名维修工，一天，李少华和自己的家人出去共进午餐，结果在餐厅的门口看见了一辆车，车很脏，由于职业本能，李少华走进看了一眼，结果发现这个非常脏的车子正是自己公司的车。

李少华想：公司的车子就代表着公司的形象，如果路过的人都看见奔驰公司的车是这个样子的，肯定会改变对我们公司的看法。于是他让家人先进餐厅吃饭，自己却找了些水和抹布，开始洗车。不一会儿，车子就洗得干干净净。

这时，车的主人走近车子，看见自己的车突然变得跟新的一样，就问李少华是怎么回事。李少华礼貌地回答："您好！先生，您的车子是我洗的，我是奔驰公司的一名员工，路过这里，看到您的奔驰车比较脏，我想可能是你工作太忙，没有时间去清洗，所以就帮你洗了一下。"车主人听了后，对奔驰的服务态度大家赞赏，周围的人也都为其竖起了大拇指。

很多人总是在抱怨自己为什么不能进入好的单位工作，总是抱怨幸运怎么总降临在别人头上，可是他们没有想过，其实并不是他们缺乏能力和机遇，而是他们身上缺乏一种很重要的东西，那就是感恩和责任。为什么奔驰公司能够走在行业的前列，就是因为奔驰公司知道自己需要的员工是有感恩之心和责任之心的员工。而李少华之所以能比你更幸运成为奔驰的员工，就在于他比你多了一份感恩之心。

我们青少年虽然现在还没有步入社会，但是迟早有一天我们要步入职场，要明白：一个合格的公司员工，不仅仅是创造利润的社会单元，也是社会责任的承担者。而要想成为合格的企业员工，就要从学会感恩开始，从担当责任开始！而这一切就需要我们从现在开始。

感恩消除你的懈怠情绪

"过去，只有适者才能够生存；今天，只有积极、最快处理完事务的人才能够生存。"这是比尔·盖茨的一句话。他意在强调在当今社会，效率比能力更重要。一个人即使他才高八斗，能力非凡，但若做起事情心存懈怠，拖沓敷衍，就会让自己的所有优势不复存在，让情绪和心态拖了成绩的后腿，这样，别人决然也不敢放心将事情委派给他做。

经常听到这样一些声音，"我的薪水就这么多，不值得如此拼命。""××深得老板欢心，就让他一个人做好了，反正我们是出力不讨好，何必认真呢。""这个项目难度这么大却派给我，分明是故意整我嘛"……有这些想法的大有人在，他们对现状不满，经常抱怨、满腹牢骚，从而产生懈怠等负面情绪，随着这种情绪的累积，就会将工作视为一种压力和折磨，消极怠工，不负责任，所得结果也常常是事倍功半，甚者危人危己。

一个人的情绪是他心态的直接映照。消极懈怠的情绪不利于工作的开展和个人的成功。掌握了这种利害关系，就要从根本上去解决。懈怠是对现状不满的恶性发展后果，有着破罐破摔的性质。倘若从良性发展角度去考虑，将这种不满化为一种动力，从不满中寻找潜藏的机会和优势，借机发展，那将会呈现出另一番景象：越挫越勇，顽强进取，事业节节攀高。事物的两面性决定了困境与机遇并存，因此在遭遇"瓶颈"时，应该换个思路适时调整自己，不能盲目地由"自我认定的现状"困住了自己。那么，要做到这一点的突破，就要学会感恩，感恩是

懈怠情绪的熔化剂，它能用积极乐观的心态引导自己在逆境中朝着良性方向发展。

张群是项目部的副部长，是一位工作多年的老员工，做事沉稳卖力，老板很赏识他的这种工作作风。但是去年人事变迁时，正部长的位置竟然落到一个来公司不久的"空降兵"头上。起初，向来对公司忠心耿耿的他还不在意，认为公司的安排自然有它的道理，那人必定有着卓越的能力才会受到公司如此器重。因此，他依旧拼命工作，加班如故。

"你怎么这么傻啊？"身边人经常这么对他说"你累死累活地工作图个啥，正部长的位置还不是另有人选？据说现在这个部长是老板的一个亲戚，后台硬着呢，一般人是斗不过的。"这话听得多了，张群也开始动摇了，再看看那正部长，从来没加过班，也不见他比自己用心多少。但是每次部门取得成绩时，开会表扬的对象，正部长肯定是首当其冲。这样仔细一琢磨，张群也觉得自己不值得，于是从此以后，他也变的聪明了，再也不会加班，即使工作很多，也不再抢着做，反正头上还有人顶着，用不着自己强出头。而且他还把自己的注意力从工作上，转移到揣摩老板心思上，学会了投机取巧。认为老板会过问的事情，就把它努力做好，不过问的就应付了事，甚至根本不去做。

终于有一天，东窗事发，在一次集体会议中，很多张群积累多时未完成的工作被人挖掘出来，每当列出一项，他感觉老板的脸色凝重一份，最后，老板大怒道："一直以来，公司待你也不薄，你就这么做事，简直让人失望透顶。"张群低着头，却无力辩解。

起初，张群也受到过老板的赏识，但是后来导致老板态度骤变的原因，正是张群的懈怠情绪在作祟。因为未得到提升，便开始消极工作，敷衍塞责。对工作不感恩，对老板不感恩，将自己的负面情绪带到工作中，不求上进，惶惶度日，自然也不会有好成绩。

心怀感恩，就会将生活和工作看成是人生的乐趣，全身心地投入其中。甜也好，苦也罢，都能坦然接受。因为感恩，才能领会到知足常乐的意义，感恩教会人记忆积极的信息，记住别人的恩惠和善意。同时，感恩更像一个杀毒软件，快速删除各种负面信息，让你时刻保持健康积极的好心情。

CHAPTER 6 | 第六课 |

感恩挫折，在人生的风雨中拥抱幸福 ▶

巴尔扎克曾经说过："挫折对于人生是一块垫脚石，对于能干的人是一笔财富，对于弱者是万丈深渊。"在人生的道路上，每个人都随时可能面临困难、风险、挫折或者失败，一个失败者只会抱怨命运的多舛，而一个勇敢的人会感恩挫折，视挫折为磨砺自己的试金石，拥抱挫折，从而走出困境，获得幸福。

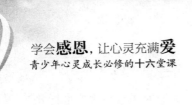

感谢压力，压力证明存在的价值

在这个竞争激烈的社会里，越来越多的人会感到来自于各方面的压力，不管是工作、家庭还是学习，交际等。其实在我们的日常生活中，压力可以说是无处不在，上帝在给我们制造机会的同时，也给我们带来了很多压力，一个聪明的人在遇到压力的时候，会充分利用压力带给自己的刺激因素，变压力为动力从而激发自己的斗志和热情，战胜压力。而一个愚蠢的人则会被压力所压垮，他们认为压力只给他们带来了痛苦和沉重。

在某草原上有一条河，河的两岸各有一群羊。住在附近的居民发现一个奇怪的现象：两边河的生存环境是一样的，可是河东的羊却比河西的羊跑得快。人们对这一现象觉得不可理解，于是他们做了一个实验，将河东的羊送到河西，将河西的羊送到河东。结果几天后，河东的羊在河西安然无恙，生活得很舒服，而河西的羊的命运却非常凄惨，它们无一例外地被狼给吃掉了。

居民们这才发现，原来是因为在河东生活着羊的天敌——狼。在这种压力下，羊为了摆脱狼的追击，不得不拼命奔跑以保住性命，而河西的羊由于没有任何可怕的天敌，自然没有任何压力，终日高枕无忧，结果遇到环境的突变，不能立刻适应，从而导致集体灭亡。

其实，这就是压力。压力常能让生命发挥出潜在的能力，甚至创造生命的奇迹。成功源于压力，不是每个人都可以随随便便成功。一个人在压力的鞭策下，就有了前进的动力。试想一下，如果我们没有经济压力，还会不会逼着自己去上班；如果我们没有周围优秀的人的压力，还会不会有上进心，强迫自己发愤图强，赶超他们；如果没有压力，我们的社会又如何进步。

有一哲人说过："要想有所作为，要想过上更好的生活，就必须去面对一些常人所不能承受的压力，你得像古罗马的角斗士一样去勇敢地面对它，战胜它，这就是你必须走的第一步。"压力是一把双刃剑，对于那些脆弱的人来说，压力犹如一块大石，会把他们压得喘不过气来，从而倒地不起，而拥有乐观和坚强心态的人则会把压力当成垫脚石，从而让自己在压力的推动下，越爬越高。

刘尧君是班里的一名偏科非常严重的学生，她对语文特别感兴趣，自然学得非常好，在班级里她的语文成绩从来都是第一名，作文永远都是老师讲课的范文。但是她的数学成绩却让她以及老师都非常头疼，她的数学成绩始终都是那么羞于见人，而且，成绩越差她就越不愿意学习，以至于数学总是班里倒数第一，语文总是班里第一。

刘尧君的班主任是数学老师，面对她这种情况，班主任也经常找她单独谈话，对她可以说是苦口婆心，晓之以理，班主任告诉她："如果再这么偏科，以后升学会受很大影响的，从现在开始好好学习，还可以赶上的。"其实刘尧君不是不懂这些道理，可是就是学不会。刘尧君认为是由于自己没有这方面的天赋，自然也就不再努力了，班主任看到刘尧君的数学成绩还是没有进步，于是在一节数学课上，向全班同学宣布说："现在开始任命刘尧君为副数学课代表，协助数学课代表工作。"此时班里的所有同学都傻了，刘尧君更是明白，自己的成绩怎么可能协助原课代表工作的？她感到自己的压力非常大，但是这个时候她已经没有什么退路了，只有放手一搏了。

于是，刘尧君开始恶补自己的数学，她每天都要求自己做大量的习题，不再跟同学去逛街了，也没时间看一些娱乐杂志了，一门心思地学着数学，遇到问题就立刻向同学和老师请教，同学们都说她现在都是"数学苦行僧"了。

果然在这种压力的作用下，刘尧君经过一个学期的刻苦学习，数学成绩进入了全班前五。

刘尧君正是因为有压力，才会在如此短的时间里赶超上其他同学，证明自己的价值。没有压力我们将一事无成，而有了压力，就会使我们进步。压力就像是一种挑战，如果我们每一次面对压力都止步不前，那么我们的人生将会碌碌无为地度过。其实经过人们长期以来的实践，我们发现越是能够饱受艰难困苦的人，越是在压力面前勇往直前的人，越能成就一番大事业。

所以，我们中学生在面对困难的时候，面对学习压力的时候，不要退却，而是应该抱着一颗感恩的心，感谢压力，并且勇敢地面对它，挑战它，征服它。

把困境变成一种历练

每个人的一生都不可能一帆风顺，都会经历自己的高潮和低潮期，在高潮期的时候，人们自然是一帆风顺、鸿运当头；而在低潮期的时候则是诸事不顺、霉运透顶。遇到好的时期，大家都是非常感激上帝，感激生活，感激身边的每一个人给自己带来的好运，但是如果坏的时期，很多人都不停地抱怨，面对困境他们丧失斗志，觉得自己已经陷入绝境，不能东山再起，结果导致事业失败甚至是妻离子散。

其实困境并不等于是"绝境"。在这个世界上根本就没有什么真正的"绝境"，要知道，不管你的黑夜多么漫长，明天的太阳依然会冉冉升起，不管风雨雷电是多么肆虐，和煦的春风终会缓缓吹来。

海伦·凯勒是20世纪一位非常伟大的女性，她是绽放在20世纪世界文坛的一朵不朽的奇葩。但是她的成功并不是一帆风顺的，在她成功的背后有着一条非常艰辛的路程。

海伦·凯勒于1880年出生于美国亚拉巴马州的一个小镇。从小她就有着超凡的智慧，非常招人喜欢，才几个月大的时候，海伦·凯勒就已经会模仿大人的动作了。但是命运总是喜欢捉弄人，在她两岁的时候，一场突如其来的病魔夺去了海伦·凯勒的视力和听力，她的世界从此变得黑暗、沉寂。这种折磨对于一个才两岁的小女孩来说无疑是一个致命的打击，但是海伦·凯勒并没有因此而屈服，她相信自己一定可以战胜困难。凭着一种不屈不挠的意志和对幸福快乐的执著向往，海伦·凯勒开始了与命运的长期搏斗。

在海伦·凯勒七岁的时候，一位家庭老师把这个无助的小女孩从深渊中拉了出来。海伦·凯勒借着这位老师温暖的双手和对知识的渴望，开始学习写字、说话、读书，虽然在探索知识的过程中，海伦·凯勒遇到过无数的困难，但是她明白：人的一生就像一条弯曲的河流，有急流也有暗礁，不可能总是一帆风顺的。面对不计其数的困难，她从来都没有消沉过，她相信自己一定可以在逆境之中崛起。

果然，在最后她战胜了困难。海伦·凯勒完成了哈佛大学四年的学业，获得了博士学位，成为20世纪世界文坛上的一位伟大女性。自此以后黑暗和寂寞都离她远去，光明和欢笑又回到了她的身边。

很多人之所以伟大，就是因为他们在面临困境的时候，没有选择抱怨而是感恩，感谢困境给他们一次历练的机会。面对困境，一个人的态度是非常重要的。我们经常会听到一些人抱怨说："我已经尽力了。""这是不可能的。""事情已经定局了，不可能改变了。"等等。其实这种消极的态度，会让他们没有勇气面对困境，即使面对了，也总是半途而废，不愿继续努力，所以他们注定要面对失败的厄运。

而一个拥有积极心态的人则不同，他们虽然知道面对困境会很苦，但是困境可以锻炼一个人的意志力，使人成长。如果没有经过挫折、痛苦的考验，又如何能知道成功的可贵及珍惜眼前的一切呢？

曾经有一个农夫养了一头驴，一天，这头驴不小心掉到了一口枯井里，农夫尝试了许多办法想救出驴子，可是一天过去了，还是没能把驴解救出来。农夫心想，这头驴子年纪也大了，救上来也没有多大用处了，干脆直接把它埋在枯井里算了。于是它找来土铲开始给枯井里填土。没多大一会儿，在枯井里哀嚎的驴就安静了下来，农夫就想驴子可能已经咽气了，于是怀着悲伤地心情更加卖力地给里面填土，几个小时过去了，土也填得差不多了，农夫就往枯井里看了一眼，结果令他大吃一惊：农夫填的土不但没有把驴掩埋住，反而被驴子踩在了脚下。农夫不明白是怎么回事，又给里面填土。结果发现，他每给里面填一铲子土，土都会落在驴子的背上，驴子将泥土抖落在一旁，然后站在铲进的土堆之上。就这样，很快，这只驴子就上升到了井口，开心地向农夫跑去。

其实农夫本来打算掩埋驴子的，可是驴子并没有这么想，它以为主人是在救它，他对主人怀着一份感激之心，结果在农夫的"帮助"之下，它被顺利地从井里解救了出来。从这个故事里面我们可以领悟到：其实困境对于一位智者而言往往不是磨难而是一个机遇。假如你能够发现它、抓住它，那么你就有机会摆脱困境，获得成功。

英国学者岁内贝费里奇说："人们最出色的工作往往是在处于逆境的情况下做出的。思想上的压力，甚至肉体上的痛苦，都可能成为精神上的动力"。的确如此，如果我们在生活中总是希望自己的人生是一支舒适、轻快的乐曲，那只能是一种幻想，只有去珍惜人生的困境，充分利用困境磨炼我们的身心，把困境当成铸造生命奇迹的钻石，成功才会指日可待。

打击让人摆脱脆弱状态

曾经有一位哲人说过：任何学习，都不如一个人在受到打击的时候学得更迅速、更深刻、更持久，因为它能够使人更深入地接触实践，了解社会，让个人得到提升锻炼，从而为自己铺就一条成功之路。的确，在我们的生活中，经常会遇到别人善意的或者恶意的打击，很多人会因此而深深怨恨那个打击自己的人。

其实大可不必这样，如果有人打击你，你应该感谢他，因为是他让你知道自己原来还不是很完美，让你知道你其实还需要更努力。打击你最深的人，不一定就是一个很坏的人，一个负面人物，他很有可能造就一个坚强的你，让你走向成功，正如博尔蒂一样。

加拿大人博尔蒂从小口吃，而且其貌不扬，幼年的时候因为一场火灾导致他的左脸局部烧伤，一只耳朵失聪。由于脸部有缺陷，博尔蒂经常受到别人的歧视和打击。没有人愿意和他玩耍，大家见他都躲得远远的，可以说除了他父母，没有人愿意和他待在一起。

有一天，他的一个同学看着他的样子，讽刺地说："你真是个丑八怪，你除了脑子聪明，其他所有的地方都让人感觉恶心。"博尔蒂听了后，先是一愣，然后他高兴地说："谢谢你，真的感谢你。"他的同学听了后大笑说："你是不是傻了？简直就是个白痴。"此时，博尔蒂一本正经地说："是的，我真的应该谢谢你，是你让我知道，我虽然很丑，但是我还有我的长处，我有聪明的大脑，这样我就有了人生的方向。"说完后，博尔蒂快步地走开了。

从此以后，博尔蒂把别人对他的打击当成一种动力，对所有挖苦他的人都会礼貌地说声："谢谢"。感谢那些人用特别的方式"鼓励"着他。

终于，经过他的不懈努力，他成为一个颇有建树的人。在后来的一次竞选中，保守党对选民说："你们要选这样的人吗？"意在针对他的丑陋面貌。这种人身攻击让很多选民感到愤怒和反感。而博尔蒂却因此得到选民的极大同情，最终成功当选。

在竞选结束的发布会上，博尔蒂感慨地说："我非常感谢那些嘲笑、打击我的人，因为是他们在时刻提醒我除了我的缺陷，其他方面我都很好。这次竞选也一样，要不是这些缺陷，我想我得不到这么多的选票，我在这里要大声地对所有的人说一声'谢谢'。"

打击是生活给你最好的机会和馈赠。如果你能够把别人对你的打击转化成为你前进的动力，你就会发现打击原来是你人生的宝贵财富。如果不是别人的打击，你很难坚强地站立起来。所以当你遭遇了别人的打击时，不要痛苦，用一颗平常心去对待，感谢打击你的人，是他们让你摆脱了脆弱状态，从而走向坚强，走向成熟，走向成功。

美国总统林肯曾经是一个毫无声望的年轻律师。有一次，林肯为了一件非常重要的诉讼事件赶到芝加哥，但是当地的几个著名律师，都瞧不起他，对他没有任何欢迎的表示。他去拜见他们，却到处受到他们的白眼。在那些律师眼里，林

第六课 感恩挫折，在人生的风雨中拥抱幸福

肯是一个年纪轻、资格浅的人，和这种人来往会有失他们的身份。

可是面对别人对自己的嘲笑和侮辱，林肯没有低下头，也没有选择用鄙视的眼光和态度去答复他们。因为如果他这样做，只能说明他也是一个没有素质和道德的律师，自然以后也不会享有大的名望。

林肯非常谦虚，他回到斯林菲尔的时候，对朋友说："我从他们的白眼中，看出了我自己的知识、能力和经验还远不够用，我发现我自己还要学习的东西实在太多了。"面对别人的侮辱，林肯选择更加努力奋进，果然他最后获得了很多人不敢奢望的成绩——美国总统。而那些曾经侮辱过他的人，却还在那个平凡的岗位上做着平凡的律师。

林肯在别人打击自己的时候，没有和别人去争吵，而是抓住了别人送给自己的"打击"。把它当做自己努力向上的一架梯子，一步步地向上攀登，最终取得了巨大的成功。

所以，我们应该感谢那些曾经打击过我们的人，无论他是朋友还是敌人，因为成功即来自比我们优秀的人的提拔，也来自没我们成功的人的激励。打击能够刺激我们不断进取，获得成功。感谢打击过我们的人，因为他们的存在，我们才更加强大和成功。

折磨你的人，就是成就你的人

曾经有人说过这样一句话："世上只有一件事比遭人折磨还要糟糕，那就是从来不曾被人折磨过。"人生在世，没有谁的人生之路是一路平坦，都会或多或少地经受一些折磨。我们不可否认折磨会给人带来些许的痛苦，但是折磨也有它积极的一面。一个人唯有经历了折磨，才会具备从磨难中站起来的毅力，也只有经历了折磨，成功才会离你更近。

奥斯特洛夫斯基说过"人的生命似洪水奔流，不遇到岛屿和暗礁，难以激起美丽的浪花。"我们每个人都想让自己的生命激起美丽的浪花，但是如果不遇到岛屿和暗礁，不经过一些磨难，就很难如自己所愿。

美国独立企业联盟主席杰克·弗雷斯13岁的时候起就开始在自己家开办的加油站工作。当时的弗雷斯想学习修车，但是父亲不允许，让他从最基本的岗位做起，于是把他安排在前台接待顾客的岗位上。主要任务就是当顾客把车开进来之后，弗雷斯必须在车子停稳之前就站在司机跟前，然后帮顾客检查汽车的油量、水箱、传动带等等。

工作时间长了，弗雷斯发现自己要是帮助顾客多做一些，他们大多数人还会再次光顾他们的加油站。于是他每次都要求自己多做一些，帮助顾客擦去车窗、挡风玻璃和车灯等上面的污渍。可是有一段时间，有一位老妇人经常开着车来他的店里清洗、打蜡。这位老妇人非常苛刻，脾气也不好，每次都要求弗雷斯清洗一遍又一遍，由于她的车脚踏板凹陷得很深，很难打扫，但是老妇人不管这些，她必须看到自己的车子被清洗的没有一丝灰尘和棉绒才离开。

终于有一天，弗雷斯对这位老妇人忍无可忍了，他告诉父亲要换岗位，他的父亲告诫他说："孩子，你要记住，这就是你的工作！不管顾客对你说什么，你都要记住你必须做好自己的工作，必须礼貌地对待他们。"

父亲的话让弗雷斯记在了心里，很多年后他都没有忘记，他说："正是在加油站的那段工作让我懂得了什么是职业道德，让我学会了如何对待客户。这些东西在我以后的职业生涯中起到了非常重要的作用。"

正如弗雷斯所说，正是因为这些顾客对自己的折磨，才换来了他今天的成功。爱默生曾经说过："每一种折磨或挫折，都隐藏着让人成功的种子。"的确如此，正是因为经历了折磨，我们才有了前进的动力，而这种动力却能引导我们走向成功的正确方向。所以，从这个意义上来讲，我们应该感谢那些折磨我们的人。只有经历了各种各样的折磨，我们才能像雄鹰一样展翅高飞。

一位名叫梅尔龙的美国人被医生确诊为残疾人，他终日都和轮椅为伴，这样的生活持续了十二个年头。

梅尔龙原本是一个强壮健康的男孩子，但是在十九岁那年，由于参加战争，

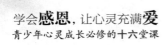

梅尔龙不幸被流弹打中了脊背以下的部位。他被送回美国医治，但是虽然身体逐渐康复，却被医生判定说，再也不能行走了。

自此以后，梅尔龙非常消极，非常沮丧，他觉得自己此生就只能这样终结。但是没想到有一天这样的生活改变了。那天，梅尔龙和往常一样从酒馆出来，坐着轮椅回家，结果在路上碰到了三个劫匪抢他的钱包。梅尔龙拼命地呐喊、抵抗，结果没有喊来人，却激怒了劫匪，他们放火烧梅尔龙的轮椅。轮椅一着火，梅尔龙着急了，为了逃生，他忘记了自己是残疾人，结果一口气跑完了一条街。

自此以后，梅尔龙就站了起来，梅尔龙回忆当时的情景说："如果当时我不逃走，必然会被烧伤，情急之下，我忘记了一切，拼命地跑，直到我停下了脚步，才发现自己竟然能够走动。"

现在，梅尔龙生活得很幸福，他在自己居住的城市找了一份工作，和平常人一样快乐地生活着。

在自己的一生中，我想没有谁会愿意碰到劫匪，但是正是这个谁也不愿意碰到的"折磨"让梅尔龙跟轮椅终身告别。

我们每个人都渴望成功，都希望自己的生活能够多一些幸福，少一些痛苦。可是生活不会那么完美，那么尽人意。总是或多或少地给人一些挫折、磨难和痛苦，面对这些折磨，我们应该心存感激。只有这样我们才能把折磨放在身后，去享受生活的美好；也只有这样，我们才会从磨难中走出来，去迎接新的生活。

贫穷也是一笔可贵的财富

我们每个人生来就是平等的，没有谁注定一生贫穷，也不会有谁注定一世富有。富不恒富，穷不恒穷。在当今这个竞争激烈的社会，穷和富之间的转变也在加速。只要你拥有一颗坚强的心，找对发展的方向，你就会从贫穷中走出来，成为一个事业有成的富翁。

著名企业家迈克尔出身贫寒，小时候家里非常贫穷。后来为了谋生，他找了一份酒店服务生的工作。主要任务就是帮助客人搬运搬运行李、擦擦车之类的活儿。

有一天，一辆豪华的劳斯莱斯轿车停在了迈克尔工作的酒店门口，车主人下车后，对迈克尔说："把我的车洗洗。"迈克尔当时只是一个刚刚毕业的中学生，从来没有见过这么漂亮的车子，他打心眼里喜欢这部车子。于是他一边擦车，一边欣赏着这部漂亮的劳斯莱斯。擦完后，迈克尔忍不住拉开车门，想上去享受一番。恰巧，这个时候领班走了出来，看到迈克尔的举动，领班大声训斥道："你在干什么？穷光蛋！你难道不知道自己的身份和地位吗？像你这种人这辈子也别想，也不配坐劳斯莱斯。"

此时的迈克尔没有反驳什么，他在心里暗暗发誓："我这辈子不但要坐上劳斯莱斯，我还要拥有属于自己的劳斯莱斯！"这种力量在迈克尔的人生道路上一直刺激着他，他向往成功的决心是如此强烈。

在很多年后，当迈克尔事业有成的时候，果然买了一部劳斯莱斯。这是领班对他的打击，让他有了改变命运的决心，如果当初不是领班对自己的一句侮辱，迈克尔可能还在替人擦车、搬运行李、一事无成。

"金利来"的创始人曾宪梓曾经说过："我也是穷苦孩子出身，贫穷并不可怕。只要人有志气，贫穷中所做出的努力和所克服的困难将是一笔巨大的财富。只有我们穷苦孩子才可以拥有这笔财富，因为我们穷，所以必须辛苦劳作，去克服各种困难，这个过程中，我们会比别人学到更多的东西。"

是的，贫穷并不可怕，俗话说：有钱难买幼时艰。穷人的孩子早当家。如果你是一个贫穷的孩子，那么你应该庆幸你拥有了一笔别人所没有的财富。贫穷并没有什么可怕的，关键在于你是否会战胜它，感谢它，利用它。

李一阳的家乡非常贫困，乡亲们的收入是典型的"靠天收"。对于别的家庭来说，父亲还可以在农闲时出去打打工以补贴家用，可是李一阳的父亲左手因为一场病而残疾，别说出去打工，就是在家干农活也只能充当一阳妈妈的副手。

但是这样的环境让一阳从小练就了一身吃苦的本领。在学校里，他的生活

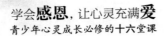

费是最低的，是学校唯一一个连素菜都吃不起的学生，但是李一阳并没有因此而抱怨什么，他非常感谢自己的父母，因为他在父母的身上，看到了什么叫做"坚强"。

李一阳酷爱学习，他知道要改变家里的状况，唯有努力学习。李一阳从小学到中学，在班里的成绩始终保持第一名。后来考上了北京大学，这对很多家庭来说是非常高兴的事情，但是对于李一阳的家庭来说，这5000元的学费实在是太贵了。但是一阳父母没有让他为难，他们在暑假的时间里，全家出去打工，再加上借的钱，终于凑够了第一年的学费。

拿着父母的血汗钱，一阳在心里想：我一定要把它们给学回来，那样才对得起父母！

大二的时候，一阳的努力有了回报，他不仅不从家里拿钱了，而且还时不时给父母买点礼物什么的。在大学的几年里，一阳年年都拿一等奖学金。一毕业，一阳就凭着自己的优秀才华找到了一份让人羡慕的工作。

后来，一阳对别人说："我这一切的一切，都归功于我的贫穷！因为贫穷，我不得不独立和坚强；因为贫穷，我不得不努力和上进；因为贫穷，我不得不和时间赛跑，和自己赛跑。"

是贫穷让李一阳学会了节俭，知道自己的一粥一饭都来之不易；也是贫穷让他学会了感恩，知道父母对于自己的恩情大如天；更是贫穷让他勇往直前，练就了坚忍不拔的毅力。当然，并不是所有的人在面对贫穷的时候都能够努力奋起，也不是所有的人都会在贫穷的逆境中沉沦，但是我们身边太多的例子告诉我们，贫穷只是暂时的困境，而不是永远的决定，只要你善加利用，一定会将其转化成一笔巨大的财富。

因此，我们应该感谢贫穷。感谢它让我们拥有了健康的身体，感谢它让我们有了永不言弃的精神，感谢它让我们有了永远上进的心态。所以，在这里要告诉那些仍然贫穷的孩子们，其实贫穷并不可怕，更不可耻。贫穷是你最大的财富，只要你好好利用这笔财富，它会让你成为一个真正优秀的人！

击败逆境，你就能笑到最后

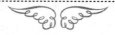

　　澳大利亚作家安得鲁·马修斯说"人生需要晴天霹雳"，孟子说"天将降大任于斯人也，必先苦其心志，劳其筋骨，饿其体肤，空乏其身，行拂乱其所为，所以动心忍性，增益其所不能"。先哲们大概都想告诉人们一个道理：不经历风雨，哪能见彩虹！

　　在生活中，很多人非常害怕逆境，一遇到逆境他们就选择逃避，却反而被逆境所压迫，结果越陷越深，造就了自己悲惨的下场和怨世的态度。其实这样做是不对的，我们要感恩地、客观地去看逆境。你会发现其实逆境也有它的好处。

　　首先，在逆境中，人们会静下心来学会思考，从而发现自己的不足，为自己以后成功打下坚实的基础；其次逆境会给予我们警告，让我们不会再犯同样的错误；还有就是逆境让我们知道，人生不可能一帆风顺，有顺境就肯定有逆境，所以凡事不要盲目乐观，要学会未雨绸缪。

　　美国第32任总统罗斯福年幼时患了小儿麻痹，这是一件让人觉得很悲伤的事情，但是罗斯福却没有因此而悲伤失望，他总是保持着一份乐观的心态。有一次，罗斯福的家里被盗，他的一位朋友连忙写信安慰罗斯福，劝他不要太在意，但是罗斯福并没有因此而生气或者伤心，他给朋友回信说："亲爱的朋友，谢谢你安慰我，我现在一切都好，感谢上帝，我认为这是一件好事，而且有'三好'，第一好，就是贼偷的是我家的东西而并非我的性命；第二好则是小偷只是偷了我家的部分东西，而不是全部东西；第三好，也是最好的一点就是，做贼的是他，而不是我。这是多么幸运的一件事情啊！"

　　这只是罗斯福人生路上的一件微不足道的事情，罗斯福始终都对周围的一切有一份感恩的心态，困难、挫折在他眼里都是上帝赐予他的礼物，他总能坚强地面对一切。

　　还有一次，那时罗斯福任纽约州议员的时候，有一天，罗斯福在加勒比海度假，因为游泳，他得了骨髓灰质炎，医生很遗憾地对他说："你将不能再行走了。"罗斯福听了后笑着说："不，我还要走，我要走进白宫。"

罗斯福的乐观和坚强感动着周围的每一个人，让人不得不对他竖起大拇指。那是在他第一次竞选总统的时候，罗斯福对自己的助手说："麻烦你们去给我布置一个大讲台，我要自己走过去，我要让所有选民看见我这个肢体麻痹的人，可以自己走到前面演讲，而不需要任何拐杖。"

竞选当天，罗斯福穿着笔挺的西装走向讲台，此刻，他的步履是如此的坚定，让在场的所有人都感受到了他勇于面对困难的坚强意志和十足信心，最终他成功地登上了总统宝座。

罗斯福在面对家里被盗的时候，在面对逆境和不幸的时候，没有抱怨，而是心怀感激。他用自己的经历告诉我们：即使是生活误解了你，让你遭遇逆境和不幸，你也要心怀感激。感激遭遇磨炼了你的意志，感激一直在你身边的朋友、亲人，感激你依然拥有的工作、家庭。

其实，在生活中，所有的成功人士都不惧怕逆境，面对逆境，他们犹如一只猎豹一般默默潜伏等待着，伺机等待机会击败逆境。他们凭着自己那股压不倒的精神，抱着一颗感恩的心和一股无所畏惧的精神，发愤图强以图早日突破逆境的牢笼。

曾经有一个养牛专业户，他凭着自己的勤劳和善于经营，短短几年时间便声名显赫。可是就在这个时候，一场突如其来的大火将他的数十头奶牛全部葬身火海，这位老板也一下子陷入困境。虽然非常悲痛，但是悲痛之余这位老板并没有灰心，没有倒下，反而信心百倍、奋力抗争，他决心一定要击败逆境，东山再起。于是他筹集资金又买了两头奶牛，让其繁衍。仅六年时间，这位老板就东山再起了。他的奶业公司又一次有声有色、红红火火地发展了起来，老板再一次成为远近闻名的富翁。

俗话说："只要思想不滑坡，办法总比困难多"这位老板敢于直面逆境，勇于接受困难的挑战，虽然眼看着就要山穷水尽，但是他还能峰回路转、柳暗花明，在困境中找到了出路。

所以说，我们不要总是去抱怨逆境，要学会感谢它，只有这样，逆境才能发挥其积极的作用，才能更进一步激起人们的斗志和求胜的欲望。具有这种心态的人，逆境就像兴奋剂一样，激励着他们向着希望的顶峰不懈地攀登。

在挫折中汲取需要的营养

巴尔扎克曾经说过："挫折对于人生是一块垫脚石，对于能干的人是一笔财富，对于弱者是万丈深渊。"我们每一个人都随时可能面临困难、风险、挫折或者失败，一个勇敢的人会感恩挫折，而一个失败者则会抱怨命运的多舛。

一个人在自己的人生道路上所经历的挫折越多，感受也就越多，就越深刻。人生的路本来就不可能是一帆风顺的，没有平坦的大路可走，因此越是经历的挫折和艰难多一些，越能够磨砺一个人的意志和品质，所以多经历一些挫折不是坏事，而是好事。

一天，有一个小男孩在草地里玩耍，突然看见了地里有一个蛹，于是小男孩将这个蛹带回了家。过了几天，小男孩看见蛹上面出现了一个小裂缝，里面的蝴蝶在里面挣扎着，但是一直出不来。小男孩看见蝴蝶痛苦挣扎的样子十分不忍，于是他决定帮助蝴蝶，他找来了一把剪刀把蛹壳剪开，蝴蝶出来了，但是由于没有经历"破茧"时的挣扎，它的身躯非常臃肿，翅膀特别干瘪，根本就飞不起来，很快就死亡了。

这个故事告诉我们：一个人要想成功，要想得到未来的欢乐和幸福，就必须承受挫折，在挫折中汲取自己需要的营养。试想一下，如果我们每个人都生活在一种毫无压力和挫折的状态下，那么就不存在障碍和痛苦。而人在没有压力的情况之下，就不会有新的追求和希望，从而也就失去了生活的真正意义。

英国哲学家培根说过："超越自然的奇迹多是在对挫折的征服中出现的。"

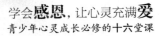
重要的是你以何种态度对待挫折。挫折是人生的老师，人这一辈子吃苦受罪在所难免，我们应该把它当成我们人生的财富，从中汲取我们需要的营养。如果我们把一生想象成一帆风顺，不经任何苦难和挫折就能实现心目中的理想，这世界岂不颠倒？

　　米契尔可以说是一个非常不幸的人。在他46岁的时候，被一次很惨的机车意外事故给烧得不成人形，当时他身上65%的皮肤都被烧伤，为此，米契尔接受了16次手术，手术后，他的生活无法自理，他无法自己拿起叉子吃饭，无法拨电话，也无法一个人上厕所，但曾经是海军陆战队队员的米契尔并没有因此而被打败，他坚信自己可以站起来。用他的话说："我完全可以掌控我自己的人生之船，那是我的浮沉，我可以选择把目前的状况看成倒退或是一个起点。"凭着这种勇气，六个月之后，米契尔又可以开飞机了。

　　米契尔给自己在科罗拉利亚买了一幢房子，不仅如此，他还给自己买了一架飞机，一家酒吧和一处房地产，后来米契尔又和自己的两个朋友合作开了一家公司，这家公司主要生产以木材为燃料的炉子，后来这家公司变成了当地第二大的私人公司。

　　正当米契尔在享受自己的劳动成果的时候，又一次不幸降临在他的身上，米契尔所开的飞机在起飞的时候摔出了跑道，他腰部以下全部瘫痪，胸部的20条背椎骨全都压得粉碎。又一次的不幸，让米契尔感到愤愤不平，但是庆幸的是他还是捡回了一条命，因此他没有选择消极，仍然保持自己不屈不挠的精神，努力让自己能够达到最高限度的独立自主。

　　后来，米契尔被选为科罗拉多州孤峰顶镇的镇长，再后来，米契尔参加了国会议员的竞选，并取得了成功。

　　尽管米契尔相貌非常骇人，行动也很不方便，但是却很幸运地坠入爱河，并且圆满地成了新郎官。米契尔在经受两次大的挫折之后仍然不屈不挠，最后成为百万富翁，受人爱戴的公众演说家，洋洋得意的新郎官和成功的企业家。并且以他屹立不倒的形象在《今天看我秀》及《早安美国》节目中露脸，同时《前进杂志》、《时代周刊》、《纽约时报》及其他出版物也都有米契尔的人物特写。

可能这些是一个常人都很难完成和做到的，但是他做到了。米契尔说："我瘫痪之前可以做1万件事请，但是现在只能做9000件，此时的我可以把注意力放在我无法再做的1000件事情上，也可以把目光放在我还能做的9000件事上。无论如何，告诉大家，我的人生曾遭受过两次重大的挫折，如果我能选择不把挫折拿来当成放弃努力的借口，那么，或许你们可以从一个新的角度，来看待一些一直让你们裹足不前的经历。你可以退一步，想开一点，然后，你就有机会说：'或许那也没什么大不了的！'"。

其实任何事物都有它积极和消极的一面。如果你的心态是积极的，你就会从挫折中看到希望，自然你的人生就是成功的；而如果你是消极的，抱怨的，那么你的人生必然不会精彩。

爱迪生说过："失败也是我需要的，它和成功一样对我有价值。只有在我知道一切做不好的原因以后，我才能知道做好一件工作的方法是什么。"挫折有时也是成功的助推器，要想从挫折中汲取自己所需的营养，关键看你是否以感恩的心态去看待它。

用你的笑容征服世界

曾有一位哲人说过："微笑，它不花费什么，但却创造了许多成果。它丰富了那些接受的人，而又不使给予的人变得贫瘠。他在一刹那间产生，却给人留下永恒的记忆。"微笑是培养人们良好人际关系的催化剂，是让人心情愉悦的最好方法。用微笑去迎接身边的每一个人，不仅可以让你成为最受欢迎的人，而且可以让你摆脱烦恼，使已经陷入僵局的事情变得豁然开朗。

尹浩轩是美国一家广告公司的员工，一次，由于工作需要，公司总部安排尹浩轩前往日本分公司去工作。由于两国文化的不同，已经习惯在美国公司轻松自由的工作氛围里工作的尹浩轩，非常不适应日本这种更加紧张、更加严肃和紧迫

的工作环境。

来到日本公司后，尹浩轩经常向自己的上司抱怨说："这里的工作氛围简直糟糕透了，我在这里就像一条放在死海里的鱼，感觉呼吸都特别困难。"越抱怨，尹浩轩感觉越不舒服，工作越没精神，以至于每天都没精打采，愁眉苦脸。

尹浩轩的上司是一位美国人，已经在日本工作多年，他完全能够理解尹浩轩的心理感受，但是看着他如此低迷的工作状态，上司很是不满意。他对尹浩轩说："我教你一个非常简单的方法，可以让你感觉轻松一点。你每天至少说上50遍'谢谢你，我很感激。'记住，要面带微笑，发自内心的去说。"

尹浩轩抱着试试看的态度，刚开始的时候感觉非常别扭，因为他并不觉得有什么感谢的，所以要发自内心并且面带微笑非常困难，但是几天下来，尹浩轩觉得周围的同事似乎对自己比以前友善了很多，而且自己说："谢谢你"或者"非常感激"的时候也没有以前那么生硬了，感觉就是自己应该说的。

慢慢的，尹浩轩觉得自己的心情好了很多，对待周围的一切都能够面带微笑，发现所有的事情都没有自己原来想象的那么糟糕。最后，尹浩轩觉得在日本工作是一件让人感觉非常愉快的事情。

俗话说："笑开福来。"在日常学习和生活中，如果始终能够对周围的一切都保持微笑，你就能超越自我情绪的困惑，从而保持轻松愉快的心境。而你周围的每一个人也会被你的微笑所感染，这无疑会极大地促进你的创造力和发展，为你以后做事成功铺下坚实的基石，为你的成功增加机会。

美国"旅馆大王"希尔顿所领导的希尔顿集团之所以能够称雄世界，除了独具特色的经营手段，一个最重要的秘诀就在于他们的微笑服务。希尔顿最常说的一句话就是："今天，你微笑了吗？"

当初，希尔顿从1500美元起家，自己经营一家小小的旅馆。当他的资产增值到5100美元的时候，他向自己的母亲讨教经营之道。他的母亲告诉他："你现在必须去把握更有价值的东西，除了对顾客诚实之外，还有一条更行之有效的方法，这个办法既简单又容易做到，而且不用花钱，但是必须要求你持之以恒，那就是微笑。"

于是，希尔顿就要求自己的员工，无论多么辛苦，无论顾客是多么刁钻蛮横，都要始终对顾客保持微笑。在五十多年中，希尔顿不停地周游世界，巡视各分店，每到一处同员工说得最多的就是这句话："今天，你微笑了吗？"

在美国经济萧条的1930年，旅馆业80%倒闭。希尔顿集团虽然也难逃噩运，但是希尔顿信念坚定，他告诉员工："无论旅馆本身遭受多大的困难，都不要把愁云摆在脸上，'希尔顿'员工脸上的微笑永远属于顾客！"

很快，希尔顿旅馆就凭着自己的独特服务"微笑"走出低谷，进入了经营的黄金时期，并添加了许多一流设备。当希尔顿再一次巡视时，他问自己的员工们："你们认为还需要添置什么？"员工们回答不上来。希尔顿笑了："还要有一流的微笑！"

微笑不仅使希尔顿公司率先渡过难关，而且带来巨大的经济效益，就这样希尔顿集团在这样灿烂的微笑之中诞生了。

亚当斯曾经说过："当你微笑的时候，别人会更喜欢你，而且，微笑会使你自己也感到快乐。它不会花掉你任何东西，而且可以让你赚到任何股票都付不出的红利。"希尔顿正是靠着这种不花资本的微笑，打开了顾客的心扉，让全世界都知道了"希尔顿"，都记住了希尔顿的微笑。

因此，无论我们面对的是幸福还是烦恼，都应该保持微笑，用你的微笑去征服所有的一切。因为没有人能轻易拒绝一个笑脸，微笑可以使两个人之间的距离缩短，微笑是一个人通往成功的最好通行证。

CHAPTER 7 | 第七课
感恩生命，珍惜生命中的每一天 ▶

　　"5·12"汶川大地震，那一时刻数以万计的生命瞬间失去。看着那么多无辜的生命转瞬消失，多少人为之流下了眼泪，又有多少奔波的人们停下了自己前进的脚步，他们在此刻感受到了生命的珍贵，他们开始感叹生命的美好，感悟生命的意义。生命是美好的，请珍惜自己生命里的每一天。

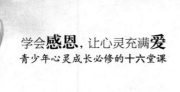

生命只有一次，不能重来

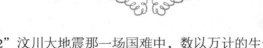

在"5·12"汶川大地震那一场国难中，数以万计的生命瞬间失去。看着那么多无辜的生命转瞬消失，多少人为之流下了眼泪，又有多少奔波的人们停下了自己前进的脚步，他们在那一刻感受到了生命的珍贵，他们开始感叹生命的美好，感悟生命的意义。

不知道别人当时是怎么想的，当时的我，在看到那么多无辜的生命转瞬即逝的时候，突然觉得我还健康地活着，这是多么幸福的一件事情啊，自己曾经的抱怨，曾经的愤怒，在那一刻全部消失，留下来的只是感恩，感谢自己还活着，感谢身边还有这么多的朋友陪伴着，感谢自己还有一份不错的事业……

其实，我们每个人的最终结局都是一样，但是这并不代表着我们一遇到挫折、困难就可以随便结束自己的生命。要知道生命只有一次，没有谁会给你重来一次的机会，即使是上帝。

提起查海生可能很多人都不知道，但是要提到《面朝大海，春暖花开》，我想大家一定不会陌生。是的，查海生就是写过这首诗的"海子"。这个一生都匍匐在大地上，用饱含汗液的声音呼唤粮食和蔬菜的诗人，却在自己25岁生日的时候，了结了自己短暂的生命。

在那一天的凌晨，查海生自己躺在了山海关的铁轨上，一列呼啸而来的火车碾压过了他的身体，就这样，他离开了人世，但是他可能永远都不会知道，在他生日的这一天，在他选择离开人世的这一天，他的母亲已经在乡下的炊烟中给他熬好了一锅红米粥，虽然他不在场，但是母亲却在用一种传统的方式为在北京的儿子祈福。

查海生的身体被碾压也许让很多人觉得是一件非常痛苦的事情，但是其实此刻最痛苦的不是查海生，而是他的母亲。当一个生命从母亲的子宫奔出，这个生命就已经从母亲的子宫上升到了她的心房。而在生日那天选择结束自己的生命，这也许是世界上最让一个母亲心碎的事情了。

在一个雨水淅沥的日子，海子的骨灰，被人送回了老家，就在母亲居住的门前树林下，垒起了一座土坟。

自此以后，母亲的视线始终都在儿子的土坟上，陪同孩子一起入眠的是母亲的灵魂。母亲每天都在不停地呼唤着自己的儿子，希望他能够醒过来，在二十一年的风雨声中，母亲不停地哭泣，哭瞎了自己的双眼，哭干了自己的眼泪。

其实，海生曾经是一个很优秀的孩子，在他十五岁的时候，就顺利地考上了北京大学，当时整个村子甚至整个县城都为之沸腾了。当时他的母亲是那么的高兴，那么兴奋，在深夜里都在蒸白糕，白天更是飞快地挨家挨户送白糕，向每一位亲朋好友送去自己的喜悦。

几年后，海生毕业了，在北京成为一名诗人，母亲生平第一次去看海生，在母亲的包里，装着满满一包的鸡蛋，整整五十个，那是她在乡下自己养的鸡下的蛋，虽然经过一路的颠簸，但是到了北京竟然一个都没有破。因为一路上母亲都是把这个布包搂在怀里，他想让自己的儿子吃上这些鸡蛋，她相信儿子每吃下一个鸡蛋，他苍白的脸色就会多一丝红润。

在母亲走的时候，穷困的海生找人借了三百块钱塞到母亲的包里，母亲收下了，因为这是儿子对自己的爱，听说，至今八十多岁的母亲仍将这三百块钱揣在怀里，她说，等她去世之后，用儿子的三百块钱送自己上路就足够了……

在海子自杀后，很多人都在为一颗诗坛新星的陨落而感到吃惊，然而，在母亲的眼里，没有什么新星，只有自己的儿子，一个连着自己心房的生命。对于一个国家来说，少一个诗人也许没有什么，但是对于一个母亲来说，根本不能失去自己的孩子。海子，虽然是一位伟大的诗人，但是他没有选择将疼痛写进自己的诗里，而是将它嵌进了自己母亲的血液里，这是何等残忍的事情。

要知道，你的生命不是属于你一个人的，一旦失去，最痛苦的不是你，而是你身边的每一个关心你的人。也许你现在很落魄，也许你现在很痛苦，也许你现在很伤心，但是不要因此选择放弃生命。

生命只有一次，是不可以重新再来的，一旦失去，你将永远失去，而不再拥有。谁都没有权力去夺去他人的生命，包括生命持有人。

活着，就是一种莫大的幸福

幸福是什么？每个人的答案可能都不一样：有人以为，与亲人相聚是一种幸福，与恋人相处是一种幸福，与朋友相交是一种幸福，认认真真地工作是一种幸福；有人以为，有了金钱美女，可以吃喝玩乐就是一种幸福；有人以为，有了权利，可以叱咤风云是一种幸福。而我要说，人活着就是一种莫大的幸福。

快乐和幸福的人生，就像一只飞行的蝴蝶，你越是用心去捕捉，它越是飘忽不定，而当你不再奢望，安静认真地去做自己眼前的事情时，它却会自动飞过来，停在我们的肩膀上。也许，这就是告诫我们，人要知足常乐吧。很多人都奢望着幸福降临，却常与幸福失之交臂；很多人都很热爱生命，却不得不向生命告别。所以说，活着就是一种莫大的幸福。

有一位年轻人，厌倦了自己平淡、无聊的生活。为了寻求一些刺激，他参加了一个挑战极限的活动。

极限活动的老板告诉他，极限运动的规则是，让他一个人呆在一个山洞里，没有光，没有火也没有粮食，每天会给他提供5千克的水来维持生计，时间为整整五个昼夜。年轻人觉得这没有什么，同意了。

第一天开始了，年轻人感觉非常刺激，他自己一个人在山洞里玩耍。

到了第二天，刺激感没有了，年轻人迎来的是饥饿，孤独和恐惧，四周更是漆黑一片，没有任何声响，他呆在山洞里开始回忆往日生活的惬意。他想到了自己的母亲从乡下给自己带的自家腌制的咸菜，想起了自己的妻子为自己每日做好的饭菜；想起了自己的宝贝儿子为自己端的第一盆洗脚水；他甚至想起了和自己经常拌嘴的同事给自己捎来的一份盒饭……他开始后悔自己平时对待生活的态度：懒散、懈怠、虚伪、冷漠。

第三天，年轻人快要饿晕过去了，但是一想到人世间有那么多美好的事物，他就坚持了下来；第四天，年轻人已经没有任何力气了，他躺在那里期待着山洞大门的打开；第五天，饥饿和孤独已经不是他最害怕的了，他极度恐惧，害怕自己过不了这最后一关，他发现自己在世间还有太多的事情没有做，他还没有给母亲过过一次生日，还没有给妻子说过一声感谢，还没有给同事说一声道歉……总之，他发现自己需要弥补的东西实在是太多了，可是他不知道他还能不能活着，他渴望活着，渴望未来！此时，洞门打开了，阳光照了进来，他抹掉眼泪看了出去，白云就在眼前，淡淡的花香，悦耳的鸟鸣——一种重生的感觉扑面而来。

年轻人扶着墙壁蹒跚地走出山洞，他的脸上挂着一丝难得的笑容，他感觉到：自己活着真是一种莫大的幸福！

活着就是一种美丽、就是一种幸福。一个人只有活着才可以为自己的理想而奋斗，去做自己想干的事情，去向往理想中的城市，想要自己想要的，想吃自己想吃的；一个人只有活着你才能感到亲人的爱、朋友的情，只有活着，生活中善与丑、真与假你才能体会到；只有活着，生活中的酸、甜、苦、辣你才能品味得到。

也许生活中你并不如意，你的学识、能力不被人认可，你的身体状况、你的家庭琐事让你很不开心，但是，此时你用这些琐事和那些正在面临死亡的人们去比一比，和那些灾区人民所受的磨难相比，你会发现这些只是生活中的一个小插曲。

电视剧《编辑部里的故事》中有这么一段话：

咱长这么大容易么？打在娘胎里就随时有可能流产，当妈的一口烟儿就有可能整成畸形。长慢了心脏缺损，长快了就是六指儿。好不容易扛过了十个月生出来了，一不留神还得让产钳给脑袋夹扁了。都躲过去了，小儿麻痹、百日咳、猩红热、脑膜炎还在前面等着咱们呢。哭起来呛奶，走起来摔跤，摸水水烫，碰火火燎，是个东西撞上，咱就是个半死儿。

哎，钙多了不长个儿，钙少了吧罗圈腿儿。总算混到会吃饭、能出门儿了，

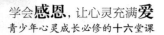

天上下雹子，地上跑汽车。大街小巷是个暗处就躲着个坏人，你赶上谁都是九死一生，不送命也得落下个残疾。

这都是明抢，还有暗箭呢：势利眼、冷脸子、闲言碎语、指桑骂槐。好了遭人嫉妒，差了又让人瞧不起；忠厚人家说你傻，机灵的人家说你奸；冷淡了人家说你傲；热情了群众说你浪；走前头挨闷棍，走在后头全没份儿。是个人活着就饱经沧桑。

就算你是苦孩子里的头头儿、黄连树的跟跟儿、苦瓜藤的尖尖儿、药罐子里的渣渣儿，既然长这么大不容易，又何苦自己跟自己过不去呢？大江大河都闯过来了，个把儿阴沟翻了船，咱应该含笑爬起来，放开身子，修修小船儿，继续扬帆远去才对。

也许这段话，你会觉得很夸张，但是仔细想想，我们的生活不就是这样子吗？既然我们长这么大不容易，为什么不去珍惜我们的生命呢？我们能够活在这个世上就已经是一种莫大的幸福了。

当我们站在野草丛生的墓地前，俯视那已然安眠于墓中的逝者，也许静谧而忧伤的环境能给你很好的提示。我们还能走动、沉默、追思、悲伤，因为我们还活着，有感觉，会思想。而在地下安眠的祖先们却永远失去了这样的权利，我们多么幸运呀，对无可逃避的死亡的敬畏变成了内心涌动着的对此时还拥有生命的感激。

所以，珍惜生命要知道，活着就是一种幸福！

活在当下，勿让等待妨害人生

去年的一天，我的一位朋友的妻子因为车祸离开人世，这突如其来的变故，让人实在难以接受，但是死亡的到来不总是如此吗？我的这位朋友后来后悔地跟我说，他的太太最希望得到他送给自己的一束鲜花，但是他总觉得太浪费，所以总是一推再推，结果却是在妻子去世后，用鲜花布置爱人的灵堂。

这样的事情让人听了感慨万分，但是我们的生活中这样的人难道少吗？很多人都习惯性地说："等我大学毕业后，我就如何如何。""等我事业有成后，我就如何如何。""等我有了孩子后，我就如何如何。"……

等，等，等，似乎我们生命中的所有时间都在等待。很多人觉得必须天时、地利、人和都具备的时候才能够采取行动；从明天开始我一定好好学习；下礼拜我一定要开始锻炼身体；等到退休后我一定要好好享受一下生活。然而，他们不知道生活总是在变，所处的环境总是不可预知，总是有那么多的突发状况让我们无以应对。可以说，我们永远也不会知道下一刻会发生什么，我们经常在一个人生命结束的时候，才发现自己把太多的时间放在了等待之上，我们还有很多话没有说，很多事情没有做，所以，不要再去犹豫，再去等待，别让自己徒留"为时已晚"的空余恨。

在英国的利物浦市，有一个叫做科莱特的青年人和一个美国小伙子都考入了美国哈佛大学，并且常在一起听课。

大二的时候，新的教科书中，已经解决了进位制路径转换问题，于是这位小伙子和科莱特商议，一起退学，去开发32 Bit财务软件。科莱特听了之后感到十分惊讶，因为他来这儿是为了求学的，而不是闹着玩的。再说，对于Bit系统，他们的教授当时也只是懂得皮毛，不把课程学完就去创业对于科莱特认为是不可能的。于是，他婉言拒绝了这位美国小伙子的邀请。

可是，短短的几年，当科莱特从哈佛大学毕业，并考入哈佛计算机系研究生的时候，那位退学的美国小伙子已经在同一年里，进入了美国《福布斯》杂志亿万富翁排行榜；当科莱特攻读博士的时候，这位美国小伙子的个人资产已经在同一年仅次于华尔街大亨巴菲特，资产达到65亿美元的他，成为美国第二富翁。

后来，科莱特毕业了，当他认为自己已经具备了足够的学识，可以研究和开发32 Bit财务软件的时候，这位美国小伙子已经开发出了Eip财务软件，这个软件要比Bit财务软件快1500倍，Eip财务软件一上市，就在两周内占领了全球市场，而在这一年，这个美国小伙子成为世界首富。

而这个美国小伙子就是比尔·盖茨。

佛说：创造机会的人是勇者，等待机会的人是愚者。这位闻名世界的首富没有坐在那里等待上天的安排，他运用着自己的智慧和行动，走向了成功之路。而科莱特之所以被比尔·盖茨远远地甩在身后，就是因为他一直在等待着机会，等待着所有条件的成熟，结果在等待中他失去了很多机会。

其实，在这个世界上，有很多事情都是我们难以预料的。我们不能控制机遇，但是我们可以掌握自己；我们无法预知未来，但是我们可以把握现在；我们左右不了变化无常的天气，但是我们可以调整心情；我们不知道自己的生命到底有多长，但是我们可以活在当下，安排自己目前的生活。

活在当下，就要求我们从现在开始，而不要活在明天，非常喜欢这一首诗：明日复明日，明日何其多，我生待明日，万事皆蹉跎。如果我们都在等待着明日，不去把握当下的机遇和时间，那么一日日，一天天，流逝的终将是悔恨和痛苦。所以，从现在开始，行动起来，也许你眼下在做的事情很微小，很平常，可是如果用心感受了，那么即使是最简单的事情也会变得富有意义。

珍惜时间等于延长了生命

子曰："逝者如斯夫。"2000多年前孔子就感叹时间的无情流逝。时间如流水，失去就无法复得。人世间最宝贵的是生命，但比生命更宝贵的是时间。因为生命是由时间构成的，是由分分秒秒的时间积累起来的。时间的流逝，便是生命的消融。人的一辈子是短暂的，每个人所拥有的时间，在每一年，每一月，每一天都是一样的，而差别就在于你是否珍惜自己的时间，能否运用好生命的每一分，每一秒，从而去实现人生的价值。

裴多菲曾经说过："生命的多少用时间来计算，生命的价值用贡献来计算。"每个人的生命都是有限的，时间似流水，一去不复返。在我们短暂的人生旅途中，珍惜时间就等于延长生命，充分利用和把握时间，才更能体现人生的价值。

爱迪生只上过三个月的小学，他的学问基本上都是靠母亲的教导和他的自修得来的。而这样一个被人们认为是"低能儿"的人却成为举世闻名的"发明大王"，一个很重要的原因就在于爱迪生非常珍惜时间，总是和时间在赛跑。

爱迪生从小就对周围的一切事物充满了新鲜感，他非常喜欢去亲自试验，直到弄懂其中的道理才会罢休。成年之后，爱迪生随着自己的兴趣选择了研究和发明工作。他在新泽西州建立了一个实验室，发明了电灯、电报机、留声机、压碎机等总计两千多种东西。爱迪生对研究和发明的执著，为改进人类生活方式做出了极大的贡献。

在工作过程中，爱迪生总是非常珍惜时间，他经常对自己的助手说："人生太短暂了，要多想想办法，用极少的时间办更多的事情。千万别浪费，最大的浪费就是浪费时间。"

一次，爱迪生在实验室里工作，他递给助手一个没有上灯口的空玻璃灯泡，说："我急着用呢，你去量一下灯泡的容量。"说完，就又低头开始工作。过了一会儿，爱迪生问助手："告诉我容量是多少？"助手没有回应他，爱迪生转头一看，原来助手在拿着软尺非常认真地测量灯泡的周长、斜度，并在桌案上计算着。

爱迪生对助手吼道："时间，时间，测个容量怎么费这么长时间。"爱迪生走过去，夺过助手手里的空灯泡，向里面倒满了水，对助手说："去把它倒在量杯里，告诉我数据。"助手立刻就读出了数字。

爱迪生边工作边对助手说："这么简单的测量方法，既准确又节省时间，你怎么想不到啊？"助手低下了头，爱迪生继续道："人生太短暂了，太短暂了，要节省时间，多做事情啊。"

珍惜时间就等于延长生命，我们应该像爱迪生一样，热爱每一天，珍惜每一天，充分利用生命中的每一分钟，将自己的时间都用在有价值的事情上面。一个总是把时间用在自身知识积累、自身能力提高、自我思考上面的人不仅可以让自己成为强者，而且会比常人多做很多事情，从而就等于延长了生命。

然而，当今社会，经济高速发展，财富快速积累，人们对物质欲望和物质享受的追逐空前强烈。很多人总是把时间沉迷于拜金主义、热衷于灯红酒绿之中，

却不知，这样的做法其实是在浪费自己的生命。

在一个深夜，一位重症病人奄奄一息地躺在病床上，他在人世间的生命只剩下了最后一分钟，这一刻，死神来到了他的身边。病人看到死神后，对死神说："能不能再多给我一分钟？"死神问他："你要这一分钟做什么啊？"

"我想用这生命的最后一分钟好好地看看这深夜的天，看看这美丽的月色，亲吻一下这美丽的大地，再想想我的亲人和朋友。"病人答道。

死神说："对不起，你这个要求我不能满足你，因为你现在想做的这些事情我已经给你留了足够的时间，但是你却没有珍惜。这是你在人世的70年时间里的账单：在这70年里，你有二分之一的时间都是在睡觉中度过的，剩余的时间里，你从来没有珍惜过时间，你几乎每天都在感叹时间过得太慢。在学校里，你总是把时间浪费在玩乐上面，从来不珍惜时间好好学习；走到社会上，你又总是把时间浪费在抽烟、喝酒等上面，总等待着天上掉馅儿饼；在工作岗位上的时候，你又总是不努力工作，今天安排的工作总是喜欢推到明天；后来你走进晚年生活，你……"

在死神还没有念完账单的时候，这位病人却已经断了气，死神感叹地说："如果你在活着的时候能够多节约一分钟，你至少能够听我把这个账单念完，哎……"

作家罗兰说，一个人生命的长久或短暂，并不是单凭生存的年月来计算的，而是凭他对生活认真的程度和我们究竟体尝了多少生活的意义而定的。我们看到很多人虽然活了八九十岁，但是他们处于大事做不来，小事又不做，好高骛远，喜于内耗的思维定式，把宝贵时光消磨在碌碌无为之中，可悲可鄙。浪费时间就是浪费生命，因为短暂的人生没有多少时间允许我们这样浪费了。

相反，珍惜时间就等于延长生命，一个珍惜时间的人会以饱满的精神境界和良好的心态，发挥自身最大的潜能，把应该做的事做得更好，为社会、为家庭奉献更多的爱，让人生的价值在平凡的点滴中闪耀光芒。

为别人付出，你的生命也会增值

　　世间攘攘，人际纷争。在这样一个纷繁复杂、喧嚣浮躁的社会里，我们会经常看到一些钩心斗角、工于心计的人和事。当你遇到困难需要别人帮助的时候，别人却为了个人利益而以种种借口拒绝你；当你在学习上遇到拦路虎的时候，想向同学请教，却被别人出于私心而敷衍你。于是，你也开始不愿意为别人付出，觉得这个社会处处充满了自私与龌龊。

　　如果你一旦有了这种想法，你就会把自己慢慢孤立起来，把自己的心门关闭，把幸福和成功也都关了门外。要知道：不论我们目睹怎样的钩心斗角与尔虞我诈，我们都应该执守一方心灵的净土；不管我们遭到别人怎样的奚落，我们都应该坚信：为别人付出，可以充实我们的生命，为我们的生命增值。

　　有一个男子坐在一堆金子上，但是他却每天伸手向路人乞讨。一天，上帝经过了这里，看到此情景，就向男子走了过去，男子把手伸向了上帝。

　　上帝问道："孩子，你已经拥有了这么多的金子，为什么还要乞讨？你还需要什么呢？"

　　男子回到说："我虽然拥有很多金子，但是我却不幸福，我还想拥有爱情、荣誉、地位。"

　　上帝从自己口袋里掏出男子所需要的爱情、荣誉和地位递给了他。

　　过了一段时间，上帝再次路过这里，看到那名男子还是坐在金堆上向人乞讨。上帝感到非常奇怪，走过去问："孩子你不是已经拥有了自己想要的东西了吗？难道你还不幸福吗？"

　　男子说："是的，我虽然拥有了很多东西，但是我还是不幸福，我还想拥有快乐和刺激。"

　　上帝再次把快乐和刺激送给了这位男子。

　　又过了一段时间，上帝想知道这位男子是否已经幸福了，于是他来到了这

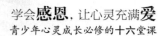

里。结果同样的情景再次出现在眼前，男子还是在向路人乞讨。尽管此时的他已经拥有了很多很多。

男子看见上帝后，说："上帝，我现在还是感觉不幸福，尽管我拥有了很多很多，所以请你把幸福送给我吧。"上帝听了后，笑着说："你确定要幸福吗？"

"是的。"男子坚定地说。

"那好吧，你要想得到幸福，就需要把你所拥有的这一切东西都送给那些需要的人。"

又一段时间后，上帝来到这里，想看男子是否已经换取幸福。当他来到男子身边的时候，旁边的金子已经所剩无几。男子正满脸笑容地把东西发送给需要的人。男子把金子送给了贫穷的人；把爱情送给了需要爱的人；把荣誉和地位送给了失败的人；把快乐送给了伤心的人；把刺激送给了麻木的人。

上帝看着此时已经一无所有的男子说："你现在幸福了吗？"

男子感激地回答说："我从来没有感觉这么幸福过。我现在才明白原来幸福就藏在为别人付出的怀抱里。当我一味地乞讨时，虽然我得到了很多，但是却永不知足，所以不幸福；而现在我虽然一无所有，但是在付出的过程中，我得到了很多人的感谢，拥抱，他们向我投来感激的目光，让我感觉特别幸福。我为我人格的完美而感到自豪、为我所作出的贡献而感到幸福。"说着，这位男子留下了幸福的眼泪，"真的很感谢您，亲爱的上帝，是您让我知道了什么才是真正的幸福。"

孔子曰："君子成人之美，不成人之恶。小人反是。"深层次地理解这句话，就是说，君子常常会想方设法地去帮助他人实现其美好的愿望，而小人反之。是啊，我们生活的社会是由人组成的，在这个社会里，当你竭尽所能地去帮助别人，成人之美的时候，其实也是在帮助自己，为自己的生命增值。

在某敬老院有一位四肢全瘫享受政府抚养的老人，他每天除了疾病带来的疼痛外，生活无忧，心情愉快。虽然他的生活不能自理，但是他却精力旺盛，总是千方百计地省钱给自己旧日的朋友。有人感到疑惑，问老人说："昔日他们对你六亲不认，让你挨冷受冻，为什么你现在还在为他们付出？"

老人回答说："谁也不想做一无是处的废物，我还能够为别人付出，说明我还有价值，还有尚存的理由。我为别人付出其实也是在为我的生命增值。"

曾经有位作家说过："为你自己找到幸福的最有保障的方法就是向别人奉献你的精力，努力使他人获得快乐。幸福是捉摸不定、透明的事物。如果你决心去追寻幸福你将会发现它难以捉摸；如果你把幸福带给其他人，那么幸福自然就会来临。"正如这位作家所说，我们要想让自己更幸福，让自己的生命增值，就应该时刻想着为别人付出，帮助别人其实也就是在帮助自己。当接受你帮助的人对你表示感激时，你会感受到一种让你舒服的温情，这种温情会让你明白幸福的真正含义，从而获得幸福，为自己的生命增值。

感恩生命：野百合也有春天

经常会听到有人抱怨说："为什么别人就可以出生在名门贵族，而我却出生在这样一个贫穷的地方？""我要是能和他一样有个高起点就好了。""上帝太不公平了，给她生一个那么漂亮的脸蛋。"其实，人的生命是没有什么高贵和卑微之分的，生命都是一样的，平凡而真实。关键看你以怎样的心态去面对它，如果你抱着一颗感恩的心去看待自己的生命起点，你就知道，自己应当如夏花一样绚烂。就算只是一朵不知名的野花，也应该对着生存的世界展开自己的花瓣，让自己尽情地绽放，吐露自己的芬芳，只有这样才能无悔于自己生命的过程，毕竟野百合也有自己的春天。

在一个偏僻遥远的山谷里，有一个高达数十尺的断崖。不知道什么时候，在断崖边上长出了一株小小的百合。刚刚出生的百合和杂草长得几乎没有什么区别，很多人都认不出它来，但是百合自己心里知道自己并不是一株野草。它的内心不断地告诉自己："我是一株百合，不是一株野草。唯一能证明我是百合的方法，就是开出美丽的花朵。"

这个念头不断地鼓舞着百合，它努力地吸收水分和阳光，深深地扎根，直直地挺着胸膛。终于，在一个春天的清晨，百合在自己的顶部结出第一个花苞。此时的百合非常开心，但是附近的杂草却对它非常不屑，它们在私底下不停地嘲笑着百合："生长在这么卑微的地方，就不要以为自己是多么美丽的花朵了。"也有偶尔飞过的蜂蝶鸟雀劝百合不用那么努力开花："在这断崖边上，纵然开出世界上最美的花，也不会有人来欣赏呀！"

但是百合不那么想，它回答说："树有它的责任，保留一份绿荫就是他的职责；小草有它的责任，增添一抹浅绿就是它的职责；我也有我的责任，就是绽放一苞娇艳的鲜花。不管有没有人欣赏，不管你们怎么看我，我都要开花！"

就这样，在野草和蜂蝶的鄙夷下，野百合努力地释放内心的能量。终于有一天，野百合开花了，它那灵性的白和秀挺的风姿，成为断崖上最美丽的风景。百合花一朵一朵地盛开着，花朵上每天都有晶莹的水珠，野草和蝴蝶们都以为那是昨夜露水，而只有百合自己知道，那些都是自己深沉的欢喜所结的泪滴。

一年又一年的春天，野百合努力地开花、结籽。它的种子随着风，落在山谷、草原和悬崖边上，几年后，到处都开满洁白的野百合。

不要以为自己出生在一个卑微的地方，就不能绽放美丽的花朵，要知道，出生地只是你的开始，在以后的人生之路上，也不要因此而伤心，只要你去努力，去跳跃，去奋斗，到处都是你最好的舞台；你也不必为此而沮丧，只要你平静，只要你浅笑，全世界都会为你而倾倒。

辛迪·克劳馥于1966年2月20日出生于美国伊利诺斯州的一个蓝领家庭中。在她的唇边长了一颗显眼的大黑痣，16岁之前，辛迪·克劳馥从来没有看过时装杂志，没化过妆，你要想和她谈跟时尚有关的话题，简直就是牵牛上树。

16岁那年的盛夏，辛迪·克劳馥和往年一样，在地里剥玉米以赚取来年的学费，这时候，有一位名叫安德森的模特公司经纪人看中了她，虽然当时的辛迪·克劳馥只是一个身穿廉价产品、不拘小节、不施胭脂的一个大一女生。安德森回去后将这位带着田野气息的女生介绍给经纪公司，但是遭到了一次又一次的拒绝。有人说她太粗野，有人说她太恶煞，虽然理由非常的多，归根结底都是一个原因，就是她嘴边长了一颗大黑痣。

安德森为了把女孩推销出去，给她做了一张合成照片，小心翼翼地把那颗黑痣隐藏在阴影里，然后他拿着照片去给客户看，客户果然很满意，可是见到本人后，客户还是拒绝了，他指着辛迪·克劳馥唇边的黑痣说："你给我把这颗痣拿下来。"

虽然当时早已有了激光除痣的治疗方法，可以很快就把黑痣给除去，但是辛迪·克劳馥却坚定地回答："对不起，我是不会拿掉这颗黑痣的。"看着女孩坚定的表情，安德森有种预感，这女孩一定能出名，于是他对女孩说："你千万不要拿掉这颗痣，将来你出名了，全世界都需要拿这颗痣来认识你。"

果然，她后来成了天后级的名人，她的长相被人们誉为"超凡入圣"，她那曾经被人称为驴嘴的嘴唇被人们誉为"芳唇"，而在芳唇边上赫然入目的是那颗今天被视为性感象征的桀骜不驯的黑痣。

就这样，"丑小鸭"变成了"白天鹅"。其实，在生活中，没有什么是不可能的，也不是所有"不幸的事情"都发生在你一个人身上，只要你对自己的生活充满信心，那么即使你生长在寂寞山谷的角落里，同样可以感受到春天的气息。

每个生命都有其存在的意义和价值，每个生命都可以以自己的方式存在着，每个生命都应有一些美好的东西，既然我们来到这个世界走一遭，就不要让自己的人生感到后悔，让我们珍惜自己平凡而珍贵的生活吧，让我们心田上的百合尽情地绽放吧，相信野百合也会有春天。

盛满希望的生命不会枯萎

盛满希望的生命不会枯萎。我们的漫漫人生路需要"希望"这一动力，我们的生命之舟也离不开"希望"这一指南针。因为希望，我们有了更多的渴望；因为希望，我们才会更加坚定、坚强；因为希望，我们的人生才会充实、美满；更是因为有了希望，我们的人生才会幸福。

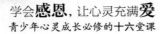

可以说没有什么比希望更能改变我们的处境，当我们面对失败的时候，当我们撞上厄运的时候，当我们面临灾难的时候，我们应该给自己的生命给予希望，希望可以让我们淡忘眼下的痛苦，希望给我们的人生插上了重飞的翅膀，盛满希望的生命不会因为困难和挫折而枯萎。

张帆晴在十八岁的时候就嫁给了邻村的一个生意人，结婚后不久，她的丈夫出去做生意结果就一去不复返。村子里人们就开始传言，有人说他可能是病死他乡，有人说他可能是被人谋杀了，还有人说他是被一家有钱人找去做上门女婿了。当时已经怀了孩子的张帆晴不相信任何人的传言。在她心里，丈夫一定是去很远的地方做生意，哪天发大财了他一定会回来的。

就是这个念头支撑着张帆晴，她一个人带着自己的孩子顽强地生活着。家里虽然很穷，但是，她每天都把家里收拾得干干净净，她不想让自己的丈夫回来后觉得自己的家窝囊。

就这样，很快十八年过去了，一天，一支部队经过村落，已经成年的儿子离开了母亲，跟着部队去寻找父亲。没有想到的是，儿子和父亲一样如黄鹤一般，一去不复返。有人对她说，她的儿子在一场战役中死了。但是她始终不相信，她不但不认为自己的儿子死了，反而认为儿子一定是做了军官，等打完仗，他就会衣锦还乡，说不定还带着自己的媳妇和孙子一起回来呢。

就是这样的希望一直支撑着这个瘦小的女人，后来她得了一场大病，医生给她判了死刑，但是她却奇迹般地活过来了，她告诉人们她不能死，她还要努力挣钱盖房子等着自己的老公和儿子回来呢。

如今这位老人已经百岁了，但是她依然在每天算着自己的儿子已经有了孙子了，孙子也该生小孩了，想着想着，这位脸上布满皱纹和沧桑的老人脸上，泛起了像花儿一样绚烂多彩的笑容。

张帆晴可以说是一个很不幸的女人，命运让她失去了老公，失去了儿子，还打算夺取她的性命。但是她却用一颗盛满希望的心，演绎了一段幸福美满的人生。对于这位老人所抱有的希望可能让人感觉十分可笑，但是它却支撑着这个脆弱的生命在苍茫的人间走了一百个春秋。

盛满希望的生命不会枯萎，一个人一旦有了希望即便遇到艰难险阻，他也会充满信心，勇往直前；而一旦没有了希望，生活就没有了方向和目标，他就会感到无比的空虚和绝望，这样的人最终只能是"有的人活着他却已经死了。"

有一位名叫斯尔曼的英国人，由于从小就患上了慢性肌肉萎缩症，所以他成为一名残疾人，走起路来非常困难。可是就是这样一个腿脚残疾的年轻人，竟然凭着自己坚强的毅力和信念，创造了令人瞩目的成就。斯尔曼在十九岁的时候就登上了世界最高峰——珠穆朗玛峰；二十岁的时候，他登上了阿尔卑斯山；二十二岁的时候，他登上了乞力马扎罗山……

他不断地攀登，在二十八岁之前，就几乎登完了世界上所有著名的高山。但是谁也没有想到，斯尔曼在攀登完这些高山后没多长时间，竟然在自己的寓所里自杀了。

大家都不理解为什么功成名就的斯尔曼会选择自杀。后来一个记者回答了大家心中的疑团。在斯尔曼十一岁的时候，他的父母在攀登乞力马扎罗山的时候不幸遭遇雪崩双双遇难。父母临行前，对斯尔曼说，他们希望斯尔曼能够像父母一样登上世界上所有著名的山峰，还给他写了一份高山的名单：喜马拉雅山，阿尔卑斯山，乞力马扎罗山……

父母去世后，年幼的斯尔曼就把父母的遗嘱当成自己人生的希望，自己的奋斗目标，他非常努力地去实现这些目标。可是有一天当他把这些目标全部实现的时候，他感到了一种前所未有的空虚和绝望。

在自杀前，斯尔曼留下了自己最后的遗言：这些年来，作为残疾人的我能够创下这么多征服世界著名高山的壮举，那是因为父母在临终前给了我生命的一种希望和信念。如今，我攀登完这些高山的时候，我突然没有了希望，没有了目标……

因为有了希望，一个残疾人征服了一座又一座大山，而又因为没了希望，一个曾经有着坚强毅力和信念的生命枯萎了。

在我们的人生之路上，每个人都应该让自己的人生充满希望，盛满希望的人生是美丽的，它犹如盛开的鲜花，在绚丽阳光下闪烁着神奇的光芒。它让你的生活充满了盎然生机，它让你萌发出无数美妙的憧憬，祝福和祈祷。生命正因为有了希望才显得朝气蓬勃。

CHAPTER 8 | 第八课 |

感恩亲人，亲人之间的爱永远没有条件 ▶

　　爱心是一种责任，感恩是一种智慧。一生中，我们有太多需要感恩的亲人，感谢父母赐予我们生命，在生活中给予我们点点滴滴的关爱与照顾；感谢爱人陪伴我们一生，让我们有一个休憩的港湾；感谢孩子给我们的生活带来无比的幸福；感谢兄弟姐妹赠予我们的亲情，在生活中给予我们关心和鼓励。这些可贵的亲情，这些不需要回报的亲情让我们的人生充满爱的光明。

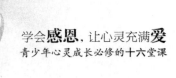

感恩母亲，给我们撑起了一片天

在人生崎岖坎坷的旅途中，是谁把最真诚的、最亲切的关爱给了你；是谁总是对你嘘寒问暖，始终给你无私的奉献；是谁总是在孜孜不倦地教导着你为人处世的道理；又是谁总是因为你的一点小事而唠唠叨叨，烦恼不断？是的，是伟大的母亲。母爱是无私的，母爱是不求回报的，母爱是永不停息的。

我们的出生之日就是母亲的受难之日。即使如此，她还是选择生下我们，并用自己一生的爱去呵护我们。母亲对我们的恩情千千万万，实属难以报答，但是仍有许多人不知其中深义，对自己的母亲毫无感恩之心，他们只顾着自己从来不为母亲着想，当他们遇到困难、受到挫折的时候，第一个想到的是母亲；而哪一天他们的母亲年老体弱不能再为自己付出的时候，他们就开始埋怨自己的母亲，觉得自己的母亲是个累赘，这样的人实在是令人愤恨。

很久以前，有一位年迈的老太婆，由于体弱多病，不仅不能干活，连最基本的自理都成为一个大问题，他的儿子看着自己的母亲每天白吃白喝，还要自己伺候，简直就是一个累赘，于是他有了一种想法，那就是把母亲抛弃到深山里头。

第二天一大早，儿子就背着自己年迈的母亲往深山里头走去。一路上，儿子和母亲一句话都没有说，他听到母亲在一路上不断地折断树枝。儿子心想：这老太婆一定知道我是要抛弃她，所以专门沿途做了记号，以便自己能够认路下山。儿子不以为然，他继续背着母亲往更深的山里走，到了中午的时候，终于找到了深山里头一处没有人烟的地方，于是他将母亲放了下来，然后绝情地对母亲说："我们就在此分别吧，希望你自己照顾好自己。"说完，转身准备离开。这时候，母亲叫住儿子说："上山的时候，我沿途折断了很多树枝给你做记号，你回去的时候只要沿着这些记号走，就不会迷路了。母亲不在你的身边，你好好照顾你自己。"

听了母亲的话，儿子愣在了那里，许久他都没有说话，他跪在母亲面前，留下了忏悔的泪水……

即使在自己儿子抛弃自己的时候，这位伟大的母亲还在考虑孩子是不是可以安全返回。此时的你有没有想过其实你的母亲也是如此。

当你无法承受外界的压力时，是母亲为你阻挡风雨；当你心无慰藉时，是母亲开导你，教导你；当你因为一些或大或小的事情对她大发脾气的时候，母亲在默默地承受并想尽办法安慰你；当你心力交瘁的时候，是母亲给你端上了一杯热茶，默默地支持你；而当你遇到危险的时候，更是母亲不顾一切地救助你，即使失去生命她也毫无怨言……

在汶川地震中，不知道有多少母亲为了救助自己的孩子而失去了生命，那一组组的镜头让所有世人再一次感叹母亲的伟大：

那一年的5月13日，救援人员在开展救援活动时，看见一个满脸是血的孩子，大家都以为他死了，但是一摸孩子还有呼吸，于是立即将孩子从死去的母亲怀里报了出来，这时大家看到了惊人的一幕，孩子脸上的血不是自己的，而是母亲手腕动脉血管里流出来的，而血滴的方向正对着孩子的嘴……此时，大家都明白了为什么这位孩子能够存活下来。

还有一位母亲，抢救人员看到她的时候，她已经被垮塌下来的房子压死了，但是她致死都是双膝跪地，整个上身向前弓着，用自己的双手支撑着身体，在她的身子下面藏着她才三个月大的孩子。我们不知道，这位母亲用何种力量支撑起了比自身重数倍的水泥板，唯一能够诠释的就是，巨大的母爱让她为孩子撑起了一片天。

…… ……

在汶川地震中，为了自己的孩子牺牲的母亲实在是太多太多，他们的孩子得救了，但是母亲却来不及说任何话语，我想如果上天给他们说最后一句话的机会

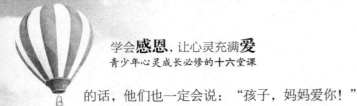

的话，他们也一定会说："孩子，妈妈爱你！"

母亲，是世界上拥有最无私，最纯洁的爱的一群人。没有哪个母亲不爱自己的儿女，她们把爱无私地奉献给了自己的儿女们。无论是春日里放风筝，夏日里游泳，秋日里郊游，冬日里灯下伴读，都是母亲对我们的爱所构成的温情。

让我们一起感恩吧！将心灵深处最纯洁的爱送给天底下最无私最伟大的母亲吧！让我们对着母亲大喊一声："谢谢你，我亲爱的母亲！永远祝福你，我敬爱的母亲！"

感恩父亲，让你品尝到世间的酸甜苦辣

在诸多的诗词、歌赋中，我们经常看到歌颂最多的是母爱，我们不可否认母爱是世界上最伟大的爱，可是我们不要忘了，我们在沐浴阳光般母爱的同时，我们的父亲也在默默地为我们奔波忙碌，为了这个家，他的脸上不知多了多少条皱纹。母爱是伟大的，不求回报的，可仔细想想，我们的父亲不也是如此吗？只不过，不同的是父爱比起母爱更加趋于无形，父爱总是那么默默无闻，只有用心的人才能够体会。

在这个充满变革和竞争的商品经济时代，我们整天地忙于生计，为了荣华富贵，名誉地位，我们每天不停地奔波，却很少有时间关注我们的父亲。甚至我们已经淡忘了父亲那严肃的面孔和严厉的眼神；忘却了父亲为了我们生活得更好而压弯的脊背；忘却了父亲劳累了一天后还要背着吵闹的我们；忘却了父亲因为我们学习的一点点进步而高兴不已；忘却了父亲舍不得让我们离开又不得不送我们奔赴前程的眼神……

程鑫磊大学毕业后非常迷茫，不知道该干什么，于是回到家乡。父亲看到儿子回来后，托关系找朋友，给他在家乡找了一份蛮体面的工作。可是没上几天班的程鑫磊突然决定放弃这份工作，他想出去闯一闯。他和父亲说了自己的想法，向父亲描绘自己的美好蓝图。

父亲听了他的话后，说他心比天高，好好的工作不干，非要自己出去闯。而母亲在旁边一句话不说默默地抹眼泪，希望他可以留下来。可是父母越是反对，程鑫磊出去的心越是坚定。

父亲看孩子非常坚决，就问："那你决定去哪里闯荡？"这时的程鑫磊却说不出话来，他也不知道自己想去哪里。

父亲点起了一根劣质烟，坐在那里一大口一大口地抽了起来。一家三口坐在那里都不吱声，良久，父亲才一字一顿地说："好吧，你也长大了，以后的路要怎么走，你自己决定吧。"

看着父亲无奈的妥协和不情愿的支持，程鑫磊在心里默默发誓，一定不能让父母失望！

第二天一大早，程鑫磊收拾好自己的行李，准备出门，可是他的兜里没有一分钱，他得向自己的父亲伸手要路费。程鑫磊已经二十多了，从小学到大学，他不知道问自己的父亲伸手要过多少次钱，以前，他觉得向父亲要钱是天经地义的，但是这次不一样，他已经毕业了，成年了。他真的不知道怎么去向父亲开口。

这时，母亲喊他吃早饭，在饭桌上，程鑫磊一直在发愁怎么开口，这时，父亲开口了："这是我给你准备的2000块钱。"程鑫磊没想到父亲早已经为自己准备好了，心里特别温暖，但是这时父亲继续道："不过这钱不是我给你的，是我借你的，你给我打个欠条吧。你现在已经长大了，该自己负责自己了！"父亲果断的语气和严肃的表情让程鑫磊突然感觉父亲很陌生，他没想到父亲会这么不近人情。

他目瞪口呆地看着自己的父亲，但是此时父亲已经准备好了纸和笔，程鑫磊一边打欠条，一边想：父亲真过分，不给一句祝福和叮嘱的话就算了，还让我打欠条。一时间气愤、恼怒占据了程鑫磊的心，他飞快地打完欠条，拿着2000块钱头也不回地就走了。程鑫磊在心里憋着一股劲：我一定会尽快把钱还给父亲，哪怕再辛苦，我也要让父亲看看你儿子我不是孬种！

程鑫磊一个人漂到了省城。在那里他像一只无头苍蝇一样到处乱撞，什么人才市场、街头广告、报纸招聘等，只要是有机会找到工作的地方他都不放过。半个月后，程鑫磊在一家广告公司找到了一份工作，由于他的文笔比较好，公司给

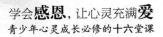
他安排的是文案工作。工作过程中，他非常努力，因为父亲临别时对自己的态度始终浮现在他的眼前，他对父亲的怨恨逼迫着他一定要成功，一定要尽快成功。半年后，程鑫磊在公司的职位就有所提升，公司任命他为经理助理。而在这半年时间里，他只给家里打过一次电话，最后还以工作忙为借口给挂断了。

当上经理助理后一个月，程鑫磊有足够的钱还给父亲，于是他匆匆回家。父亲看到儿子回来了，非常高兴。对他嘘寒问暖，问他在省城过得好吗，怎么回来的，回来是不是有什么急事啊……程鑫磊不想理父亲，他敷衍着父亲的问题，从兜里掏出2000块钱，对父亲说："把我的欠条还给我。"

此时，父亲愣住了，他对儿子说："儿子，我把欠条在你离开的时候就给扔了。当时让你写欠条，我也是怕你年少轻狂，半途而废，想逼着你往前走啊。可是你没有理解我，却拿着钱一声不吭地就走了，你知道做父亲的我心里有多难受吗？要说欠的，你以为这2000元就可以还清吗？"说着，父亲的眼眶湿润了。

此时的程鑫磊低下了头，他恨自己没有明白父亲的一片良苦用心。

在我们儿时的记忆里，可能很多父亲都是一个威严的象征，他们总是不苟言笑，态度严厉，每个眼神都让我们心跳不已。可是我们不明白那一种总不善表达亲情的爱总是隐藏在父亲那冷峻的面孔和严厉的目光下，总是埋藏在父亲的心里。

父爱是伟大的，是默默无闻的，父亲总是用一种特殊的方式让我们感受生活的酸甜苦辣。父亲是我们的靠山，我们登天的梯，是那拉车的牛。愿我们每一个人都能够真爱自己的父亲，不要因为我们的一时忽略而让我们的父亲有过多的伤感，也不要让我们自己留下更多的遗憾！常回家看看，看看那个天天盼着我们归来的父亲。

感恩妻子，让自己有一个休憩的港湾

曾经在网络上看过两则赞美妻子的短信：

1. 妻子是家庭政委、后勤部长、良师益友。我干事业时，她理解我、关心我、支持我；我受到挫折的时候，她给我信心、勇气和力量；我披红戴花时，她给我祝贺、赞美和提醒；我的妻永远是我心中不落的太阳！

2. 妻子是一位优秀的键盘手，十个指头把家庭生活的每一个角落触摸；妻子是一位邮递员，把对老人的关爱、对丈夫的体贴、对儿女的疼爱不断传递；妻子是一位收藏家，按春夏秋冬把被衣鞋袜藏进楼阁塞进衣箱；妻子是一位体操公主，365天360度不停地翻转挪腾不断超越！

总之不管用什么样的言语赞美妻子，感谢妻子都不为过，因为不管你在外是多么辛苦，你的妻子始终在为你守候着那个休憩的港湾——家。然而，我们生活中却有很多人没有意识到这一点，他们总是忽略妻子的价值，认为妻子做什么都是应该的，对于妻子从来都没有一份感恩之心从而让妻子感觉不到自己被重视，产生一种强烈的心理落差和不满。

有一位辛苦持家的主妇，辛苦了大半辈子，却没有得到过丈夫的一句感谢。

有一天，这位主妇对自己的丈夫说："如果我死了，你会不会买花向我哀悼？"

丈夫听了非常惊讶："当然会了，不过你在胡说些什么呀。"

妇人表情严肃，一本正经地说："等我死了，再多的鲜花对我也没有任何意义了，不如趁我活着的时候，送我一朵花就足够了。"

这个故事让我们深思，是啊，当今社会，太多的压力和负担让人们只看到了婚姻里的无奈和负累，他们对婚姻最多的是抱怨，甚至对自己的婚姻和爱情越来越迷茫，迷失了方向。但是仔细想想，造成这些的原因是什么呢？就是因为我们不知道感恩，我们在婚姻里，只知道向对方一味地索取真诚和爱情，却从来都不知道回报。我们宁愿感谢一个毫不相识的路人，也不愿意感谢一直陪伴我们的妻子、爱人；我们宁愿在她死后用鲜花布满灵堂，也没想过在她有生之年，对她多一分关心，多一分感谢。

佛说："百年修得同船渡，千年修得共枕眠"，和妻子的结合是我们千年修来的善缘在今生的延续。人生就是一个不断地结缘、惜缘、续缘的过程。结下了善缘，同时还要珍惜这来之不易的缘分。

有一个中年人，和自己的妻子结婚已经20年了，在这20年里，他始终非常爱自己的妻子，每天不管是准备出门还是晚上回家，他做的第一件事情都是给自己的妻子一个香吻，然后说："亲爱的，我爱你，谢谢你对这个家作出的贡献！"

在这个中年人的家里，上有一个年近80的老母亲，下有三个未成年的孩子，可以说妻子每天的工作确实很辛苦，但是即便这样，她也从来没有抱怨过，每天都是快乐地为这个家奉献着。她感觉自己能够嫁给自己的老公是那么幸福的一件事情。

有一天，妻子问老公说："老公，你每天都赞美我，这样我就很难进步，你能不能告诉我，我身上的缺点是什么？"老公正要开口，妻子堵住他的嘴说："你先别急着说，你想好了明天早上再告诉我。"

第二天早上，老公吃过早饭，准备出门，跟平常一样，他给了妻子一个香吻，然后对妻子说："你身上只有一个缺点——那就是太完美了！我爱你！谢谢你！"

妻子留下了感动的眼泪……

是啊，我们每天都被包围在爱人的爱之中，我们不单要把爱人当亲人一样来迁就，更应该当朋友一样来相处，当爱人为我们付出努力的时候，我们不应该熟视无睹，而应该真诚地对她说一声："谢谢！"谢谢妻子在我们回家的时候，送上的一份温馨；谢谢妻子在我们出差的时候，倚门伫立、牵肠挂肚；谢谢妻子在我们工作不顺心的时候，给予的安慰；谢谢妻子为我们守候着那个休憩的港湾。

正如有人说过："如果有人问我这个世界上没有血缘关系的人中谁对我最

好，我会回答，是我的妻子；如果有人问我，除了父母我最感谢谁，我会回答，最感谢我的妻子。"

感谢妻子给我们温暖！那温暖在"我爱你"的话语中伸展，在"注意安全""按时吃饭"的话语中体现……

感谢妻子给我们关爱，那关爱就在我们出门时的一句"早点回来。"就在我们饭后递上的一个削了皮的苹果里……

感谢妻子给了我们浪漫，感谢妻子支持我们的梦想，感谢妻子给了我们帮助，感谢妻子给了我们坚强，感谢妻子给了我们快乐，感谢妻子让我们有了一个温暖的家……

感恩孩子，给我们带来无比的幸福

提到孩子，很多人想到的可能就是父母为之操心，为之劳累，孩子要懂得感恩，可曾想过，其实孩子也同样值得我们深深感恩。孩子是父母骨肉亲情的延续，是父母生命的延续，也是一个幸福之家不可缺少的重要元素。作为父母，我们永远不会忘记孩子加入家庭之后给家人带来的那种无以言表的快乐和幸福。

在孩子还在母亲肚子里孕育的时候，父母心里的那种幸福感就油然而生，他们为了孩子能健康地降生，能快乐地来到人间真是煞费苦心，吃的都是最有营养的，喝的都是最健康的，用的都是最舒适的，不仅如此，还每天给肚子里的宝宝听音乐，讲故事，也许你看着可能很累，但是作为父母，他们心中的那种喜悦，那种幸福让他们根本感觉不到累，反而是乐此不疲。

当孩子呱呱坠地的时候，做父母的看到孩子睁着那清澈无比的眼睛，犹如一盆圣水把自己从头浇到脚，洗涤着大人们的心灵，那种感觉，让大人恨不得自己的人生再重新开始；当孩子开始迈出人生的第一步时，父母在旁边为孩子默默地祝福，祝福孩子在人生的道路上，能够走好每一步；当孩子第一次喊出"爸爸，妈妈"时，一种幸福感充满了全身，同时父母也一下子意识到了自己承载着继往开来的重任；当孩子渐渐长大，成为祖国的花朵时，父母感觉自己就是一个园

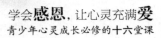

丁，欣赏着眼前这朵鲜花，一种成就感迎面扑来；当孩子长六成人成为一棵参天大树的时候，父母感到特别欣慰，因为他们完成了一件世界上最伟大、难度又是最大的作品的雕塑。

在我们中国，孩子在父母眼里，就是全部，就是整个世界，很多父母为了孩子省吃俭用，甚至是拿着自己的养老金或者看病钱给孩子交学费，找工作，买房结婚，不仅如此，等孩子有了孙子，还要帮孩子照顾下一代。这种爱的方式，可能很多国外的朋友不理解，觉得父母为了孩子已经没有了自我，但是我认为，这种爱的方式只是我们中华民族灿烂文化的一部分，是一种幸福，更是一种感恩的幸福。

曾经在饭桌上看过这样一个画面：

在一个不到两岁的小宝宝左边坐着妈妈，右边坐着爸爸，在妈妈的左边坐着宝宝的外婆。服务员每端上来一份菜，就看见小宝宝的爸爸和妈妈给自己的宝宝往嘴里夹菜，哄着，逗着让宝宝吃得开心。每看到宝宝吃了一嘴，父母就特别开心，脸上洋溢着幸福的笑容，而宝宝的外婆，每上来一道菜都会给自己的女儿盘子里夹上一些菜，并在旁边不停地说："别光顾孩子了，你也吃上一点。"看到自己的女儿吃上一口，妈妈的嘴角就会上扬一些，最后，饭局结束了，宝宝不知道吃得好不好，妈妈和外婆可以说几乎都没有吃，但是他们都说着笑着感觉和自己的孩子在一起是那么的幸福。

是啊，孩子虽然不能给父母带来好吃的，好玩的，好穿的，但是他们给父母带来了用任何东西都换不来的幸福，难道这还不值得我们为此深深感恩吗？著名电视节目主持人白岩松在描述孩子给他带来的幸福感受时，是这样说的："不久前，我成了父亲，我和一个新的生命在家中相逢，一种奇妙的感受充斥我的心，小生命开始让我'玩物丧志'，想挣脱却又那么沉溺其中，一种用幸福来束缚住你的力量。"

一个孩子，尤其是一个处于童年时代天真无邪的孩子，他的言行确实能给我们成年人带来很多的人生启迪和感悟，看到他们的一颦一笑，你会感觉自己的心灵再被净化，看着他们的幼稚和淘气，你会意识到自己身上有不敢懈怠的责任。

感恩孩子，谢谢他给我们带来的一切，哪怕是让我们生厌的言行，那也是在鞭策着我们在人生的征途上要勇往直前。

我们的父母曾经含辛茹苦地养育着我们，如今我们又无怨无悔地抚养我们的后代，人类的爱就是这样一代代的传递下去。这里有责任、有义务，但更有爱和幸福。我们抚养着儿女，他们健康地成长就是对我们的回报，我们从他们的笑容里所体会到的应该不只是快乐。

因此，感恩孩子吧，感谢他们让我们的生活多姿多彩，感谢他们给我们带来如此多的欢乐和喜悦。

停止抱怨，家庭不是地狱

卡耐基说：在地狱中，魔鬼为了破坏爱情而发明的总能成功的恶毒办法中，抱怨和唠叨是最厉害的了。它永远不会失败，就像眼镜蛇咬人一样，总是具有破坏性，总是置人于死地。

回首往事的时候，大多数人认为他们最大的满足来源于家庭和朋友。的确，一些人发现和家人共度美好时光才是最重要的。如果让他们在事业和家庭两者之间选择其一，那么他们肯定会选择后者。而同样也有一些人持另外一种观点，他们认为家庭生活是压力和紧张的根源，离天堂太远。我们可以预想，关系紧张的家庭肯定是有很多问题，而原因就在于他们的生活中充满了抱怨。我们不可否认每个家庭生活中都会或多或少的有一些一方对另一方的抱怨，但是如果我们因此而贬低、抱怨或攻击对方，那么这种行为很快就会破坏家庭成员之间的关系。

俄国大文豪列夫·托尔斯泰的夫人在临死前曾经忏悔地对自己的女儿说："你父亲的去世，是我的过错。"女儿听了后没有回答，而是失声痛哭了起来，因为她知道母亲说的是实话，父亲就是在母亲不停地抱怨、长久的批评之下去世的。

列夫·托尔斯泰是俄国历史上最著名的文学家之一，非常受人爱戴，每天在他的身后都有很多的追随者，他们向托尔斯泰投去赞赏的目光，视他说的每句话为圣经，都要把它记下来，哪怕是托尔斯泰说的一句："现在我要去睡了。"

托尔斯泰当时的生活可以说是太美好，太幸福了，除了荣誉他还有妻子，女儿和财产。这样的美好生活让他们经常跪在地上祈祷上帝能够继续给他们这样的快乐。

但是托尔斯泰后来改变了，他对自己曾经的作品感到羞愧，从那时候开始他决定用剩余的生命来写消除战争、宣传和平和解除贫困的小册子。他向上帝忏悔，表示要真实地遵从耶稣基督的教训，他把自己所有的田地都分给了穷人，他放弃所有作品的出版权，表示不收任何版税和稿费。那时的他变得贫苦了，他每天都自己去田间工作、伐木、堆草，自己做鞋、扫屋，用木碗盛饭，而且尽量着去尝试爱自己的敌人。

但是这一切激怒了他的妻子，托尔斯泰的妻子喜欢奢侈、富贵、虚荣，渴望显赫、荣誉和社会上的地位，但是这一切托尔斯泰都不屑一顾；她希望拥有财产和金钱，但是他认为这一切都是罪恶。面对丈夫所做的一切，妻子每天都是吵闹、谩骂和吼叫。当托尔斯泰反对她时，她就会像疯子似的又哭又闹，倒在地上打滚，有时候还拿着一瓶鸦片烟膏恐吓他，说要吞服自杀。

曾经美满的婚姻再也没有了，这一切让托尔斯泰无法忍受，82岁的时候，将近50年的地狱生活实在是让托尔斯泰忍受不了，于是在一个下着大雪的夜里，他逃离了他的夫人，逃离寒冷的黑暗，不知道到哪里去好。11天以后，他因肺炎死在一个火车站里。他临死前的要求是，不许他的妻子来到他的身边。这就是托尔斯泰伯爵夫人唠叨、抱怨和歇斯底里所得到的结果。

托尔斯泰在《安娜·卡列尼娜》，写过这样一句话：幸福的家庭是相似的，不幸的家庭各有各的不幸。但是造成不幸的主要原因就是抱怨，无休止的抱怨败坏了家庭和谐气氛，它就像慢性毒药在慢慢毒害着每一个成员。也许这句话就是他对自己生活的感受。面对家庭，每个人都希望它是温馨、幸福的港湾，而不是地狱。然而很多人婚后的日子却都是在互相的抱怨和指责中度过的，这样的抱怨有何意义呢？仔细想想，你会发现，其实并不是你的生活比别人糟糕多少，而是你自己的欲望比别人要高出很多，所以才会抱怨。

任何一个家庭出现一些矛盾都是正常的，但是要知道家庭并不是地狱，它是我们心灵休憩的港湾，为了让我们的家庭氛围更和睦，为了让我们的婚姻生活更幸福，停止无休止的抱怨吧！

珍惜兄弟姐妹的情谊

　　拥有兄弟姐妹是人生一大幸福的事情，兄弟姐妹在我们童年的时候陪伴我们成长，和我们一起吃，一起住，一起玩，一起闹，甚至是一起打架。长大了之后，兄弟姐妹陪伴我们一起走过一个又一个的坎坷和困难，我们一起帮衬一起欢乐一起流泪一起欢笑。因为有了兄弟姐妹，我们的生活不再孤独；因为有了兄弟姐妹，我们的内心不再苦闷；因为有了兄弟姐妹，在你心情郁闷的时候，有了第一个可以打电话倾诉的人……

　　1998年8月24日，一场特殊的追悼会在山东嘉祥县后中庄举行。死者申春玲是一位年仅16岁的小姑娘，那一天，她的三个哥哥都穿上了为父母送葬才能穿上的孝衣，全村的老少也自发地佩带黑纱哭着为她送行。可能谁也不会想到，得到如此厚葬的这位早逝的小姑娘其实与这个家庭没有任何血缘关系，她只是这个家里一个连户口都没有的继女，她在继父瘫痪，亲生母亲离家出走后，勇敢地留了下来，用柔弱的双肩托起了四个大学生哥哥。

　　申春玲和她的母亲是在1994年来到这个新家的，春玲的继父是一个木匠，上面有两位70多岁的老人，下面还有正在上学的四个儿子，大儿子申建国在西安交大上学，其他的三个都在县里读高中。尽管家庭负担很重，但是由于继父的手艺很好，再加上一家人勤俭节约，生活过得还算幸福，再加上家里没有女孩，申春玲在家里自然也很受欢迎。

　　继父很支持申春玲上学，申春玲也非常珍惜自己这来之不易的学习机会，第一学期就考了全年级第三名，每天回来，申春玲还包下一部分家务活，只要一有空就帮哥哥们洗洗衣服，帮继父抬木头、拉锯什么的。继父逢人就夸：我这辈子

有福气，天上掉下个好女儿！

然而，美好的时光总是那么短暂，一场横祸从天而降。

1995年初夏，继父在一次施工中从三楼摔了下来，瘫痪在床。一下子，整个家庭的经济来源断绝了，而且还要为给继父治病背上沉重的债务。几个儿子都非常孝顺，相继提出辍学，就在大家相争不让，继父左右为难的时候，申春玲提出自己辍学，帮妈妈来支撑这个家。在场的家人听了后都落泪了，继父沉痛地说："玲儿，爹对不住你，你的几个哥哥读了这么多年书，现在放弃可惜了，只能委屈你了……"三个哥哥也紧紧握住小妹的手，并在父亲床前共同许下诺言：不论以后谁考上大学小妹的这份恩情要加倍偿还。

可是，谁也没有想到，第二天，申春玲的妈妈由于承受不住打击悄悄地走了。家里的支柱又断了一根，全家陷入一片泪雨纷飞中。村里的人们也好心地劝慰春玲离开这里。年仅12岁的小春玲坚定地摇摇头："不，我不能走，俺娘走了俺不能再丢下这个家。"从那天开始，申春玲包揽了家里所有的农活。她和一位真正的农村妇女一样，日出而作，日落而息，为整个家庭精打细算地过日子。

为了让继父赶紧好起来，申春玲拉着板车就带父亲进城了，一路上，她的脚磨破了，肩膀也肿了，为了节省费用，她自己住在医院的自行车棚了。父亲病情稳定之后，就到了农忙季节，为了抢收，连续好几天都睡在地里，累得实在支撑不住了，就趴在麦垛上睡一会儿，醒来以后接着再割。但是7亩的麦子对于一个小女孩来说，实在是太辛苦了，由于心急，再加上过度劳累，申春玲实在支撑不下去了，急得在地头失声痛哭起来，哭声引来了乡亲们，大伙对她同情不已，七手八脚帮她割完了麦子。

很快高考结束了，二哥顺利考上了大学，手捧着二哥的录取通知书，小春玲似乎忘记了自己的劳累，高兴地跳着、喊着。望着又黑又瘦的小妹，落榜的三哥申建文不由得流下了伤心的泪水，自责地说："我对不起小妹，她为我们受了这么多苦，可我却……"说着痛哭起来。

小春玲慌了，拉住三哥的手，劝道："哥，今年考不上，明年再考，你别灰心！"在申春玲的一再劝说下，三哥决定去复读。此时，家里的担子更重了，无奈之际，小春玲想到了卖血。

就这样，申春玲在往后的几年里，一个人撑起了这个艰难的家。后来，在

1998年8月的一天，为了给三哥多筹点钱买学习资料考军校，小春玲又一次想到了卖血。在她的再三请求下，医生一次为她抽了300CC血，原本身体虚弱、营养不良的她此时更加虚弱。她强打起精神去邮局汇钱。

没想到，过马路时一恍惚，她被一辆满载着钢筋的大卡车剐倒，沉重的车轮从她身上轧过……

按当地的风俗，未成年的人死后不仅不能举行葬礼，就连祖宗的"老林（祖坟）"也不能入。况且小春玲的户口都还没来得及报，按理都不算村里的人，但是村里所有的人深深地被这个"亲情义女"的大仁大义感动，不仅破例为她举行了最高规格的葬礼，而且还在祖宗的"老林"为她选择了一块坟地。老人们流着泪说：这么好的闺女，死了再不能让她受屈。

申春玲和自己的几个哥哥虽然不是亲兄妹，但是他们之间的感情胜似所有亲兄妹的感情。人们总说兄弟姐妹之间的感情是"手足情"，那么什么是手足情？兄弟如手足，在情感交汇的那一刻，深深触动我们的心弦，姐妹如株树，没有繁花似锦，却用一片绿荫，撑起一片天空。手足之情深似海，株树之盛密如林。浓浓血缘，在时光的足迹里，放映得更加真切。兄弟之义，姐妹之情，如同手足一样，彼此的关爱，不是简单的回报，它是一种同甘共苦，患难共存的亲情，是永远也割不断的。

现如今，我们很多人都是独生子，独生女，几乎没有兄弟姐妹，所以他们很难体会到这种幸福的手足之情，因此，拥有兄弟姐妹的朋友们，请你们怀着一颗感恩的心去珍惜和兄弟姐妹之间的感情吧，没有兄弟姐妹的朋友们，请你们把周围所有的人都当成自己的兄弟姐妹，珍惜和他们之间那份割不断的感情吧。

CHAPTER 9 | 第九课

感恩老师、同学，伴随我们不断成长▶

　　在学习的道路上，我们每个人的进步都离不开老师的培养，老师，给我们打开了知识殿堂的大门，为我们人生指引了航向，他们用爱托起了我们明天的太阳。在学习的旅途中，我们也缺少不了同学们的陪伴，如果没有他们，我们的学习生活会变得非常枯燥，是他们在我们困难的时候及时伸出援助之手，是他们在我们失意的时候给我们及时的安慰。让我们彼此感恩，共同成长。

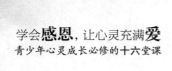

学会感恩，让心灵充满爱
青少年心灵成长必修的十六堂课

感谢老师为我们指出了人生的航向

在我们成长的道路上，要感激的人太多太多，但是有一个词语最亲切，有一声呼唤最动听，有一个人最值得我们感激，那就是"老师"。

在我们每个人的一生中，都会有很多很多的老师，有启蒙老师，有授业老师，甚至是一字之师、一理之师，因为他们，我们从无知无识变得学有所长，因为他们我们开始学会追求自己的目标，因为他们我们开始有了自己的梦想，是他们给我们传播知识，是他们给我们指引航向，是他们带领我们走向成功。

其实，在生活中，我们关于老师的赞美从来都没有中断过。有人说，老师是园丁，不断精心地为祖国培育栋梁；有人说，老师是蜡烛，燃烧了自己却照亮别人；有人说，老师是蜜蜂，在人间不断地辛勤劳作；有人说，老师是奶牛，吃的是草，挤出来的是奶；有人说，老师是灯塔，时刻给我们指引航向；有人说，他像轮船，载着我们驶向成功的彼岸。总之，我们每个人的一生都离不开老师，都需要老师的指点和教导。

里基·C·亨利从小就有一个梦想，就是当一名优秀的体育运动员，在他16岁的时候，里基·C·亨利的棒球已经打得相当出色了，当时，他的教练也对他充满信心，但是在高三的时候，里基·C·亨利对自己的梦想有了动摇。他的家里还有6个兄弟、3个姐妹，而且基本都在上学，家里经济负担非常重，为了帮助家里减轻负担，里基·C·亨利想离开棒球场找一份临时工作补贴家用。

在朋友的推荐下，里基·C·亨利找到了一份零工。对他来说，有了这份工作，不仅可以给自己买一个心爱的自行车，添置一些新衣服，而且可以攒一部分钱补贴家用。里基·C·亨利越想越觉得这是个诱人的工作，他想一定不能放过这个难得的好机会。

于是，里基·C·亨利鼓起勇气去找自己的教练，并把自己的想法告诉了教练奥利·贾维斯，教练听了后非常生气，厉声说道："你可以有一生的时间去工作，但是你能够参加比赛的时间能有几天？这个时间你浪费得起吗？"

里基·C·亨利低下了头，他在心里想着如何跟教练解释一下，自己家里需要用钱的时候，教练又问道："你准备干的这份工作能够赚多少钱？"

"3.25美元每小时。"里基·C·亨利低声回答道。

"什么？难道你的梦想就只值一小时3.25美元吗？"

奥利·贾维斯教练训斥完之后，耐心地给里基·C·亨利分析了打零工和训练棒球各自的前景是什么，告诉他要分清眼前得失和长远目标之间的巨大不同。直到里基·C·亨利明白了其中的道理。

听了教练的分析，里基·C·亨利全身心地投入到了训练当中，那一年，他被美国西南部匹兹堡市的派尔吉特棒球队选中，并且一次签订了2万美元的协议。不仅如此，他还在两次民众评选中当选为"全美橄榄球后卫"，在美国国家橄榄球联盟队队员第一轮选拔赛中名列第七。1984年，里基·C·亨利与科罗拉多州首府丹佛的野马队签订170万美元的协议，别说是补贴家用了，他还为自己的妈妈买了一所房子。

设想一下，如果里基·C·亨利没有恩师的劝告和教导，放弃棒球训练而选择去打零工，他的命运又会是怎样的？他还会在这么短的时间内就实现自己的梦想吗？很显然，答案是否定的。

在我们的人生中，面临选择的时候有很多很多，我们也许不能像里基·C·亨利那么幸运，可以接受恩师面对面的指点和教导，但是我们的每一次选择无不包含着恩师的辛勤劳动。是恩师在我们成长的道路上为我们传播知识，是恩师在我们前进的道路上，为我们指引航向。

老师是我们成长道路上的坐标和领航人。没有他们，我们就无法从懵懵懂懂中变得成熟，就不会从一无所知变得学有所长，就不会从无意识地度过人生到有目标地追求；没有他们，我们就不会有如此绚丽多姿的梦想，就不会知道理想的实现还需要我们自己去不断地争取和追求。

衷心地对天下所有的老师说一声："谢谢您，老师！"

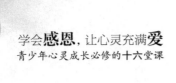

老师用爱托起明天的太阳

鲜花感谢雨露，因为雨露滋养着它的成长；苍鹰感恩长空，因为长空让它飞翔；高山感谢大地，因为大地让它们高耸‘我们感谢老师，因为老师为我们打开知识的大门，指引我们航向，老师用爱托起了明天的太阳。当我们从牙牙学语的小孩到渐渐懂事的小学生，从求知若渴的少年到展翅高飞的成人，从一个门外汉到术业有专攻，老师的作用始终都贯穿其中。感谢老师，谢谢老师浓浓的师爱伴随我们左右。

著名的教育家霍懋征老师经常说的一句话就是：没有爱就没有教育。她认为，一个老师必须热爱自己的学生才能教好他们。同时，她也用实际行动爱着自己的每一个学生。

霍懋征老师曾经说过她的这样一个经历：在一次课堂上，霍老师提出了一个问题，班里的同学都举起了手，霍老师就把这个回答问题的机会给了班里成绩最差的一个学生，结果这个学生站起来后，不会回答。

下课后，霍老师就把这位学生叫到办公室询问他："你为什么不会回答还举手呢？"学生听了后，哭着说："老师，别的同学都会，就我不会，我如果不举手他们肯定会笑话我。"

霍老师明白了，原来这位学生有着一颗强烈的自尊心。于是她私下告诉这位同学："下次我提问的时候，如果你会回答就举左手，如果不会回答就举右手。"

在以后的课堂中，霍老师如果发现这位同学举左手，就让他回答，举右手就不让他站起来。过了一段时间后，这个学生变得开朗了起来，学习成绩因此有了很大的提高。霍老师发现这个方法不错，于是就告诉了班上其他几个学习不好的学生，结果整个班的成绩都有所提高。

霍老师非常爱自己的学生，尊重自己的学生，她知道这些处在成长期的孩子们是有强烈的自尊心的，她用自己的爱心给孩子们创造了一个健康、自由的成长环境，让孩子们在她的悉心呵护下养成了接受教育、自觉学习的好习惯。

爱的魔力不可估量。老师用爱给了我们关怀，用爱融化了我们心灵上的冰川，用爱缩短了师生之间的距离。这种无私的爱对每一个学生都是一种激励，一股暖流，这种不是亲情却胜似亲情的爱，让我们怎能不去感激，不去感谢呢？

一天，在一个穷人区里，有一位小学老师让她的学生画下最让自己感激的东西。她心想可能会让这些穷人家的孩子感激的东西不是很多，无非就是画桌上的烤火鸡和其他一些食物。不一会儿，同学们就都画好了，果然不出老师所料，他们的画板上基本上都是些自己爱吃的一些东西、食物，但是当她走进杜雷拉斯的身边时，她感到非常惊讶，画板上是以幼稚的笔法画成的一只手。谁的手？班里的同学都被杜雷拉斯的图画给吸引住了。

"哦，我想这一定是上帝的手吧。"一个孩子猜测说。

"不，我觉得这是一位农夫的手。"另一个孩子抢着说。

一会儿，等同学们都安静下来各做各的事情的时候，老师走到杜雷拉斯的身边，问："这是谁的手啊？"

"老师，这是你的手！"杜雷拉斯低声回答。

老师明白了，她记起自己经常在休息的时候，牵着孤寂无伴的杜雷拉斯散步，她也经常如此对待别的孩子，但是对于无依无靠的杜雷拉斯来说却有着特别的意义。

有人说善良的本质就是有一颗感恩的心，有人说，一个人如果有了一颗感恩的心，那么他就是幸福的人。懂得感恩，才会懂得付出，懂得回报。对别人的付出，哪怕只是一点点，我们也应该学会感恩，感恩是我们应有的美德。当我们怀着害怕的心情第一次跨进校门的时候，是老师甜美的笑容给予我们安慰；当我们怀着一颗疑惑的心面对难题时，是老师帮我们一道道耐心讲解；当我们怀着惭愧的心面对错误时，是老师意味深长地教给我们做人的道理。

萤火虫的可贵，在于用那盏挂在后尾的灯传照后方，老师的可敬在于总是给别人提供方便。想到老师平时对我们点点滴滴的关爱，无论是谁，心情都会激动起来！老师的爱给予我们的太多太多，老师用爱托起了我们这些明天的太阳，感谢老师，师恩永不忘！

老师的激励是你成长的助推器

当人们提到什么爱是不求回报的时候，大家可能想到的都是父母，是的，父母的爱是一种不期回报的爱，是世界上最伟大的爱，但是细心的人会发现，还有一种爱也是不求回报的，那就是老师的爱。老师在帮助我们学会攀岩，学会飞翔的时候，她只希望我们可以飞得更高。没有他们的启蒙，我们就不可能不断地增长自己的学识，没有他们的精心培养，我们就不能够茁壮成长，没有他们的鼓励、激励，我们就很难在社会上站稳脚跟，就不会明白很多人生道理，可以说，老师是我们人生道路上另外一位伟大的恩人。

周迅在自己十八岁之前是一个没有理想的人，她不知道自己想要什么，那时候每天在浙江艺术学校里面跟着同学唱唱歌，跳跳舞，偶尔有导演找她拍拍戏，那就是她的生活。但是后来，有一个人改变了她，那就是她的老师。周迅说："要是没有老师跟我的那次谈话，那么也许直到今天，仍然没有人知道周迅是谁。"

那是1993年5月的一天，周迅的专业课老师赵老师找她谈话："周迅，你能告诉我，你对于未来的打算吗？"

周迅一下愣在了哪里，因为她没有想到老师会突然问自己如此严肃的问题，她更不知道该怎么回答这个问题。

老师继续问："你对你现在的生活满意吗？"周迅摇了摇头。

老师说："不满意就好，不满意说明你还有救。你现在想想，你十年之后会是什么样？"

虽然老师的话很轻，但是却像一块石头压在了周迅的心里。她开始在脑海里思索自己的未来，沉默许久，周迅看着老师的眼睛，坚定地说："我希望十年后的自己能成为最好的女演员，同时可以发行一张属于自己的音乐专辑。"

"你确定吗？"

周迅咬紧自己的嘴唇说："Yes！"

老师接着对周迅说："好的，既然你确定了，那么我们就把这个目标倒着算回来。十年之后，也就是你28岁的时候，你是一个红透半边天的大明星，并且出了一张专辑。"

"那么你27岁的时候，除了接拍各种名导演的戏之外，一定还要有一个完整的音乐作品，可以拿给很多很多的唱片公司听，对不对？"

"再往前走，你25岁的时候在演艺事业上就要不断进行学习和思考，另外在音乐方面一定要有很棒的作品开始录音了。"

"23岁的时候你必须接受各种培训和训练，包括音乐和肢体上的。"

"20岁的时候你就要开始作曲，作词。在演戏方面就要接拍大一点的角色了。"

老师继续说："周迅，你是一颗好苗子，但是你对人生缺少规划，我希望你能时刻想想十年之后的自己，到底要过什么样的生活，到底要实现什么样的目标。如果你确定了目标，那么希望你从现在就开始做起。"

听了老师的话，周迅意识到原来要实现这个梦想就应该马上开始着手准备，可是自己现在什么都不会，也什么都不想，因为一个小丫环、小舞女的角色就沾沾自喜。一股强大的压力朝着周迅内心深处袭来。

自此以后，周迅开始努力奋斗，她时刻把老师的话记在心里，毕业后先后拍了《那时花开》、《大明宫词》、《橘子红了》被大家所接受的电视剧，并且在十年后的2003年，拥有了属于她自己的专辑——《夏天》。

正如周迅所说，如果没有老师当年的鼓励，可能就没有人会知道周迅是谁。在我们成长的道路上，奋进的过程中，老师的鼓励是我们成长的助推器，老师为了我们不断地扮演着各种角色：他们一会儿是严格管教我们的老师；一会儿又是关心我们的家长；一会儿又成为我们无话不谈的朋友……

为了我们能够有所成就，为了我们能够少走弯路，他们付出了太多太多。

老师的恩情，和父母对我们的养育之恩一样，是我们取之不尽用之不竭的动力源泉。莫忘师恩，他是我们人生道路上的另一个指引我们前进的坐标，他的鼓励是我们成长的助推器。永记师恩的人，是能够获得我们尊敬的人！

感谢同学给予你的陪伴

在我们步入幼儿园的那一刻开始，我们的身边就多了一个群体，那就是"同学"，于是我们就在同学的陪伴下，从幼儿园走到小学，从小学走到初中，从初中走到高中，……当然还有很多人一直在同学的陪伴下走到了博士，甚至更高的学位。

可以说，在我们学习的道路上，已经离不开学生的陪伴，没有他们，我们的学习道路将会非常枯燥。没有他们，就没有人陪我们一起背诵课文，没有人陪我们一起解决难题，没有人陪我们一起踢足球，没有人陪我们一起踢毽子，也没有人陪我们一起打闹。可以说，在我们生活和学习的道路上，少不了同学的陪伴。大家在一个集体里，互相帮助、互相竞争，最后才能够共同成长进步。

张海滨在学校里一直是一个学习优异的学生，在全校排名基本都是前十。不管是老师还是家长都认为海滨考上市里重点高中绝对不成问题，可是就在初三下半学期距中考还有三个月的时候，不幸降临在了他的身上。

那天海滨和往常一样骑着自行车和同学们有说有笑地回家，突然对面疾奔而来一辆汽车，海滨没有来得及躲避，让汽车给撞了一下，飞到了路边。海滨被同学们送到了医院，虽然保住了性命，但是由于身上多处骨折，医生让他卧床静养2个月。

这件事情很快就在班里的同学之中传播开来。第二天放学后，同学们都去了医院看望海滨，可是医生只让他们进去一个人，于是班长李倩进去了，看到班长来了，海滨先是表示感谢，然后告诉班长："我现在这样子，不能去上课了，马上就要中考了，我可怎么办啊？""不用担心，你的事情同学们都知道了，同学们今天都来看望你了，但是医生不让进，相信我们大家都会帮助你的。你现在的任务就是好好养病。"

出来后，他把所有的同学召集在一起商量："我们现在一定要帮助海滨，马上就要中考了，我希望能够腾出时间的学生告诉我一声，然后我们排个时间表，每天轮流给海滨补课。好了，愿意帮助海滨的同学举手给我示意一下。"只见，当时所有的学生都举起了手。

第二天，班长把这件事情告诉了班主任，班主任高兴地说："李倩好样的，我还准备今天开班会讨论这个事情呢。既然你们已经决定了，就好好加油，但是不要落下自己的学习啊。"

这一天开始，班里的同学放学后轮流去给海滨补课。由于海滨成绩以前一直比较优秀，所以，很多没有海滨学习成绩好的同学，都比之前更加认真地学习，生怕到时候还没有海滨知道得多。

就这样，在同学的陪伴和帮助下，海滨没有落下一节课，两个月后，海滨出院了。紧接而来的就是中考，中考成绩出来了，很多人都没有想到，海滨以全校第一的成绩被市重点高中录取，而班里的其他同学成绩也都比以前考得要好。

在大家离校聚会的那一天，海滨站在讲台上给所有同学深深地鞠了一躬，他满含泪水地说："同学们，谢谢你们！谢谢你们的陪伴和帮助！"

岁月悠悠，其实我们哪个人又不是在同学的陪伴和帮助下一步一步走过来的呢？如果说老师是我们成长道路上的指路人，那么同学就是我们学习道路上的搀扶者，是我们一起面对困难，相互鼓励的好伙伴。因为有了同学的陪伴，我们才不会在漫漫求学之路上感到孤单和寂寞，有了同学的陪伴，我们才会在困难面前鼓起自己的勇气，有了同学的陪伴，我们的生活才会更加丰富多彩。

感谢同学，谢谢他们曾经的一个不经意的鼓励或者嘲讽，谢谢他们曾经的关心和嫉妒，谢谢他们的默默陪伴。谢谢他们给我们以后的人生留下了宝贵的回忆。

感恩同学，对你的理解和包容

我们在和同学交往的过程中，不可避免地会和同学发生一些矛盾、摩擦或者不快，在遇到事情的时候，很多同学都有一些不好的习惯，就是在别人身上找问题，在双方发生矛盾的时候不想自己是否有错，而是把责任都推到对方的身上，等待别人道歉或妥协觉得那是理所当然的。

其实，一个巴掌拍不响，这种问题其实是双方面的，遇事要学会冷静处理，如果发现是自己的错误，就主动地向同学道歉，而如果是同学的错，那么我们应该有一颗包容的心，给予对方谅解。俗话说："人非圣贤，孰能无过。"其实这又何尝不是我们对同学的一种感恩呢？

在二战期间，有一支部队在森林之中与敌军相遇，发生激战，最后，有两名战士奥尼尔和吉米跟队伍走散，失去了联系。此时的他们没有放弃希望，相互鼓励，相互安慰，艰难跋涉地前行着。过了一周后，他们还是没有找到队伍，不过幸运的是他们在森林里打死了一只鹿，有了这只鹿，他们又可以艰难地度过几日了。然而很快，这只鹿就已经让他们吃的所剩无几了，只剩下一小块挂在奥尼尔的后背上。而在这段时间里，他们在森林里也没有见过任何动物。

这一天，他们在森林里又遇到了敌军，经过激战，他们两个巧妙地躲过了敌人的攻击，而就在他们自以为走进安全地带的时候，只听到一声枪响，走在前面的奥尼尔中了一枪，所幸的是，伤口在肩膀上，这时候，走在后面的吉米惶恐地走上前，紧张得语无伦次，看着奥尼尔肩上的鲜血，他流下了眼泪，撕扯着自己的衣服为奥尼尔包扎着。

到了晚上，吉米一直在嘴里不停地念叨着他的母亲，因为他们两个都认为自己的生命就要结束了。第二天天亮，他们被部队给救了。

30年后，奥尼尔说："其实当年开枪打我的人不是敌军，而是我的朋友吉米。在他当时给我包扎的时候，我碰到了他发热的枪管，但是当晚我原谅了他。

因为我知道他是想要独吞我们仅剩的那点鹿肉，他想活下来去见他的母亲。战争太残酷了，他最终还是没有见到他的母亲，我和他一起祭奠了他的母亲，去年他去世了，在离开人世之前，他跪在地上请求我原谅他，但是我没有让他说出来。因为我早都原谅了他，30年来，我始终装着不知道，也从来没有提及此事，他是我的朋友，我没有理由不宽恕他。"

人无完人，你的同学难免会有一些缺陷、问题，理解和宽容是解除痛苦的最佳良药，它能让你们之间的友情更纯洁，更高尚。正如民间俗语所说："你帮别人快忘记，别人帮你要牢记。"这是一句教人加强道德修养、宽厚待人的处世良言。在当今社会，人们的交往面要比过去宽广得多，你接触的人越多，人际关系就越复杂，自然矛盾和碰撞也就越多，如果在出现问题的时候，不能够给予对方理解和宽容，其实也是在给自己的心灵添堵。

罗伊是一个心胸宽广的人，一次，罗伊与好朋友特雷西和吉尔森一起外出旅游。在他们经过一处非常陡峭的山路时，罗伊不小心滑倒了，眼看罗伊就要摔下万丈山崖。就在这个关键时刻，特雷西猛地一把手抓住了罗伊的衣襟，将罗伊救了上来。救命之恩，罗伊不知如何感谢，于是他拿把刀子在路边一块大石头上刻了一行字：某年某月某日，特雷西救了罗伊一命。

接着，他们继续前行。在海边的时候，因为一件小事，特雷西和罗伊吵了起来。特雷西一激动，就打了罗伊一记耳光。这时候罗伊没有还手，而是跑到沙滩上写下了一行字：某年某月某日，特雷西打了罗伊一记耳光。没一会儿，一阵风过来，沙滩上罗伊写的那行字就已经没有了。

吉尔森问罗伊说："你为什么把特雷西救你的事情写在石头上，而把他打你的事情写在沙滩上，你看不是白写了吗？"罗伊笑着回答："我把特雷西救我的事情刻在石头上，是因为我要永远感谢特雷西对我的救命之恩，而把他打我的事情写在沙滩上，就是希望这件事情随着沙子的流动可以忘得一干二净。"

罗伊对于朋友给自己的帮助知道感恩，对于朋友的错误却选择宽容和理解，难道这不是我们需要学习的吗？人生在世，要互相理解、互相帮助；多反思自己

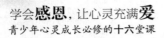

的不足，多感激别人的恩惠，少谈论别人的缺点，对矛盾不要老是耿耿于怀。如果我们每个人都能够做到这一点，那么我们的心胸会更加开阔，我们的生活会更加温馨，我们的前途也会更加宽广。

作为朋友应该如此，作为同学，我们更应谨记。在学习的过程中，我们应该善于帮助别的同学，多加关心自己的同学，对同学的帮助要表示感谢，对同学的缺点和错误要予以理解和宽容。

CHAPTER 10 | 第十课

感恩生活，让灰暗的日子变得幸福 ▶

    英国作家萨克雷说："生活就像一面镜子，你笑，它也笑；你哭，它也哭。"我们的一生可能会遇到许多的挫折和不开心，生活有灰暗的一面，也有阳光的一面，如果面对困难，面对失败，你总是一味地埋怨，那么你只会从此变得消沉、萎靡不振。为何不对生活抱有一份感恩之心呢？幸福源于感恩，仔细想一想，生活赋予我们每个人的其实都不少，只要你去好好地珍惜，灰暗的日子也会变得幸福。

感谢简单，简单是福

　　曾经在杂志上看过这样一篇文章，里面介绍的小鸟柳莺能够飞跃几万里的辽阔大海，而它依靠的却只不过是一根小小的树枝。柳莺累了，就在上面休息，饿了，就站在上面捕鱼，而等有了力气之后，它又开始自己的飞行。在整个飞行过程中，它可以舍弃自己的家园，可口的食物，美丽的风景，但是它从来不会舍弃自己那根小小的木棍。

　　可能在很多人眼里，柳莺是一只非常弱小的鸟儿，就连庄子他老人家在《逍遥游》里也说过，有资格飞越海洋的，只有身长数千里的大鹏，而至于像柳莺这样的小鸟，只配于蓬蒿之间盘旋打转，再高也飞不过屋檐。也有很多文人墨客，都咏叹过它的娇怯，如"花阑莺亦懒，不语似含情"；像"巧舞风燕翩，妖歌露莺哢"等等。在农村长大，见过柳莺的人可能也发现，这种小鸟连一个老母鸡都斗不过。但是，它真真切切地飞过了海洋，这其中的道理其实简单得不能再简单了，就是因为它凭借自己那份简单，完成了我们看来几乎完成不了的远征。

　　感谢简单，简单是福，如果我们每个人在面临小鸟一样的征程的时候，都像柳莺一样简单，那么我们也可以飞得很远，然而真正飞得远的人却少之又少。曾经有位哲人说过："如果每个人从小想成为伟人，那么我们每个人都可以成为伟人。"其实，只要你的思想够简单，有一个简单的愿望始终支撑着你，那么你就一定能够收获意想不到的成功。

　　在美国有一个研究所曾经悬赏征集一种白色的金盏花的种子。在这之前，金盏花有金色的，有褐色的，还有其他一些颜色，但就是从来都没有白色。一年过去了，没有人寄来种子，两年过去了，还是没有结果，十年过去了，人们把这件事情已经淡忘，二十年过去了，研究所的人也把这个悬赏的事情给忘记了，但是偏偏这个时候，他们收到了一包白色金盏花的种子。更没想到的是，这是一个年过花甲的老太太完成的。当人们问她是如何得到这包种子的。老太太笑着说："很简单啊，就是我年年都种金盏花，然后每年都挑选颜色较浅的花作为来年的花种，一年又一年，就得到了纯粹的银白色的金盏花。"

多少专业的研究机构都放弃了的事情，却让一个年过花甲的不懂遗传学的老太太梦想成真了。而老人的成功其实就是得益于简单，她抛弃了其他的一切，只想在有生之年做好这一件事，把其他统统置之度外，朝着一个目标，终于将所有人认为不可能发生的奇迹变成了现实。

我们说简单是福，就是因为简单能让我们在生活上知足常乐，让我们免去复杂甚至奢侈给我们带来的种种不必的烦恼和不堪的负担，让我们能长期处于一种淡泊宁静的心境之中，让我们清醒的明白什么才是自己该做的事。为此，我们要感谢生活中的简单，让我们体味到那一份独特的快乐和满足。

一群青蛙在一个铁塔下面摩拳擦掌，准备着爬向这个高耸的铁塔顶部，因为胜利者将会被列入青蛙家族的光荣史册。

比赛开始了。只见所有青蛙都跃出了起跑线，向着目标的方向冲去。这场壮观的比赛引来了无数的参观者，大家在铁塔下面你一言，我一语地议论着。

"天啊！这群青蛙是不是疯了，别说爬到铁塔顶部了，就算能爬到铁塔脚下也是天方夜谭。""可不是嘛，这种活动，他们也敢挑战，也不怕从上面摔下来。""快下来吧，别往上爬了，你看那个比你体力好的青蛙都已经放弃了。""听说上次有一个青蛙快到顶部的时候，摔下来，摔死了。"

只见，在人们的议论声中，第一只青蛙放弃了，它想："反正我爬上去，也肯定不是第一，还不如早点放弃。"接着，第二只青蛙放弃了，它想："反正我不是第一个放弃的，而且，那么高的塔，确实有点难。"

就这样，一只又一只青蛙放弃了比赛。但是有一只青蛙却没有听观众们的劝阻，一直拼命地往上爬，终于它爬到了铁塔顶部。一阵如雷贯耳的掌声过后，青

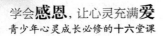
蛙记者跑上台想采访这位胜利者是如何坚持不懈、抵达成功的。然而，面对记者的提问，冠军显得目瞪口呆——原来，它是一只听不到任何声音的聋青蛙。

简单是福，正是因为简单，让我们在人生征程中敢于舍弃一些我们不必要的东西，正是因为简单，让我们能轻装上阵地去追求和实现生命最本质的意义；更因为简单能让我们专注于人生的某一个目标，扎扎实实地做好一件或几件我们应该且能够做好的事，为人类社会留下一点什么，让我们的生命因此丰富而真实。

简单是一种平淡，却不是单调；简单是一种平凡，却不是平庸；简单是一种美，而且是一种原汁原味的美。生活简单，简单生活是一种福分，值得我们感恩。守住一份平淡，守住一份简单和质朴，便守住了我们通往幸福生活的一道便捷之门。

得到的要感恩，失去的不抱怨

1972年，新加坡旅游局给总统李光耀打了一份报告，大概内容是说，我们新加坡不像埃及有金字塔，不像中国有长城，不像日本有富士山，不像夏威夷有十几米高的海浪，我们新加坡可以说，除了一年四季直射的阳光，什么名胜古迹都没有，要让我们发展旅游事业，实在是巧妇难为无米之炊。

当时李光耀看过报告后，非常生气，他在报告中写了这样一行字："你想让上帝给我们多少东西？有阳光难道还不够么？"

果然，新加坡抓住了这个上帝给予自己的阳光，他们利用那一年四季直射的阳光，种花植草，在很短的时间里，发展成为世界上著名的"花园城市"，连续多年，旅游收入列亚洲第三位。

得到的要感恩，失去的不抱怨，新加坡正是因为对上帝给予的阳光心存感恩并加以利用，才有了今天的辉煌。然而，在我们的生活中，却有很多人，像那位写报告的旅游局长一样，把目光只盯在自己失去的或根本就没有的东西上面，结果只能是让自己陷入不断痛苦的漩涡之中。

在一条河的两岸，分别住着一个和尚和一个农夫，和尚每天看见农夫日出而作，日落而息，生活非常充实，因此十分向往；而农夫看到和尚每天无忧无虑，诵经念钟，生活非常悠闲，因此非常羡慕。

慢慢的，时间长了，他们在心底都有了这样一个想法：到对岸去，到对岸去。

终于有一天，他们两个之间达成了协议，于是农夫变成了和尚，和尚变成了农夫。

过了一段时间后，做了和尚的农夫发现，和尚并没有他想象之中的那么美好，每天虽然很悠闲，但是却让人感觉无所适从，非常无聊，于是他又怀念起了自己做农夫的生活。

而做了农夫的和尚更是忍受不了农夫这种日出而作，日落而息的日子。尘世间的这种烦恼让他无法忍受，于是他又怀念起了自己做和尚的日子。

就这样，他们又都有了新的想法：到对岸去，到对岸去！

这个故事，其实就是在讽刺那些对自己所拥有的生活不知道感恩的人们。他们从来没有想过自己所拥有的东西是多么美好，只把眼睛盯在河的另一边，而真的涉水而过，到了河的彼岸的时候，才猛然惊醒，原来自己曾经拥有的生活才是最美好的。

台湾画家黄美廉女士从小就患了大脑麻痹症，这种病的病症就是让病人肢体失去平衡感，手脚会经常乱动，说话不清楚。

在常人看来，黄美廉别说有什么前途和理想，可能连最基本的正常生活都完成不了。

但是就是这样一个几乎没有语言表达能力的黄美廉却凭着自己的坚强意志，考上了美国著名的加州大学，并获得了艺术博士学位。她凭着自己手中的画笔和完美的听力，向世人抒发着她的情感。

在一次演讲会上，有一个学生向她提出了一个冒昧的问题："你从小就长成这样，请问你是怎么看待你自己的。"

黄美廉笑了笑，然后转身十分坦然地在黑板上写了这么几行字：

我很可爱

我的腿很美

爸爸妈妈很爱我

我会画画

…… ……

最后，她总结了这样一句话："总之，我只看我拥有的，不看我没有的。"

这是多么昂扬的一种人生态度，对自己所得到的心怀感恩，对自己所没有的从不抱怨，这正是黄美廉的魅力所在。现如今，我们一直生活在一个抱怨的世界里，各种各样的抱怨声不绝于耳，有人抱怨自己发展机会少，有人抱怨自己时运不济，有人抱怨自己长得不够高，……总之，对自己得不到的东西去抱怨，已经成为我们日常生活中的一部分。然而你有没有想过，这些抱怨使你的生活状况有所改变吗？我想不但没有，反而因为一味地怨天尤人，让你陷入不断退步的漩涡当中，最终别说是改变境况，可能连自己现在拥有的东西都会失去。

抱怨不如感恩，一个会感恩的人看到杯子里只有半杯水的时候，会说："太好了，还有半杯水呢。"而一个总是抱怨的人，会埋怨说："哎，怎么只剩下半杯水了。"一个是因感恩而乐观，一个是因抱怨而悲观，显而易见，两种不同的人生态度最终造就的是两种截然不同的人生。其实世界上没有什么事物是十全十美的，任何事物都有它的两面性，一个对生活心存感恩的人，就会看到事物好的一面，从而总是心情愉快，事事顺心。

正如英国作家萨克雷所说，生活就是一面镜子，你笑，他也笑，你哭，他也哭，当你对自己所拥有的心怀感恩的时候，生活就会赐予你灿烂的阳光，而如果你不珍惜自己所拥有的，而一味地对自己失去的东西满怀抱怨的时候，你最终很可能会一无所有。

得到的要感恩，失去的不抱怨，如果我们永远怀着一颗感恩的心，善于发现事物的美好，感受平凡中的美丽，我们将会以坦荡的心境，开阔的胸襟应对生活和工作中的酸甜苦辣，让原本平淡的生活焕发出迷人的光彩。

幸福源于你有一颗感恩的心

  人，生活在浮躁喧嚣的社会中，真正能够领悟幸福与快乐的真谛、发现自己人生价值的，是一些懂得知足、懂得感恩的人。因为他们领悟到幸福不是金钱，不是地位，不是情爱，不是香车宝马、功名利禄，更不是随心所欲、无法无天。

  幸福是一种心灵的感觉，是有灵性的东西，更是一种智慧，幸福虽然有很多外在的因素，但更多地取决于你的内心。

  在常人看来，"命运之神"对史上最伟大的科学家之———斯蒂芬·霍金实在是苛刻得不能再苛刻了。他口不能言，腿不能站，身不能动，但是霍金从来没有因此而抱怨过，他认为自己已经很幸福，很富有了，因为他知道他还有一个会动的手指，一个能思维的大脑……这些让霍金非常满足，他对生活充满了感恩之心，他曾经写下这样一段文字："我的手还能动；我的大脑还能思维；我有终身追求的理想；我有爱我和我爱着的亲人和朋友；对了，我还有一颗感恩的心……"

  如果我们在生活之中，都能像霍金一样用感恩的心来看这个世界，那么你就会觉得这个世界非常美好，非常可爱，非常富有！太阳无私的光明，田间蛐蛐的叫声，路边野花的芬芳，都会令你感到心旷神怡。而一个不懂感恩的人，即使他是家财万贯，他也是一个非常贫穷的人，也是一个毫无幸福可言的人，因为这种人不懂得珍惜和感恩自己所拥有的一切，在他们眼里，只能看到自己所没有的东西。

  英国作家萨克雷说："生活就像一面镜子，你笑，它也笑；你哭，它也哭。"人生在世，不可能总是一帆风顺，如果面对困难，面对失败，你总是一味地埋怨，那么你只会因此变得消沉、毫无斗志，所以，为什么不对生活抱有一份感恩之心呢？幸福源于感恩，仔细想一想，生活赋予我们每个人的其实都不少，

只要你去好好地珍惜，就一定能拥有很多的幸福。

有一个婴儿刚出生就夭折了，有一个老人寿终正寝了，还有一个中年人突然暴亡了。于是他们灵魂在通往天国的途中相遇了。

婴儿看见老人说："上帝真不公平啊，你都活了那么久，而我却等于没有活过，和你比起来，我等于失去了一辈子。"

老人听了后，抱怨地说："你几乎就没有得到生命，又何谈失去呢？而我活了这么长时间了，受到生命赐予的最多，所以现在最痛苦的应该是我，因为我失去的是最多的，长寿非福啊。"

边上的中年人，听了后叫了起来："你们谁有我惨啊！你们一个无所谓活不活，而另一个已经活够，而我却死在壮年之时，生命曾经赋予我的和将要赋予我的都失去了。"

他们正谈论着，不知不觉地来到了天国门前，突然一个声音在他们头顶响起："众生啊，那些已经失去的和未曾到来的东西都不属于你们，你们有什么可失去的呢？"三个灵魂听了后齐声高喊："上帝啊，难道我们三个之中就没有一个最不幸的吗？"上帝答道"有，而且不止一个，你们三个都是。因为你们都认为自己失去的最多，而被这个念头折磨的人都是最不幸的。"

有人说："你只有用感恩的心去面对自己的人生，你才会活得快乐和幸福。"幸福源于感恩，拥有了一颗感恩的心，你就没有了埋怨，没有了嫉妒，没有了愤愤不平，也就有了一颗从容淡然的心。也许你现在的生活并不富裕；也许你还不是一名优秀的学生；也许你的成绩还不让你满意；也许……不论什么原因，请你不要因为这些心生抱怨，抱着一颗感恩的心，在每天出门的时候，将自己打扮得清清爽爽，漂漂亮亮，昂起头，挺起胸，面带微笑，从容淡定地面对生活吧。

会感恩的人，才会享受生活

　　"知恩图报"自古以来就是我们中华民族的一种传统美德，而在新时期的感恩精神已经不再是狭隘的个人情感，而是"饮水思源"的博大情怀。当我们作为婴儿来到人世，什么都还没有做的时候，我们其实就已经开始享受着别人带给我们的恩赐了。因此，我们每一个人，都要有一颗感恩的心。

　　鸦有反哺之义，羊有跪乳之恩。只有心怀感恩的人，才会珍惜拥有，珍惜幸福。人的一生，不能忘记父母的养育之恩、老师的传道之恩、朋友的相帮之恩、夫妻的相伴之恩、自然的滋润之恩……会感恩的人，才会享受生活，生命当怀有一颗感恩的心，人生才会因此而幸福快乐。

　　有一个年轻人自认为自己看破了红尘，于是，每天什么都不干，懒洋洋地坐在树下晒太阳。有一个智者从他身边经过，问道："年轻人，这么大好的时光，你怎么不去赚钱呢？"年轻人回答说："赚了钱还得花。"智者又问："那你怎么不去结婚？"年轻人回答说："没意思，弄不好还得离婚。"智者又说："那你怎么不去交朋友？"年轻人说："没意思，交了朋友弄不好会反目成仇。"智者递给年轻人一根绳子说："那干脆你上吊吧，反正也得死，还不如现在死了算了。"年轻人说："我不想死。"智者于是说："生命是一个过程，不是一个结果。"年轻人猛然醒悟。

　　这个故事告诉我们：一个不知道感恩的人，会认为生活和工作毫无乐趣，自然也就不会享受生活。有人说："生命就像一个括号：左边括号是出生，右边括号是死亡；我们要做的事情就是填括号，要努力争取用精彩的生活、良好的心情把括号填满。"还有人说："人生就像一场旅行，不在乎目的地，在乎的沿途的风景以及看风景的心情。"的确，生活的好坏不在于结果，而在于自己对生活的态度。当你对生活有着火一样的热情，你的生活到处呈现精彩。当你怀着一颗感

学会**感恩**，让心灵充满**爱**
青少年心灵成长必修的十六堂课

恩的心去体会生活，你将发现你的身边到处充满了爱！

在美国西雅图有一个非常特殊的卖鱼市场叫做Parkplace Market。这个市场卖鱼以及批发处理鱼货的方式都非常特殊，曾经被许多电视台报道过，而且那里已经是游客如织的观光景点。

在那里工作的鱼贩每天都是面带笑容，他们像合作无间的棒球队员，那些冰冻的鱼就像棒球，在空中飞来飞去。他们互相唱和："5条鲫鱼飞到堪萨斯了，8只螃蟹飞到明尼苏达去了。"

很多游客来到这里，看到那些快乐的鱼贩都不禁问道："你们在这样的环境下工作，为什么会如此快乐呢？"

鱼贩说，其实，在几年前这里的鱼市场是一个毫无生气的市场，所有的鱼贩都在整天抱怨自己的工作。但是大家认为与其这样去抱怨生活，不如改变一下生活的品质。于是他们从内心开始改变自己，把卖鱼当成是一门艺术，慢慢的，一个创意接着一个创意，一串笑声接着一串笑声，时间久了，他们就成为了鱼市场中的奇迹。

鱼贩们还说："我们现在练久了，个个身手不凡，都可以和马戏团的演员一比高下了。"

鱼贩们每天快乐地工作着，他们的工作氛围影响着周围很多的人。很多上班族都喜欢来到这里用餐，来感受他们开心的工作氛围，从而提高自己的工作士气；还有些人心情不好或是郁闷的时候就喜欢来这里逛逛。

鱼贩们已经习惯了给来这里的每一个人排忧解难，不仅如此，他们还经常会让顾客加入他们的接鱼游戏，很多顾客害怕鱼腥味，但是他们仍然愿意在热情的掌声中一试再试，意犹未尽。每一个愁眉不展来到鱼市场的人，在离开的时候都会笑逐颜开。

如果你认为你是世界上最悲惨的人，那么你就会在生活中产生一种错觉，感觉自己处处都不如意，久而久之，你就会成为真正悲惨的人；相反，如果你是一个会感恩的人，你就对生活充满了热情，自然你的心情就会好起来，你的生活就会快乐起来。

因此，在生活中，我们要学会感恩。也许你会说自己的生活是平淡乏味的，也许你认为你的工作是琐碎繁重的，也许……其实只要你愿意怀着感恩的心，快乐地投入其中，那么你的天空就不再是阴霾，你就更加可以体验到生活中的诸多精彩。

忘记不幸，你的人生才会更美好

莎士比亚曾说："一直悔恨已经逝去的不幸，只会招致更多的不幸。"在现实生活中，很多人常常因为自己曾经的不幸而始终怀恨在心，因为自己失去了一些曾经拥有的东西而无比心痛，或者因为自己曾经的某个过错而一直在内心深处留下阴影，不肯原谅自己。其实，大可不必如此，如果始终把过去的不幸放在心底，就会把自己困在一个死胡同里，不仅不能解决问题，反而会让事情变得更糟糕，让自己的内心永远得不到安宁，永远得不到快乐。

有一个画家拿着自己的画到集市上去卖，这时，有一个大臣的儿子在一群佣人的前呼后拥下走到了他的跟前，大臣的儿子在画家的摊前看了一圈后，挑中了一幅，但是画家却用一块布把它遮盖了起来，声称这幅画不卖。原来画家的父亲就是因为经常被这位大臣欺诈而心碎死去的。

大臣的儿子回家后因为没买到画而得了心病，变得憔悴起来。大臣知道后，找到画家表示愿意出高价买他的画，但是画家宁愿把这幅画挂在自己的墙上，也不愿意卖给他，他对着这幅画自言自语地说："这就是报应。"

画家有个习惯，那就是每天早晨都要画一幅他信奉的神像，这也是他表示信仰的一种方式。但是一段时间后，画家总觉得自己画的神像和之前画的日渐相异。他感觉很苦恼，但是始终找不出问题的原因出在哪里。后来有一天，他画完神像的眼睛后，突然惊叫了起来。原来，他发现他画的神像的眼睛跟那位他所憎恨的大臣的眼睛一模一样，就连嘴唇也十分相似。

画家撕毁了画像，悲声高喊："难道这就是对我的报应吗？"

试想一下，如果画家能够忘记过去的不幸，豁达一些，把画卖给大臣，又怎会既伤害了别人，也让自己遭了报应。过去的痛苦和不幸也许曾经让我们身心疲惫，甚至令我们深感屈辱，但是我们应该明白，过去的已经过去，未来的影像是由我们现在的思想所决定，未来的美好生活需要我们自己去创造。只有将过去的不幸锁进生命的长河，踏上新的征程打造未来，才能获得成功，感受快乐。

有一个妇人外出办事，结果不小心将自己的伞给弄丢了。于是在回家的路上，她心里一直十分懊恼，一路上不停地责怪自己为什么这么粗心，还时不时地在脑子里回忆自己到底把伞给丢到哪儿了。看到街上有人提的伞和自己的颜色或者样式相似，她就在想这个伞会不会就是我丢的那把伞。就这样在一路的怀疑与埋怨中，她不知不觉地来到了家门口，可是这时，她忽然发现自己的钱包和钥匙不见了。原来，她一路上因为一直惦记着自己丢雨伞的事情而心不在焉，结果连自己的钥匙和钱包丢了都没有发现。

这位妇人因为始终忘不掉自己"丢雨伞"这个小小的不幸，而招致了更大的不幸。其实，我们生活中的很多人又何尝不是这样？对那些已经发生的事情耿耿于怀、反复思虑，无疑是在白白浪费自己的精力。既然那些不幸已经发生，已经发生的事情无法改过，为什么不怀着一颗感恩的心豁达地将其放下呢？要知道我们不属于昨天，而是属于当下和未来，过去的一切就像流沙，回不来，也抓不住。忘记从前的不幸，拥抱现在，迎接未来，才能展现我们生命中向上的力量，我们也才能从中感受到前进的快乐。

"甲骨文公司"的总裁埃里森说："我的生母遗弃了我，我的养母死于癌症，我曾认为这些都是影响我的重要因素，但是事实果真如此吗？"埃里森不仅没有因为这些不幸而去抱怨，反而为自己的母亲辩解道："她那时很年轻，而且还没有结婚，即使她想照料我，但这对她而言是件很难做到的事情。其实，我应该因为她当时没有把我从娘胎里打掉而感谢她。"

一个人只有懂得把过去的不幸和痛苦放进历史，他才有可能创造出更大的辉煌。忘记曾经的不幸，摆脱掉负面的思维习惯，保持积极乐观的心态去专注于你的现在和未来，你的人生之路肯定会被你描绘得更加绚丽。

原谅生活，是为了更好地生活

宋代大诗人苏轼说，"人有悲欢离合，月有阴晴圆缺，此事古难全。"他把人世间的悲欢离合比作月亮的阴晴圆缺，意在告诉人们没有谁的生活是那么完美无缺，总会或多或少的遇到不顺心的事，会碰到一些不顺眼的人，如果你不学会原谅，就会让自己活得很累，活得很痛苦。

原谅生活，是为了更好地生活，一个懂得原谅生活的人是一个乐观的人，是一个幸福的人。原谅是一种风度，是一种情怀，原谅是一种溶剂，一种相互理解的润滑油。原谅像一把伞，它会帮助你在雨天里行路。

有一位哲学家，当他年轻时还是一个单身汉的时候，他和自己的几个朋友挤在一个非常小的屋子里头，尽管每天的生活非常不便，但是他过得非常开心，每天都是乐呵呵的。

有人问哲学家说："你和那么多人挤在一起住，连翻个身都困难，你为什么每天还那么乐呢？"

哲学家笑着说："我每天都和很多人在一起，有说有笑的，互相交流思想，交流感情，难道这不是一件幸福的事情吗？"。

过了一段时间，跟他住在一起的朋友们纷纷成了家，搬了出去，就剩下哲学家一个人住在那里，每天的生活非常孤单，但是他还是每天非常开心。

那人见了又问："现在没有人和你交流思想和感情了，就剩下你一个人孤孤单单的，你有什么值得高兴的呢？"

哲学家依然微笑着说："你看，现在没有人打搅我，我可以看很多的书，一本书就是一个老师，每天有这么多老师陪伴着我，教育着我，这怎么能不令我高兴呢？"

过了几年，这位哲学家也结了婚，他搬进了一座楼房里，这座楼房总共六层，非常老了，而他住在环境最差的一楼，每天都有很多人从上面往下倒污水、丢死老鼠、扔臭袜子等一些乱七八糟的东西，但是哲学家从来没有因此而显出不快乐的样子。那人好奇地再次问道："你住在这样的房子里，也感觉高兴吗？"

哲学家面带笑容地说："是啊，你都想象不到在这里生活多么方便。每天进门、出门我都不用爬楼梯；搬东西也很方便；朋友来了也都不用到处询问我的地址……还有，这里要比我以前住的房子好多了，在门口还能养养花，种种菜，如此多的乐趣，我又怎会感觉不到幸福呢？"

后来，这个人在路上碰见了哲学家的妻子，于是对她说："你丈夫每天都过得那么开心，但是我觉得他的处境并不是很好。"

哲学家的妻子，听了之后回答说："一个人快乐与否，跟他的处境没有关系，关键在于他的心境。"

原谅生活是为了更好地生活，哲学家虽然生活的处境并不是很好，但是他没有跟自己过不去，也没有跟生活过不去，而是选择一种积极乐观的心态去生活，所以他过得很开心，非常快乐。

其实想想，原谅生活何尝不是一种让自己幸福，让自己生活得更好的一种积极有效的方法呢？一个懂得原谅生活的人不仅可以淡化所有的不公，可以超脱世俗的恩怨，而且自己可以正视生活的全部，缓解和慰藉自己所有的不幸。

原谅生活是为了更好地生活，当你和别人发生摩擦的时候，学着原谅对方，退一步海阔天空，不妨试着给对方一个微笑，也许你会有意想不到的效果；当你不能出人头地的时候，不能才华横溢，不能成为富翁的时候，不妨原谅自己，别抓着自己的缺点紧紧不放，对自己不要苛求，给自己一些信心，你会发现你的人生原来还有很多机会。

原谅生活是为了更好地生活，原谅生活中的不公平，你会知道自己是一个心胸宽广的人；原谅生活中的烦恼，你会知道自己是一个乐观向上的人；原谅生活中的痛苦，你会知道自己是一个坚强勇敢的人……原谅生活，你就能把握生活；原谅生活，你就能善待生活，原谅生活是为了让你更好地生活！

CHAPTER 11 | 第十一课 |

感恩工作，
工作代表着一个人的尊严和保障

　　《财富》杂志的一项调查显示：在失业的美国人当中，绝大多数人感到沮丧不是因为他失去了某个工作，而是失业让他们感到自己一文不值，没有了工作，他们的个人价值就难以实现。工作不仅是一种谋生的手段，更代表着一个人的尊严和价值，一个人如果每天都充满热情、毫无怨言地去工作，那么他就会把工作做得很出色，他就会通过工作得到一份满足感和成就感，他的个人价值就会在工作成果中得到展现。

感谢工作，给我们提供了生活保障

在当今这个以市场经济为核心的社会里，人们要获得最基本的生活保障，就必须用钱来买生活必需品和生活享用品，钱作为一种将劳动力换取生活用品的媒介，是我们每个人都必须拥有和使用的。

换句话说，我们的生活离不开一些必需品和享用品，而这些必须用钱来买，而钱必须用我们的劳动去获得，而劳动对于我们来说就是工作。也就是说，只有工作才能够让我们获得生活的保障。

为了保证我们每个人和家庭的正常生活，我们必须有一个稳定的经济来源，我们必须去工作，工作对于我们来说，最基本的意义就是让我们的生活得到保障。工作能获得薪水，获得报酬，为我们带来足以养家糊口的收入，是人们生存下来的根本；工作是我们的立身之本，没有工作的生活是毫无乐趣可言的。

很多人都见过"大黄蜂"，它是一个身躯十分笨重，翅膀却出奇短小的一种动物。生物学家说，这种身体结构的动物按说是不可能飞起来的，因为人类见到的几乎所有会飞的动物都是那种体态轻盈、翅膀宽大的。物理学家也纳闷：大黄蜂的身体和翅膀的比例完全不符合流体力学的基本原理，怎么可能飞起来呢？

但是大黄蜂却真的会飞，不仅会飞，而且飞得一点也不差。会飞的真正原因到底是什么呢？最后，社会学家给出了答案：那就是大黄蜂无暇去考虑自己的体格是不是适合飞行，对它而言，要想生存，就必须得到食物；要想得到食物就必须飞上天空。生存的本能激发了它生命的潜能，将很多人认为的不可能变成了一种现实。

其实，事情就是这样，很多人觉得让别人知道自己工作是为了养活自己，为了生存是一件很丢人的事情，是一件让人沮丧的事情。但是还有什么比养活自己，让自己过得更舒服一些更重要呢？

人们通过工作，获得自己所需要的金钱和生活保障，这是每一个社会人最为直观和基础的自我满足。当你从开始工作的那一天起，你为你的老板工作，你的老板为你发放薪水，这是再正常不过的一件事情了。然而，有很多人却意识不到这一点，他们不知道自己在为谁工作，工作的时候总是抱着一种消极的心态，认为自己所做的一切都是在为老板服务，而没有意识到工作给自己带来了什么。

王思思本是个很有才华的年轻人，大学毕业刚踏入社会，就找了一份相当不错的工作，但是王思思对待工作总是漫不经心。她对待自己工作的态度和我们经常听到的一样："我是在为老板打工，又不是为自己工作。"因此，她在工作中毫无责任心而言，老板一转身，她就会懈怠下来，没有监督她就不可能好好工作，遇到任务总是推诿塞责，不思进取，经常以种种借口遮掩、推诿责任。最后，王思思被公司炒了鱿鱼，而要再找到这样一份好的工作，谈何容易？

有了工作，我们才能吃上饭，交上房租；有了工作，我们才可以买漂亮的衣服，出去旅游。然而却有很多年轻人像王思思一样，不懂得珍惜自己的工作，不知道感恩自己所拥有的一份工作，不知道自己目前所拥有的一切都是用工作来换取的，结果整天对工作敷衍了事，不负责任，最后是丢了工作，没了生活保障。

我们大家都知道，一个人一天只有24小时，在这段时间里，除了睡觉、吃饭、上厕所的时间，剩下的大部分时间我们都是在工作，工作是人类生存的一种方式，它让我们拥有了一定的物质基础。

因此，我们应该感谢工作，感谢它让我们满足了自我生存的需要，让我们的生活有了一份经济保障。

懂得感恩的人才会获得事业的成功

在我们踏入社会前，可能会听到有人这样告诫："现在找份工作不容易，如果找到了一份工作，薪水很高，那算你的运气好，要努力工作，心怀感恩；而如果薪水不多，那么你更要懂得感恩，努力工作，在工作中磨炼自己的技艺。"

是的，当你刚刚步入社会的时候，不可能一下子就找到让自己十分称心如意的工作。一份不太理想的工作，不会让我们失去什么，反而会让我们收获很多。在这个世界上，一个成功人士在刚开始工作的时候都会抱有一颗感恩的心，对工作感恩，对工作负责，因此他们会比别人成长得更快，提升得更快，成功的更快。而一个失败的人会认为自己所得的一切都是理所当然，因此他们不思进取，碌碌而无为。

由此可见，如果我们能每天怀着一颗感恩的心去工作，始终牢记"拥有一份工作，就要懂得感恩"，那么我们一定会有很多意想不到的收获。

蔡平誉高中毕业后跟随哥哥到南方打工，由于文化程度比较低，蔡平誉也没有找到什么好的工作，而是跟着自己的哥哥在码头的一个仓库找了一份工作，主要是给公司缝补篷布。蔡平誉非常珍惜自己的工作，他工作非常努力，做的活儿也很精细，而且非常懂得节约，如果发现有人把线头碎布扔到地上，他就会捡起来，留做备用。

一天夜里，突然来了一场暴风雨。躺在床上的蔡平誉心想：这么大的风，会不会把篷布刮飞走了，为了确保货物没有被淋湿，蔡平誉从被窝里钻了出来，拿起手电筒，就向大雨中冲去。蔡平誉的哥哥看见他的行为，骂他是个十足的大傻瓜。

因为是露天仓库，检查起来非常费劲，但是蔡平誉还是冒着风雨一个一个地仔细检查着每一个货堆，如果发现哪个货堆有隐患，他就把篷布加固一下。正在蔡平誉检查的时候，一辆车停在了蔡平誉的身边，原来是公司的老板担心货物被淋，而专门来检查的。当老板看到所有的货物完好无损，而蔡平誉已经是一个"落汤鸡"的时候，当场表示要给蔡平誉加薪。

蔡平誉微笑着说："不用了，老板，我只是来看看我自己缝补的篷布结不结实，再说，我就住在篷布旁边，顺便看看货物有没有被淋湿，只是举手之劳。"老板看到自己公司能有这么一个诚实又有责任心的员工，感到非常欣慰，于是安排他去自己下属的一个分公司去当副总经理。

由于这个分公司刚成立不久，公司需要一批能力比较强的业务员，所以蔡平誉让人事部招聘一批文化程度比较高的大学毕业生。而蔡平誉的哥哥看到如今的弟弟有如此大的权利，就对弟弟说："你给哥哥我也找个好差事干干。"蔡平誉了解哥哥的个性，对他说："你不行。"

哥哥不解："我做业务不行，看大门总可以吧。"弟弟反驳说："不行，因为你不把公司的事当成自己的事，你没有责任心。"哥哥骂弟弟："你个傻瓜，真没良心，这又不是你的公司！"

几年后，蔡平誉经过自己的努力不仅获得了大学文凭，而且已经成为分公司的总经理，而他的哥哥还在码头给别人缝补篷布。

曾经有一位职业咨询专家说："一个人只有对工作抱着感恩的态度，才会重视身边的人、事、物，才会重视自己的工作、爱自己的工作，才能迸发出极大的工作热情，努力工作。"蔡平誉对自己的公司和工作怀有一份感恩之心，这种心态不仅突显了他的人格魅力和优秀品质，而且驱动着他不断前进，最终他得到了领导的青睐，获得了提升，而他的哥哥却在多年的工作中没有任何进步。

感恩是成功的基础，一个怀着感恩之心去工作的人，能够让自己从抱怨、消极、抵触、浮躁之中解脱出来，因而他会比别人更加快乐地工作，更加享受工作，这样的人得到的机会自然就会更多一些，收获自然也就更多。

懂得感恩的人才会获得工作能力的提升

　　曾经有人说过这样一句话："一个人的成功，10%归结为个人能力，5%归结为运气，另外85%归结为一个人健康积极的心态。"何谓健康积极的心态？两个字可以概括为"感恩"。一个人即使能力再突出，如果不懂感恩，就会吝啬付出，也就创造不出更多的价值；然而那些能力一般，却能兢兢业业、倾心付出的人，常常能超水平发挥，创造出令人意想不到的效果，这就是俗话说的"拿2级人才办1级事情"。一个人的能力固然重要，但并不代表有能力的人就是上司心目中的优秀员工。

　　能力不等于优秀，片面强调能力的结果是很可怕的。经常有这样一些实例：某国赫赫战将在关键时刻投敌叛国；某公司职员向竞争对手泄露大量公司机密；某业务员跳槽时带走公司大批客户；某些员工玩忽职守……这些人的能力是毋庸置疑的，但感恩心的缺失，给自己曾经的国家或企业酿成无法弥补的损失。

　　张岩和李俊在同一家大型商场任职，职位相当，都为物料采购员，薪水也相同。一段时间后，张岩很困惑，自己还在原地踏步的时候，李俊已经升职为自己的主管。张岩觉得论其能力，两人不相上下，他断定肯定是老板有私心，偏袒李俊。

　　有一天，他终于将自己的满腹牢骚像老板摊开。老板听着，思索了一下，给他安排了一个任务："你去附近那个集市上，看看今天有什么东西卖的。"

　　张岩带着疑惑走出去了。片刻之后，他回到老板办公室复命："今天下雨，整个集市上很冷清，只有一家卖白菜的。""有多少？"老板问道。张岩迟疑了一下，飞快跑出去了。

　　10分钟后，张岩告诉老板："一共有10袋，约300斤左右。""那么价格是多少呢？"张岩不得已又跑出去了，边走边抱怨："就是向他问了升职的为什么不是我，至于这么折腾我吗？问题不一次问清楚，害我一次次地跑？"之后，张岩将问来的价格告诉老板。"现在你就在我这里等答案，看看同样的任务李俊是怎么完成的。"老板笑着说。

李俊接到任务20分钟后回来汇报到："集市上目前只有一家商铺出售白菜，共300斤，批发价：超过100斤，6角/斤；超过200斤，5角/斤。另外根据了解，此家商铺的西红柿、芹菜、冬瓜销路一直很好，但价格比我们先前采购此类蔬菜的价格便宜。我们会根据质量再做评估和选择……"

张岩对李俊的做法也颇感意外，他终于明白老板的良苦用心以及自己的症结所在：自己每天都在做事，但被动不积极，做事不到位，只想着完成任务即可，却从来没想着怎样做到最优秀。这就是两个人的差别所在。张岩心服口服，对着老板深深鞠了一躬，微笑着走进了自己的办公室。

这就是优秀员工和非优秀员工的区别，也是有无感恩心的差别。感恩的员工，他惦记着的是老板的信任，公司的栽培，他人的支持才有了今天的工作，因此他会尽最大的努力去做一名优秀的员工，处处把工作做到最好；而不知感恩的人，只会把工作当成谋取薪水的手段，做事做到七分好，"合格或称职"是他们的终极工作目标，尽管有能力，也只是量力而为或量薪水而为之，甚至，有些人，还会凭借自己的能力，以出卖集体利益获取个人私利，心何以堪？

一位上尉在训练新兵时这样说到："在战场上，只有最优秀的士兵，才能活着回来，而那些有实力却畏畏缩缩，只想保命的士兵，从走向战场的那一刻起，他的生命就以分钟为单位倒计时了。"有些人经常抱怨自己才华被埋没，不受上司器重，被公司忘掉……之所以这样，不是因为你的能力不够，是因为你不够优秀。能力每个人都有，否则你不可能被公司雇用，但是能力的目的是让自己优秀，如果没有达到这个目的，你的能力也就不起作用了。"千里马"要被"伯乐"识中，必须能够在众多马中脱颖而出，只有"千里马"足够优秀才能让"伯乐"快速识别。

要成为一个优秀的员工并不困难，那就是心怀感恩，要明白你不是为了老板而工作，而是为了自己，任何业绩都需要自己付出努力才能得以实现。感恩，促使能力和优秀并肩而行。无论能力大小，多做一点，多一点敬业精神和忠诚之心，成功就会迎面而来。

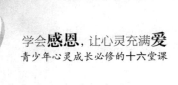

心怀感恩，脚踏实地地工作

　　感恩，是一个严肃而沉重的话题。在西方国家，有特定的日子"感恩节"让人们用特殊的方式来表达感恩之心。而在我们中国，虽然没有特定的日子来让我们去感恩，但是我们传承下来的奉献与答谢、孝顺与尊恭，无不体现出一种感恩的理念。这种感恩的理念，几千年根深蒂固地深植在我们中国人的心中。那么，我们又该怎样表达感恩的心呢？在节假日的时候，给家里打电话报个平安，道声祝福就是一种感恩；对待周围的人见面说声"您好"也是一种感恩……

　　那么在工作的时候，怎样的态度和行为才是感恩呢？答案非常简单，就是：努力做好自己的本职工作，脚踏实地地做好工作中的每一件事。

　　李若鹏大学毕业后准备去父亲开办的公司做管理工作，但是遭到了父亲的拒绝，父亲安排他去别的公司先锻炼一番，李若鹏非常不高兴，但是只能听父亲的话。于是他投简历，参加面试，进入了一家公司。

　　在这家公司，老板给他安排的工作是基层销售员，这让李若鹏心里很不平衡，他想：我父亲是大企业的老总，我又是名牌大学毕业，怎么可以让我做这么卑微的工作呢，我也混得太惨了吧。就这样李若鹏在这家公司混了三个月。在这三个月里，李若鹏不仅没有做出任何业绩，而且对公司的各项规章制度视若惘然，根本就不珍惜这个工作机会，公司老板非常生气，但是碍于跟他父亲的交情没有辞退他，但是没有想到的是，李若鹏自己提出了辞职，理由是他要自己去创业。

　　李若鹏找到自己父亲，开口问他要10万块钱，并对父亲说："你给我10万块钱启动资金，等儿子我赚了钱，我给你按银行利率还清。"父亲想劝阻他，但是话到嘴边又咽了回去。父亲把钱给了他，让他给自己打了个借条。儿子边打借条边兴奋地说："爸，之前我是给别人干，不用心，现在我是给自己干呢，一定能干好！"

很快，李若鹏的公司就开业了，但是毫无工作经验的他，根本不会经营管理，刚开始时，一直没有业务，后来好不容易有了业务又因为没有履行合同而丢了订单，再后来就更惨了，李若鹏因为草率决策被人骗了钱，才刚一个月的时间，他的10万块钱就打了水漂。

再次失败的李若鹏，垂头丧气地回到父亲的身边。父亲对儿子说："你也别丧气，你今天的失败是我早就预料到的，我问你，你知道做好一份工作需要的是什么吗？"

李若鹏茫然地看着父亲。

"是感恩和脚踏实地。"

"我再问你，你知道办好一个公司需要的是什么吗？"

李若鹏摇了摇头，

"还是感恩和脚踏实地。"

"一个人如果不懂得感恩，不知道脚踏实地地工作，就不可能做好本职工作，更别说去创业了。我之所以不能把公司交给你，就是因为你不明白这一点，起初让你出去锻炼就是想让你通过工作得到成长，可是你却不珍惜来之不易的工作机会；后来你要创业我更是不想让你去做，但是考虑到让你亲身经历一下失败可能会更好，所以就没有拦着你。那10万块钱你慢慢还吧，相信你明白了这个道理，你的前途一定会非常宽广。"

每个人都会有自己的人生目标，而这个目标不可能一天就完成，它是需要时间的积累。如果你要比别人更快地实现自己的目标就需要通过感恩和脚踏实地把自己和别人区分开来。在实现目标的过程中，我们难免要从最简单的工作着手，一步一个脚印地往前走，而这个过程中，心怀感恩的人会走得比别人更加轻松、愉快。

人力资源专家表示，许多知名企业在招聘员工时，看重的不仅仅是他们的专业知识，而是他们处理问题的方式和融入企业的速度，换句话说，就是能否怀着一颗感恩之心去踏实做人、做事。

如果对于老板布置的任务，你可以用心做好它，可以脚踏实地地执行它，把上级布置的每一份工作都当作关系成败的大事来对待，那么，你做的每一份工作

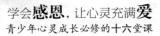

其实都是在为自己的事业大厦加砖添瓦，怀有感恩之心的你就会不由自主地要求自己尽善尽美了，从而在工作中实现自己的人生价值，实现自己的理想。

心怀感恩，不抱怨地工作

在职场中，很多人总是抱怨自己的工作是如何不称心，抱怨工作环境是如何不舒适，抱怨老板的素质是如何差，抱怨公司给的薪水是如何不公平，总之，他们总是把自己的不优秀归咎于客观环境中去。事实上，我们很难听到一个成功人士会不停地抱怨，尽管他们成功的过程也很艰辛。

戴尔·卡耐基说："抱怨会让我们陷入一种负面的生活、工作态度中，常常在他人身上找缺点，包括最亲密的人。不抱怨的人一定是最快乐的人，没有抱怨的世界一定最令人向往。"抱怨的最大受害者是自己。在现实工作中，我们经常看到一些才华横溢，受过良好教育的员工，却长期得不到公司的重用，得不到老板的青睐，就是因为他们对工作没有感恩之心，遇到问题不愿意从自身反省，总是怀疑环境，对工作抱怨不休，对老板交代的任务总是能应付就应付，从来都不会积极主动地去寻找解决问题的方法。他们从来都不认为主动、独立完成任务是自己的责任，却将诉苦和抱怨视为理所当然。

张永强在一家汽车修理厂做修理工，从进入工厂开始工作的那一天起，张永强就总是不断地抱怨："这修理工的活儿简直就不是人干的，看看把身上弄得多脏。"，"天啊，干了一天了，把人累死了，我简直讨厌死这份工作了。""什么破工作啊，也不让人休息一会儿。"就这样，张永强每天都在抱怨和不满之中度过。在他心里，自己干的工作就是像奴隶一样出卖苦力，因此，只要是师傅的眼神一离开自己，他就会偷懒耍滑，应付差事。

而和张永强一起进入厂子的王鑫却不一样，虽然每天工作很琐碎，也很辛苦，但是他认为没有文化的自己能够找到这样一份工作，已经很幸运了，于是他工作起来非常认真，有什么不会了，他就及时向自己的师傅询问，很快，他的手艺有了很大的进步。

一年后，王鑫被公司送进大学进修，两年后，王鑫就进入了管理层，而张永强仍旧在抱怨声中做着他那份讨厌的修理工。

一个人成功的时候，感恩的理由也许会有很多，但是失败的时候，却总是在寻找着一个一个的借口。感恩让我们在失败的时候看到差距，在不幸的时候获得温暖，在困难的时候鼓起勇气，进而获取前进的动力。一个心怀感恩的人，即使在职场中遇到不公，遇到压力，遇到困难，他也会将自己的心态摆正，对于老板交给自己的任务，无论有多难，都会尽其所能，全力以赴。

"蒙牛"集团总裁牛根生是一个心怀感恩的人。刚开始工作的时候牛根生只是"伊利"的一个洗瓶子的工人，但是他对自己的工作心怀感恩，尽心尽责，短短的几年时间，他就从洗瓶子的工作进入车间，后来成为公司的副总经理。在工作的10年时间里，牛根生为打造"伊利"成为全国知名品牌立下了汗马功劳。但是之后，因为私人恩怨他被迫辞职离开了"伊利"。

也许换作别人，可能此时会对"伊利"心怀怨恨，因为自己毕竟为公司打拼了很多年，并让公司在中国的牛奶产业独树一帜。但是牛根生对自己被推出大门这个"重创"，并没有任何抱怨。反而是"以德报怨"，一直对"伊利"怀有一颗感恩之心。

曾经对自己有"知遇之恩"的郑怀俊在落难的时候，牛根生不仅没有落井下石，反而主动帮助他的家人渡过难关，因为他知道，曾经在"伊利"的工作虽然给他带来了一些痛苦，但自己得到更多的是"伊利"这个大平台对自己的磨炼和宝贵的经验。于是他没有消极怠慢，没有喋喋抱怨，而是凭借着自己宽大的胸怀，感恩的心态在1999年的时候奋发图强，创立了自己的品牌——蒙牛，蒙牛自成立到现在经济效益已经增长了200多倍，销售额超过200亿。

没有哪个老板会喜欢一个经常抱怨的员工，也没有哪个成功者会是一个总发牢骚的人。有位企业家曾一针见血地指出："抱怨是失败的一个借口，是逃避责任的理由。这样的人没有胸怀，很难担当大任。"的确如此，如果你仔细观察任

何一个管理健全的机构，你会发现，没有人会因为喋喋不休的抱怨而获得奖励和提升。

所以，只有我们心怀感恩，对周围的点滴关怀和任何工作机会都努力珍惜，和每一个同事都和睦相处，我们才会获得更多的帮助，我们的工作才会更加顺利，更加出色，我们成功的概率才会更高。

感恩工作的人，更善于团队协作

一个人即使能力再好，素质再高，如果所有的事情只靠自己来做，那么顶多只会是比别人表现好一点儿；然而，如果能集合众人的力量，就可能创造出超凡的成就。没有完美的个人，只有完美的团队，这就是团队凝聚力的优势。所谓汇聚人心才能创造财富，赢得人心方能走向成功。

"三个臭皮匠，赛过诸葛亮"。人自从进入这个社会，就过上了群体生活。无论你身处何种关系网中，"你"始终是各种关系的的辐射点，你的态度决定了他人的态度。因此，要想获得良好的人际关系，必须从自身出发，学会尊重、理解、宽容、欣赏和赞美他人……当你能够接受别人的时候，别人才有可能容纳你。孔子就曾主张人应在世间寻求与他人的契合，在求诸他人之时首先求诸自身。要做到这些，就要懂得感恩，感恩他人，感恩团队。这样，才能让团队齐心协力，产生1+1＞2的效果。

在一座草原上，大片的草丛突然起火。风吹火旺，无数的蚂蚁万分惊慌地四处逃命。但无论逃到哪里，都被熊熊火墙挡住。大火的包围圈越来越小，蚂蚁已经无处可逃。就在这千钧一发之际，出现了令人惊叹的一幕：蚂蚁们迅速聚拢起来，紧紧地抱成一团，开始有拳头一般大，很快就滚成一个黑乎乎的大蚁球，直接向火海冲去。在噼里啪啦的响声中，蚁球外围的蚂蚁被烧焦了，但内层更多的蚂蚁越过了火海，躲过了这场大灾难。

人们时常形容某物小得和蚂蚁一样，但弱小的蚂蚁，却可以靠着牢不可破的团结合作，在危难关头，绝处逢生。蚂蚁是一个懂得感恩的团队，在大局面前，它们宁愿牺牲小我，也要救出更多的同伴，危难之际奋勇向前，所以生生不息。"斑羚飞渡"反映的也是同样的一种精神，因为心怀感恩，所以它们更懂得团队合作的力量，斑羚在面临家族灭种之前，年老的甘愿选择粉身碎骨来充当年轻斑羚的垫脚石。动物之举让人感叹，更能催人深省。

孙中山先生说过："物种以竞争为原则，人类以合作为原则，人类顺此原则则昌，不顺此原则则亡"。班级小组是一个团队，部门办公室是一个团队，一个公司是一个团队……任何一个团队都摆脱不了同合作、同共事、同目标的局面。也避免不了接触各种类型的人：某些人会比你优秀，这时你就应丢弃嫉恨心理，做到欣赏和向对方学习；当然，这其中也不乏某些人不如你，这样你就需要放低姿态，谦和一些；另外也有某些人的一些做事风格、观点不随你意，这时你就需要宽容大度，相互沟通，避免激化矛盾。要懂得感恩，谨记"骏马能历险，耕田不如牛，坚车能载重，渡河不如舟"的道理，这样的人才善于团队作战。

一家大客户的三位要员来到杰西公司进行实地考察，在经过几天的考察和洽谈之后，这一天，公司安排了几位员工陪同客户在漓江游览。正当一行人兴致盎然的时候，偏偏天公不作美，顷刻间下起了大雨，而一时之间他们还没找到避雨的地方，眼看大家的衣服就要被淋湿了，这时，杰西公司的几位员工不约而同地脱下自己的西服，用手张开，为客户撑起一把人伞，使其免受雨淋。客户大为感动，回去不久，就与杰西公司签订合作协议书，并大赞杰西公司拥有一支良好素质的团队。

杰西公司的员工迅速而默契的配合，他们的团结协作精神令人折服，此举正是反映了员工对杰西公司有着一颗感恩之心，时刻将公司的利益放在第一位，可以不顾惜自己，也要团结一心照顾好客户，这看似一件小事，却可以延伸到企业精神的外在体现，客户永远至上。所以杰西获得了与对方合作的机会，也就不足为奇了。

人心齐，泰山移。无论是个人、集体或是一个国家，都离不开团队精神。懂得感恩，就如同掌握了团队作战的精髓，以团队的利益为大局，团队的进步为进步，与团队中的每一位成员建立起和谐的合作关系，"容人之短，悦人之长"，这样才能提高办事效率，创造出辉煌的成绩。

CHAPTER 12 | 第十二课 |

感恩对手，对手是你取长补短的镜子▶

对手，似乎和我们永远对立，似乎是我们每个人眼前的障碍物，是我们希望和目标的争夺者。大多数人总是用敌意的目光去对待对手，实际上，我们不但不应该仇恨他们，反而应该感谢他们。正是因为有了对手，我们的生活才不会像白开水一样平淡乏味，而是变得五彩斑斓；正是因为有了对手，我们才不会像温室里的花朵一样弱质纤纤，而是变得越来越坚强；也正是因为有了对手，我们才知道自己的缺点和问题在哪里，从而及时得到改正。

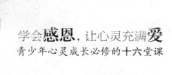
有竞争你才能跑得更快

　　生命中，我们应该感谢的人有很多很多。我们应该感谢我们的家人，是他们给了我们温馨的关爱和勇气；我们应该感谢我们的朋友，是他们给了我们无私的帮助与支持；我们应该感谢我们的公司，是它给了我们一个发展的平台；我们应该感谢祖国，感谢社会，感谢老师……总之感谢的非常多。然而我们往往最容易忽视的就是我们还应该感谢我们的竞争对手，因为他们，我们才能够跑得更快，他们才是真正让我们一步步迈向成功的动力与支柱。

　　有一次，一个记者问"奔驰"的老总，奔驰车为什么飞速进步，风靡全球，"奔驰"老总回答说"因为宝马把我们撵得太紧了。"记者又问了"宝马"老总同样的问题，"宝马"老总回答说"因为奔驰跑得太快了。"的确如此，正是因为对手的存在，让德国这样一个国家，出现了5个世界级的名牌汽车公司。竞争对手的存在的确给我们带来了很多压力，让我们面临了很多的挫折和困难，但是正是因为他们给予我们的这种压力，才让我们更加努力、更加拼搏，在通向成功的路上，丝毫不敢掉队，始终保持高速前进。

　　在秘鲁的一个国家级森林公园，生活着一只"青年"美洲虎。美洲虎在世界上的数量非常有限，总共不到20只，是非常珍惜的一种动物，因此，为了让美洲虎生活得安逸一些，秘鲁人专门给它准备了一块近20平方公里的森林公园作为虎园，在那里，树木茂密，风景迷人，还有成群的马、牛、羊供美洲虎食用。

　　在人们心里，都认为这是美洲虎生存的乐园，可是时间长了，人们发现，在这个乐园里，这只美洲虎每天都是无所事事，耷拉着脑袋，吃了睡，睡了吃，别说是王者之气了，就连一般动物的活力都没有。人们以为是老虎太孤单了，于是租了一只雌虎来陪伴它，可是根本就是无济于事。

于是人们去问动物行为专家，专家了解了情况后，告诉人们应该引进几只豹子。人们照做了。没多长时间，这只美洲虎就一改旧貌。它每天不是站在高高的山顶上愤怒地咆哮，就是像飓风般冲下山岗，老虎身上那种刚烈威猛、霸气十足的虎威被重新唤醒，它成为一只真正的"森林之王"。

即使是被称为"森林之王"的美洲虎，也只有在竞争的环境里才能激发出自身的无穷活力。那么对我们的企业和个人，又何尝不是如此呢？有竞争你才会跑得更快，竞争对手就像催化剂一样，它能引发彼此之间的相互竞争，双方因为竞争都开始挖掘自己的潜能，最终得到双赢。

经常看动物世界的朋友可能会发现，在动物世界里，处处都呈现着万物生灵优胜劣汰的自然法则。矫健的猎豹为了捕捉住硕壮的羚羊，使劲追逐，而羚羊为了保住自己的性命更是拼命奔跑。于是一场场追逐与逃跑的"竞技体育"便经常在它们之间上演。为了生存，猎豹和羚羊都成为草原奔跑之王，在竞争中它们的奔跑潜能被发挥得淋漓尽致。

人生不如意十之八九，为了爬到成功之巅，我们难免会被脚下的石头绊倒，也可能被高山流水阻隔，甚至会被人暗地使用小伎俩，让我们跌得体无完肤，但是生活往往就是这样，我们生活的社会到处充满着竞争，没有谁可以唾手取得成功。竞争逼着我们去面对一个个强劲的对手和敌人，让我们跟他们去赛跑，从而让我们跑得更快。

感谢你的竞争对手和敌人吧，如果没有他们，你可能还在安于现状，不求进取，而不能像现在这样努力奋斗；如果没有他们，你可能还在自我陶醉，等待机会，不会像现在这样争取机会，把握机遇。

善待对手，就是善待自己

在生活中，不知道大家有没有注意到这样一种现象：如果一棵树木是独自成长的或者稀疏生长的，它就不会长得太高，而且它们的枝干也都弯曲不直；而如果是成片的树林，就不一样了，树林里的树木个个都是高大挺拔，树杈也从不旁逸斜出。

按照人们的正常想法来说，树木生存需要充足的阳光、水分，所以占有阳光、空间比较多的树木，要比那些长得紧凑，只有巴掌大一块天的树木长得好。但是事实却与大家所想的背道而驰。究其原因，你会发现，其实树木和人是一样的，稀疏的树木因为没有竞争对手的存在，生长比较懒散、随意，往往容易长成奇形怪状，最终不能成才；而长成一片的树木，由于它们要争抢阳光、水分，为了生存，就必须让自己长得高大挺拔，只有这样才能够在生存的狭小之地站稳脚跟，从而存活下来。结果它们长成了令人称赞的栋梁之材。

一个人的旅途难免枯燥无味，一个人的比赛更显得寂寞无聊，拥有一个真正意义上的对手要比拥有一批平庸的帮手更幸运，可以说，良好的对手是你获得成功的关键。善待对手就是善待自己。善待对手其实就是在为自己不断地创造机会。

有报道说一位亡命之徒为了向企业要挟钱财，竟然在"娃哈哈"果奶中投毒，当时有两名小朋友因为饮用了投毒的果奶而生命垂危。一时间国内很多报纸都把这个未经进行核实的新闻给刊登了出来，不仅如此，五六家媒体也开始纷纷转载。

当时发生这个恶性事件的时候，"娃哈哈"董事长宗庆后正在国外进行考察，当他得知这一情况后，当即打了两个电话，他把第一个电话打给宣传部门，希望他们能够制止这一新闻继续传播，因为这个新闻一旦播出，不单单只是会影响"娃哈哈"的声誉，还很有可能形成模仿效应；而第二个电话宗庆后拨给了他的竞争对手"乐百氏"老总何伯权。接到电话后，何伯权没有任何犹豫，在第一时间就通电全国所有的营销公司，让他们严令不得传播、转载这一新闻。而在此时，有很多小的果奶企业却认为这是"天赐良机"，纷纷落井下石，将刊登中毒新闻的报纸广为散发，或者传真给有关的经销商。

这件事情，得到解决后，有记者问何伯权，你为什么不像其他一些果奶企业一样，抓住这一"天赐良机"好好打击一下"娃哈哈"呢？何伯权说，这种恶性事件的传播和扩散是对整个果奶市场的伤害，"乐百氏"如果借机贸然出手，其结果是往自己的脸上打重拳。

"娃哈哈"董事长宗庆后和"乐百氏"前董事长何伯权之所以如此优秀，就在于他们拥有健康的对手观，他们知道善待对手就是善待自己，就是给自己创造一个良好的发展环境。善待对手就是善待自己，善待对手你就获得了一半成功。

曾经有一位外国总统在演讲时说道："我非常感谢那些曾经在工作中支持过、帮助过我的人，当然也包括一些反对者。"我想，这绝对不是一句简简单单的客套话，而是这位总统的真实感悟，因为在他的内心深处，已经知道：善待对手就是善待自己。只有善待对手，自己才能够前进得更加稳健，更加踏实。

在人的一生中，难免会出现各种各样的对手，这些对手也许会在某一环境或某一时刻给你带来一些麻烦，但是就长久的发展而言，能够在与对手的不断竞争中获得自身能力和素质的提高，又何尝不是一件好事呢？在成长的道路上，我们不可缺少对手，缺少对手的未来是没有希望的未来。

因此我们一定要怀着一颗感恩的心去善待我们的对手。善待对手就是善待自己，我们的对手给我们带来了一笔无形的财富和资产，面对对手，我们要有一颗平和的心态，用一颗真诚的爱心去感谢对手；面对对手我们要有"同是天涯沦落人，相逢何必曾相识"的心态，和"大肚能容天下难容之事"的胸襟。

请善待我们的对手，善待我们自己吧！

对手是面镜子，照出你的胸襟与气魄

　　每当我们取得成功的时候，都很容易感谢别人，感谢那些帮助过我们的亲人和朋友，因为他们在我们需要帮助的时候伸出了援助之手，可是你是否想过你的成功也离不开你的对手的"帮助"，你也应该感谢你的对手。

　　感谢对我们有恩的人，大多数人都能够做到，但是让我们感谢对手，却有很多人做不到。对手是面镜子，感谢我们的对手是一种胸襟，一种气度，而又有多少人拥有感谢对手这样广阔的胸襟和气度呢？

　　康熙皇帝在自己六十大寿的时候，举办了一场盛大的"千叟宴"。在宴会快要结束的时候，康熙拿出老祖宗留下的大铜碗，装了三大碗酒。群臣都静了下来，等待着皇帝说话。只见康熙举起第一碗酒说："这第一碗酒朕要敬给孝庄皇太后，感谢她帮助我登上了皇帝之位。"说完，康熙把酒洒在了地上，于是他又举起第二碗酒，说："这第二碗酒朕要敬给天下臣民，感谢他们为我江山社稷所作出的贡献。"一饮而尽后，康熙又端起了第三碗酒。此时众人都屏息等待，想知道康熙要感谢的第三个大恩人会是谁。只听康熙皇帝缓缓说道："这第三碗酒，朕要敬给朕的死敌们，鳌拜、吴三桂、郑经、葛尔丹，还有那朱三太子，他们都是英雄豪杰。可也是他们造就了朕，他们逼着朕立下了丰功伟业。朕恨他们，也敬他们……"

　　我们暂且不去谈论康熙被尊为"千古一帝"，他的执政是多么贤明，单就他这三句感谢，尤其是对自己死敌们的感谢，就足以映照出他广阔的胸襟和气度，就足以让他统治大清万里乾坤。

　　然而在我们的生活中，却有很多人没有这样的胸襟和气度，他们把自己的竞争对手当成仇人，可谓是"仇人相见，分外眼红"，对别人也许可以忍让，但是对手即使有一点小小的摩擦、碰撞都时刻准备拔刀相向。结果是害了别人也伤了自己。

在某大街上，有两个饭店相邻，刚开始的时候两家饭店生意都还不错，但是为了竞争，两家饭店经常起冲突，他们分别让服务员把顾客往自己饭店拉，吓得很多顾客都不敢从他们的饭店门前过。不仅如此，他们还总是相互拆台，两个经营者经常站在门口大骂。这个说那个店里的饭不卫生，那个说这个店里的货源有问题，围观的人听了后，一传十，十传百，慢慢地，店里的顾客越来越少，最后两个饭店都不得不关门。

面对竞争，很多企业和个人都总是把竞争对手视为"毒蛇猛兽"，视为老死不相往来的"对手"，他们对自己的对手，充满了仇恨，千方百计地诋毁对方，不择手段地和对方抢夺市场。其实这些都不是参与竞争应该持有的态度，也大可不必如此。

无论是企业，社会，还是个人，如果没有竞争，就没有进步，更难有成功。国与国之间，企业与企业之间，个人与个人之间，无时无刻不在竞争。如果不竞争，国家难以富强；如果不竞争，企业难以发展；如果不竞争，个人难以有所突破。可以说，没有哪个成功者不是经过竞争获胜的。而这些成功者之所以能够在竞争中取胜就是因为他们把对手当成自己的一面镜子，时刻通过这面镜子来检查自己是否有什么不妥；是否丢了丑，失了态；是否有什么地方需要改进。

一个成功人士不可能总是称心如意，处处一帆风顺，都会遇到对手和困难。那么既然在我们的生活中，对手和困难客观存在，无法回避，那么我们就没有必要去厌恶和憎恨他，而是应该学会坦然地接受对手，甚至要学会感谢对手。因为真正让自己成熟起来的不是顺境，而是逆境，真正逼迫自己走向成功的不是亲人和朋友，而是你的对手。因此，我们应该学会感谢对手，敞开胸襟，试着去正视你的"对手"，正是他们给了我们动力，逼着我们变得更强大。

感恩竞争对手让我知道了自己的软肋

对手，似乎和我们永远对立，似乎是我们每个人眼前的障碍物，是我们希望和目标的争夺者。大多数人总是用敌意的目光去对待对手，但是我却要说，我们不但不应该仇恨他们，反而应该感谢他们。

难道不是吗？正是因为有了对手，我们的生活才不会像白开水一样平淡乏味，而是变得五彩斑斓；正是因为有了对手，我们才不会像温室里的花朵一样弱质纤纤，而是变得越来越坚强；也正是因为有了对手，我们才能拥有成功的那份特有的喜悦和欢乐。那么为何我们不感谢对手呢？

"狭路相逢勇者胜"，在这个竞争激烈的社会里，我们面对着一批又一批强劲的对手，正是因为他们，我们才发现了自己的软肋在哪里，是对手一直在激励着我们不断学习，不断发展。

猎豹跑得很快，但是它却经常抓不到鹿。并不是因为鹿比猎豹跑得更快，而是因为鹿在和猎豹不断的较量中发现了自己的不足和缺点，于是它们改变思路，当被猎豹追奔时，鹿先是急跑一阵，然后突然急转弯，利用山丘、草丛来做掩护，做锯齿型的奔跑。这样猎豹就不能发挥它快速奔跑的特长，鹿也就能安然逃生了。

如果没有鹿，那么猎豹怎么会知道成为"奔跑之王"的自己其实也有自己的软肋，而如果没有猎豹这个天敌的存在，鹿又怎么会想到在自己奔跑速度有限的情况下，还可以凭借耐力或计谋逃脱。其实不是猎豹和鹿之间才有这种竞争，可以说在食物链上的所有物种都生活在竞争中。所以大自然这个造物主，不会轻易地使一种物种灭绝，而是让每一个物种之间相克又相生。

其实我们人类也是如此，我们所生存的环境无时无刻不在竞争，我们在任何一种环境中生活或工作，都会有自己的对手，而成功与失败就在于你把对手当成你死我活的敌人，还是相互学习的对象。

乔红虽然也很优秀，但是和邓亚萍在一起，她总是闪烁不出自己的光芒。因为他们在一起总是邓亚萍拿冠军，乔红得第二名。但是乔红并没有因此而怨恨邓亚萍这个竞争对手，也没有抱怨说"既生瑜，何生亮？"而是非常感谢自己有这么一个优秀的竞争对手。

为了超过邓亚萍，乔红不断地和她比赛，每次比赛完了，她都要找到自己与邓亚萍的不足之处，然后努力修改，为此乔红不知道洒下了多少辛勤的汗水，功夫不负有心人，乔红终于在一次比赛中超过了邓亚萍。

乔红感激地说："如果没有邓亚萍，我也不会成为第一名，没有我和她的较量，也没有我的今天，我们既是对手又是朋友。感谢对手让我知道了自己的实力，感谢对手给我一次次较量的机会。"

每一次的较量都是一次了不起的挑战，乔红在每一次的挑战中都让自己了解了自身的优点和缺点，从而不断地改进自己，最终获得了冠军。

其实生活就是这样，每一次的成功都和对手是密不可分的，没有对手，就没有比较，没有比较就发现不了自己的软肋，发现不了自己的软肋就难以取得成功。所以不要因为自己没有强大的对手而沉浸在成功的喜悦当中，而应该感谢自己有一个强大的对手，应该真诚地对自己的对手说一声"谢谢！"

有人难以容忍对手的存在，而我们更加难以容忍没有对手的环境。有了对手，你会成长得更快。当对手在绞尽脑汁地思考如何比你更快地占领市场时，你便知道了自己该在哪一方面开展工作；当对手每天都在思考如何战胜你时，你便会告诉自己，我不会给他超过我的机会；当对手毫不留情地指责你并利用你的缺点加以攻击你时，你便知道了自己的软肋在哪里，从而更好地完善自己。

人生漫漫长路中，对手既是你的同行者，又是你的挑战者，它们抑或有形，抑或无形，它们有实际存在的，也有精神上的。我们的人生之所以精彩，就是因为它们的装扮，我们的成功之所以更快，也是因为它们的存在。是它们将我们的人生装扮，是他们将我们的心灵改变，是它们将我们的微笑展露，是它们将我们的泪痕擦干。

"没有岩石的拦阻，哪能激起美丽的浪花。"感谢对手吧，正是因为它们，才让我们及时发现自己的缺点和软肋，才让我们不断进步，奋勇直前，勇攀高峰！

感谢对手带来压力

不知你是否听说过这样的故事：在日本的北海道出产一种味道极其鲜美的鳗鱼，海边渔村的许多渔民都以捕捞鳗鱼为生。鳗鱼的生命力非常脆弱，只要一离开深海区，不到半天时间就会死去。奇怪的是有一位老渔民什么时候捕捉回来的鳗鱼都是活蹦乱跳的。

由于鲜活鳗鱼的价格要比死鳗鱼的价格几乎高出一倍，所以其他渔民想尽办法也没有找到让鳗鱼存活的方法，因此没过几年时间，老渔民一家便成了远近闻名的富翁。

做着同样的营生，老渔民已经是富翁了，而其他渔民却只能维持简单的温饱。老渔民临终时把秘诀公布了出来。原来，老渔民在整舱的鳗鱼中，放进了几条名叫狗鱼的杂鱼。狗鱼与鳗鱼非但不是同类，还是名副其实的"对头"。几条势单力薄的狗鱼遇到成舱的对手，便惊慌地在鳗鱼堆里四处乱窜，这样一来，反倒把一船舱死气沉沉的鳗鱼的生命力全给激活了。

一种动物如果没有了对手，就会变得死气沉沉。一个人如果没有了对手，就会甘于平庸，养成惰性，最终导致庸碌无为。一个团队如果没有了对手，就会因为相互的依赖或潜移默化而失去生机与活力。一个集体如果没有了对手，就会变得懈怠，从而走向腐败和堕落。一个行业如果没有了对手，就会丧失进取的意志，从而因为安于现状而逐步走向衰亡。

有了对手，才会有压力；有了对手，才会知道自己所面临的挑战；有了对手，才有了超越自我的一切力量和勇气；有了对手，你才会奋发图强，锐意进取，以防止自己被吞并，被替代，被淘汰。

约翰逊从小的梦想就是当世界长跑冠军。15岁那年，约翰逊怀揣着自己的梦想去找长跑教练威廉，决定拜他为师。

威廉看着约翰逊那两条短腿满脸不屑。言外之意：就凭你这两条短腿儿，你约翰逊不可能成为长跑冠军。约翰逊没有气馁，更没有自卑，他恳求说：让我试试吧！威廉不忍心就这么轻易击碎一个少年的梦想，于是他对约翰逊说："好吧！孩子，让我们来看看上帝愿不愿意帮助你。从明天开始，你和你的新队友一样，每天早晨五点钟开始从家跑到这里来。"

第一天，约翰逊跑了最后一名。

第二天，约翰逊还是最后一名。

威廉对约翰逊说："可怜的孩子，看来上帝也不打算帮助你，要知道你是这些孩子里面家离这儿最近的一个。看来我得劝你改行了。"

没想到，第三天约翰逊不但第一个来到教练面前，而且比其他孩子足足早到了20分钟。

"如果按照这样的速度，今天你已经打破世界长跑纪录了！"望着上气不接下气的约翰逊，威廉惊讶无比地说："小子，你不会是凌晨四点就从家出发了吧？"

"不！不！不！教练，绝对没有！您知道从我们家到这儿要穿过一个五公里长的森林。很不幸，今天早晨我遇到了一头野狼，它一直在我身后拼命地追我！感谢上帝，我终于把它给甩掉啦！"

后来，约翰逊果真成为一名世界马拉松长跑冠军。而他的教练威廉先生也由原来的"小有名气"变成"举世闻名"。在很短的时间内威廉先生先后培养出了几位世界级长跑冠军。因为他有一种特殊的训练方法就是请一个驯兽师帮他训练一批野狼，作为那些学员的特殊陪练。

对手是自己的压力，也是自己的动力。对手给自己的压力越大，由此而激发出的动力就越大。对手之间是一种对立，也是一种统一；相互排斥又相互依存，相互压制又相互刺激。一个人，没有了对手，也就没有了竞争和进取的动力。

然而，在现实生活中，许多人都视对手为心腹大患，敌人，异己，眼中钉，肉中刺，恨不得马上除之而后快。其实，仔细想一想，便会发现拥有一个强劲的

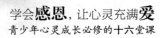

对手，不但不是坏事，反倒是一种福分，一种造化，一种力量，一剂强心针，一副推进器，一个加力挡，一条警策鞭。因为一个强劲的对手，会让你时刻有危机四伏的感觉，会激发你更加旺盛的精神和斗志，会让你排除万难去克服一切艰难和险阻，会让你想方设法去超越，去夺取胜利。

对手是最好的榜样

当今社会竞争激烈，我们每个人都希望能够超越自己的竞争对手，这样你的前途就会光明一些，但是怎么去超越对手呢？有一个很好的办法就是把对手当成自己的榜样，向他们学习。可能很多人以为把对手当成榜样简直是天方夜谭，他们认为对手就是冤家，就是仇人，不打倒他们就行了，为什么还要向他们学习呢？

是的，可能在很多人的心目中，榜样就应该是那些先进的、典型的企业和个人，由于受到"对手即是敌人"观念的影响，他们从来不把对手放在眼里，更别谈什么向竞争对手学习了。

竞争是残酷的，是你死我活的拼杀，更是当仁不让的较量，但是当你明白竞争对手的价值，明白自己的每一个进步和突破都与竞争对手分不开时，你就会发现原来对手身上有很多优势是需要我们学习的，对手的很多不足也是我们应该借鉴的。把对手当成自己的榜样可以让我们少走很多弯路，更快地走向成功。

施乐公司曾经一直处于世界复印机市场的垄断地位，但是到了20世纪70年代，佳能、NEC等公司的崛起对施乐公司影响很大。佳能、NEC等公司以施乐公司的成本价在市场上销售复印机，他们公司的产品开发周期、开发人员都比施乐公司少50%，施乐公司的复印机市场份额一下子从原来的82%下滑到了35%。

但是，面对竞争对手的压力，施乐公司没有去抱怨、去憎恨，而是以最快的速度发起了向竞争对手学习的运动。施乐公司首先是向日本企业学习，他们开展了广泛、深入的"标杆管理"。施乐公司通过对竞争对手全方位的集中分析比较，弄清楚了对方的运作原理，找出了自己与佳能等公司的主要差距。然后他们及时调整公司的经营战略，以竞争对手的最高标准改进了自己公司的业务流程，首先开辟了"标杆管理"的管理方式。

施乐公司对"标杆管理"是这样定义的：一个将产品、服务和实践与最强大的竞争对手或是行业领导者相比较的持续流程。其核心就是以行业最高标准或是以最大竞争对手的标准作为目标来改进自己的产品（包括服务）和工艺流程。

施乐公司把竞争对手当成自己的榜样，向他们学习自己的不足，从而弥补自己的缺点，很快施乐公司就把失去的市场份额给夺了回来。

有一位资深体育教练说过："竞争对手是每个运动员最好的榜样，谁要想战胜竞争对手，谁就得先向竞争对手学习。"其实不只是在体育比赛中，在我们的学习、工作过程中也是如此，一个想超越别人的人就必须懂得先向竞争对手学习的道理，这样不仅可以取长补短，而且可以完善自我，最大限度地发挥自己的优势和长处，最终超越竞争对手，获得更广阔的发展空间。

但是要明白的一点就是，把对手作为榜样，向竞争对手学习，不是让你直接把对方的东西拿过来使用。向其学习是需要你不断地和对手去做比较，尺有所短，寸有所长，对于别人的优点我们一定要拿过来完善自我，而对于对手的失败，我们应该学会分析和总结失败背后的本质，找出失败的原因，然后取长补短，不断丰富自己，超越自己，从而获得更大的成功。

对手就是我们最好的榜样，我们应该感谢我们的竞争对手，因为他们的存在才让我们变得杰出和伟大。是他们在我们迷茫的时候，为我们指明了目标和方向；是他们在我们困惑的时候，给我们启迪和方法；是他们在我们骄傲的时候，让我们清醒冷静；也是他们在我们成功时，教我们如何保持和发扬。

CHAPTER 13 | 第十三课

感恩周围的人，
每个人都在他人的支持与合作中成长 ▶

　　"单丝不成线，独木不成林"，每个人的精彩都离不开他人的支持和帮助。在我们的周围，有领导、同事，有下属、客户，还有合作伙伴和很多陌生的人，他们在我们的生活中虽然扮演着不同的角色，但都是我们生命中的贵人。因为有这么多的贵人存在，我们才会在人生的道路上走得更加顺畅。

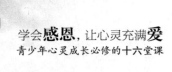

感谢老板在你成长中的"辅导"

很多人都存在这样的想法：老板和员工永远都是冤家对头，不可能站在同一条战线上。我们经常看到的画面就是老板和员工之间互相埋怨，老板嫌弃员工不尽职尽责，不把公司的事情当自己的事情，员工抱怨老板就是个剥削者，每天让他干很多的工作，却不给相应的薪水。即使老板对自己偶尔关心一下，他们也会觉得特别假惺惺，要不就是认为老板一定有什么别的企图。

为此，人们经常呼吁老板要多从员工的角度考虑问题，因为企业的发展离不开员工的努力，但是却很少人让员工多为老板考虑考虑。其实，你的老板和你之间并没有多大的利益冲突，你们只是扮演的社会角色不同，社会分工不同而已，而这两种角色之间实际上是一种互惠互利的关系。

对于老板而言，企业要发展就需要员工懂得感恩和富有责任心；对于员工来说，要想获得物质上的丰厚报酬和精神上的成就感也离不开感恩和责任心。从这一点来说，老板和员工之间是和谐统一的，没有什么大的矛盾。因此，为了公司的利益，每个老板都会保留那些既有能力又懂得感恩的员工，同样，为了自己的利益，每个员工也应该意识到自己的利益和老板的利益是一致的，都应该全力以赴地去工作，因为只有这样你的老板才更愿意重用你，你的机会才会更多。

国际跨国企业IBM的著名职业经理人吴士宏是从一个名不见经传的小护士一步一步做起来的。吴士宏成长的经历告诉我们一个人的成功离不开上司的帮助和批评。一个上司对员工的大胆试用，可以使人感恩一辈子。

吴士宏刚到IBM公司的时候，做的是最基层的办事员工作，说白了就是给公司打杂的。但是面对这些琐碎、单调的工作，吴士宏总是尽心尽力，全力以赴地把它做好。为了把工作做到最好，吴士宏付出的代价就是"一个月下来，把腿都跑肿了。"

虽然很辛苦，但是吴士宏觉得自己还是可以做得更好，因为只有做到最好，上司才能注意到她的才华，她才有机会被上司所重用，公司才会把IBM中国公司华南地区的全部销售工作这一重任交给吴士宏。在IBM，一个"好"经理的评价标准就是发现和培养下属，重用有发展前途的员工，推荐他们到更能够发挥他们作用的合适岗位上去。因此吴士宏必须努力，也非常感谢公司的各位领导和上司，用她自己的话说："我从每个经理身上都学到很多的东西，同时又把这套培养下属的方法像接力似的一茬一茬地传下去，IBM就是这样成长为蓝色巨人的。如果没有我的经理发现我，培养我，甚至包括个别的上司嫉妒我（这从另外一个方面鞭策我必须做到更好），我的提高和提升是不可能如此快的。"

可见，老板和员工之间并不是冤家对头，而是互惠互利的，共赢的合作者。一个员工只有时刻抱着一颗感恩之心，站在老板的立场考虑问题，帮助老板做大企业，才会受到老板的青睐，成为企业的中间力量，成为让人羡慕的成功人士。有人说："我们和老板虽然不是冤家，但是确实是一种契约关系啊。"的确，我们不可否认这种契约关系的存在，但是在这关系背后就没有一点感情成分的存在吗？当你用偏执挡住自己的眼睛时，老板也不会把目光注视在你的身上；而如果你努力替对方考虑时，对方也一定会帮助你。因为从商业角度考虑，这是双赢，从情感方面考虑，这是珍贵的友谊。

所以，我们应该怀着一颗感恩的心去欣赏自己的老板，感谢他们在自己成长道路上的"辅导"，正是因为有了他们的"辅导"，我们才会成长得更快，正是因为有了他们的"辅导"，我们才可以不用花学费就可以学到很多实战所需要的东西。老板不仅给我们发了工资，还给我们提供了成长和发展的环境，给我们树立了学习的标杆和榜样，因此你有什么理由不去报答他们，不去感谢老板呢？

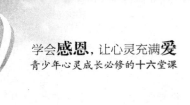

感谢同舟共济的同事

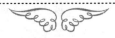

在工作中，我们经常会遇到一些棘手的问题，这时候，同事的帮助和支持会像一滴甘露洒入我们的心间，让我们振奋起精神，勇敢迎接困难的挑战。可以想象，如果没有同事的帮助和支持，我们就会在公司里陷入孤立状态，使自己寸步难行，无所作为。而当我们怀着一颗感恩之心与同事一起工作时，气氛就会融洽得多，我们也会从中得到更多的快乐。因此，我们应心怀感恩，感谢同事们的支持和帮助。没有他们，我们的工作就不能顺利开展，也不会在职场上走得更远。

在非洲丛林中，号称"丛林之王"的狮子长期处于饥饿状态，究其原因发现，原来狮子在捕猎的时候经常都是独来独往，而丛林中另外一种食肉动物鬣狗却是另外一种生活状态，它们虽然个头很小，但是它们喜欢成群行动，大的鬣狗群有数百只，小的也有十几只，它们很少自己主动捕食，而是等狮子把动物杀死之后，从这个丛林之王嘴边把食物抢走。

其实一个鬣狗根本就无法跟狮子去斗争，但是成群的鬣狗团结起来却让这个丛林之王也只能对自己捕捉的食物望而却步。大家看到的结果往往都是，狮子在旁边看着成群的鬣狗享受着自己的劳动果实，等到鬣狗吃完后，自己再上前捡一些残羹冷炙聊以果腹。

可能很多人在笑狮子愚蠢，不知道和别的狮子一起合作，可是你有没有想过，自己是不是就是企业里的那个狮子呢？能力超群、才华横溢，把谁都不放在眼里，不屑于和同事通力合作，也不屑于听上司的意见，在公司里，从来都找不到自己的朋友，最后却只能像狮子一样长期处于饥饿状态。

在工作中，不管你是能力超群的"狮子"，还是个体弱小的"鬣狗"，都要善于和周围的每一位同事进行有效的沟通，并保持密切的合作，而不要为了突出个人表现，而打破了团队原有的秩序，丢弃了个人在团队工作中的荣誉感。最终不仅破坏了团队精神，影响了团队进度，也让自己的职业生涯因此困难重重。

在美国南部有一个州，年年都会举办南瓜品种大赛，而优等奖的获奖者连续几年都是同一个农夫，每次获奖之后，这位农夫都会毫不吝啬地把自己的种子分给街坊邻居。

邻居们非常感谢他，但是也非常好奇，于是问他："你的奖项来之不易，你每一季都花费大量的时间和精力去做品种改良，为什么得了奖，要把这些获奖品种分给街坊邻居呢？难道你就不怕我们的品种超越你的吗？"

"呵呵当然不会，我把种子分给大家，既帮助了大家，也帮助了自己，何乐而不为呢？"

原来，这位农夫居住的地方是典型的农村形态，每家每户的田地都是毗邻相接的，如果街坊邻居们的南瓜品种不好，在蜜蜂传递花粉的时候，就会将别人较差的品种传递给自己，那么他就很难有时间去进行花粉改良了，而只能把大量的时间放在防范外来花粉方面。

从某方面来讲，农夫和邻居之间是一种竞争关系，但是他们也存在着微妙的合作关系。其实，在公司里，每个同事之间不也是如此吗？我们不可否认在同事之间存在着竞争，每个员工都希望能够最快提升的是自己，最受老板青睐的是自己，因此大家都害怕别人超越自己，不希望看到别人的卓越成就和杰出表现。但是你如果因此而选择去打压对方，那么你就大错特错了，因为这样不仅拖了别人的后腿也害了你自己，因为没有哪个老板会希望自己花钱雇来的员工每天把精力放在"如何让别的同事无法正常工作"上面。

事实上，在职场中，我们应该像这位农夫一样，放下竞争，更多地去考虑同事之间的合作，当今社会是一个合作的社会，是一个属于团队的社会，是一个共赢的社会，没有谁可以一个人就把某个项目做完，都需要和团队之间通力协作。

因此，在工作当中，我们应该学会感恩自己的同事，树立协作意识，多与同事进行沟通，抱着积极乐观的心态，平等友善地对待每一位同事，并学会接受他们的批评，与此同时，我们还应发掘自身的潜力，让自己成为一个出色的搭档。这样一来，我们的人际网络才会越来越广，才会有更多的人愿意和我们合作。相

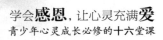

信只要我们积极努力，向同事敞开真诚的胸怀，同事也一定会以同样的热情回馈我们。大家共同努力，就一定可以共享丰收的硕果。

感谢下属在工作中的付出

自从研究人员开始对员工进行满意度调查的那天起，就注意到员工一直都在寻找"胡萝卜"。在1949年，劳伦斯·林道进行了一项员工对工作期望的经典研究，研究表明，员工最想得到的并非金钱，更多的是一些无形的东西：1、感到自己的工作得到赏识和感激；2、参与感；3、体谅人的上司。

当然，很多人会说："时代已经不同了，如今的员工都更加现实，他们更需要的是钱，他们第一位考虑的也是钱。"但是，研究界在近几年多次反复进行上述实验，每一次的结果都惊人地相似。他们发现，那些经常获得"胡萝卜"营养的员工会更好地关注团队和公司的目标，会工作起来更加努力，会让团队达到超越预期的高度；而一个善于使用"胡萝卜"的管理者能够吸引人才、留住人才、并激励这些人才竭尽所能为团队目标作出贡献。

1973年，美国经济大萧条，联邦快递公司也出现了严重的经济危机，公司亏损额高达2930万，欠债4900万美元，可以说，随时都面临着破产的危机。在这个时刻，公司的员工选择离开还是留下，对公司能否渡过危机可以说起着非常重要的作用。但是就在这个关键时刻，联邦快递公司的员工们选择了留下，他们心甘情愿地把自己的前途和利益交给了联邦快递公司，他们愿意跟公司同呼吸、共命运，他们像老板弗雷德·史密斯一样对公司和自己的前途满怀希望和信心。为了公司，他们甚至宁愿牺牲自己的利益，如一个送货员抵押自己的手表去购买汽油；当执法官来查扣鹰式飞机时，他们集体把飞机给藏了起来等等。

可以说，如果没有公司这些员工的积极配合和努力，没有他们的自我牺牲精神，美国联邦快递公司早已在那场危机中倒下了。更别说像今天这样辉煌了。那么为什么在这场危机中，联邦快递公司的员工会有如此高尚的品格和精神呢？答案就是两个字——感恩。

　　美国联邦快递公司的创始人总裁弗雷德·史密斯是一个非常关心下属的人。他出生于孟菲斯一个富裕的家庭，大学毕业后，他应征入伍，成为一名美国海军。参军期间，他参加过两次越战，越战的经历不仅磨炼了他战胜一切困难的顽强精神和意志，也让他知道了做什么事情都要站在下属的角度考虑问题，寻找激励和管理员工的有效方法。

　　在联邦快递的管理工作中，弗雷德·史密斯借鉴军人的管理模式，一方面提出了"调查－回馈－行动"和保持"公平对待"的理念，另一方面信奉"员工－服务－利润"的经营哲学。这样不仅促进了员工与公司的紧密联系，而且关心员工生活，解决他们的一切后顾之忧，并让他们分享公司成长的每一份利益。公司的高级主管每个月都会和员工进行一次座谈会，并且每月都会抽取8名员工和他们共进早餐和晚餐。这一切都让员工非常感动，让他们感觉尊严和利益得到了高度的重视，自然他们把公司当成自己的家，非常愿意积极努力地为公司服务。

　　他们即使在美国联邦公司创业初期最困难的时候连工资都发不了的时候，依然忠诚于自己的公司，积极努力，尽职尽责，全力以赴，毫无怨言地为公司工作着。在美国铁路联运大罢工时期，联邦快递公司一度挤满了80万件额外的包装件，而那一次数千名雇员自动自发地在午夜之前来到仓库为公司处理货物。面对这么多积极主动的优秀员工，军人出身的弗雷德·史密斯非常非常感动，眼眶湿润地向他们敬了一个标准的军礼！

　　弗雷德·史密斯对自己的员工始终都是给予关心和帮助，善于使用"胡萝卜"的管理方法，结果在他遇到困难的时候，员工们都毫不犹豫地伸出自己的援助之手，和他一起渡过难关。感恩是可以传递的，老板对员工心怀感恩，所以非常关心他们的工作环境和待遇问题；而员工知恩图报，对于老板给予自己的关心，他们心存感激，所以工作起来都是充满热情，自动自发，全力以赴。他们的努力转化成为顾客的满意，顾客的满意转化成为公司的利益，自然最终大家都因此而获利。

　　因此，作为企业的一名领导，一位管理者，要学会对自己的下属心怀感恩，下属不仅是你的左膀右臂，更是你的"资源"和"财富"。要知道你和你的下属

之间只是社会分工的不同，人格上理应平等，不存在"权势压人"。当他们做出
杰出贡献的时候，多一声"感谢"，当他们犯错误的时候，多一份"体谅"，当
和他们见面的时候，多一句"问候"，只有这样，你的企业才会在你们的共同努
力下勇往直前。

客户再难缠都是对你的支持

"客户是上帝！""客户就是一切！""客户的每件小事都是大事。""客户永
远都是对的，满足客户的要求是我们的职责。"在现代社会的各个企业里，这些
话语可以说天天都挂在公司每一位员工的嘴边，是一条不成文的规定，是一种非
常正常的现象。因为对于客户提出的要求，只有你都做到了，客户满意了，客户
才会付款，交易才能完成。

当今社会，企业竞争异常激烈，为了不让自己错失商机，我们几乎没有选择
客户的权利，更没有要求客户提出适合我们条件的权利。因为如果这样的话，你
的企业很有可能因此被拖垮，所以，一个企业要想长期立足于现代企业之林，就
不应该去挑剔客户，而是应该对我们的客户抱着一颗感恩之心，感谢他们给我们
提供了一个机会，感谢他们的"难缠"给我们一个成长的动力，让我们发展得更
快，更持久。

杰克是一名厨师，在纽约郊外的一个著名的度假村工作。

又是一个周末，杰克和平常一样非常紧张忙碌地工作着，这时，有一个服务
员端着一个盘子走到杰克的身边说："这个是客人点的'油炸马铃薯'，刚才，
那位客人抱怨说，这个马铃薯切得太厚了，要求换一盘。"

杰克看了一眼盘子里的马铃薯，跟自己平时切得一样厚，他对服务员说：
"好的，我知道了。"于是，他按照客人的要求，把马铃薯切薄了，然后炸好，
让服务员送出去。

过了几分钟，服务员端着盘子又来到杰克的身边说："那位客人一定是生意

上遇到什么困难或是家里出了什么事情了，硬是借着马铃薯把气撒在我身上。他对我发了一顿牢骚，要求把马铃薯切得再薄一些。"

非常忙碌的杰克也很生气，因为他从来没有见过这么难伺候的顾客。但是他并没有抱怨什么，而是耐着性子按着客人的要求，将马铃薯切得更薄一些，然后放入油锅中炸出诱人的金黄色，捞起来后包装一下，然后让服务员再次端了出去。

过了一会儿，服务员再次端着盘子走进厨房，不过这次盘子是空的，服务员笑着对杰克说："客人满意极了，餐厅的其他客人也赞不绝口，都要求来一盘。"

从此以后，这道薄薄的"油炸马铃薯"成为这个度假村的招牌菜，慢慢传开后发展成为各种口味的洋芋片，如今，已经成为全世界人都爱吃的休闲零食。

时下，面对琳琅满目的商品，消费者的选择余地大了。对于同一类商品，消费者有可能选择A，也有可能选择B，选择谁，谁就有可能在最终竞争中获胜。而一个商品如果长期或永远不被消费者认可，他将最终被赶出局！

曾经有位企业家说过："如今的消费者都是拿着'显微镜'在审视着每一件产品和提供产品的企业。一个企业要想在竞争激烈的市场中获得较宽松的生存空间，那么它不能只是合格的企业，不能只是优秀的企业，而只能是非常优秀的企业。"

因此，不要觉得客户对你难缠是跟你过不去，客户对你的批评和挑剔，是你走向成功的助推器，为你从合格到非常优秀增添砝码。就像杰克一样，他的成功就在于，面对顾客一次又一次的指责和挑剔，他没有选择抱怨，选择牢骚，而是忍住自己的怨气，为了满足顾客的要求，一次一次的改进，最终赢得了顾客的满意，也成就了自己的事业。

2006年年底，在庆祝一汽丰田成立三周年活动的时候，一汽丰田常务副总经理王法长对所有的员工说："我们的工资不是老板给的，而是用户给的，所以，每一位一汽丰田的员工都应该向客户报以最真诚的感恩。"

对于任何一个公司而言，没有服务就没有客户，没有客户就没有利润，没有利润就没有企业的长期发展。客户不仅是我们的服务对象，也是我们的衣食父母，所以不要因为客户难缠而去抱怨什么，而应该经常问问自己："是不是我哪里出了问题，让客户因此感到不满。"这不仅是一种对客户感恩的表现，也是让自己得到提高的方法，是一种双赢的策略。

感谢合作伙伴对你的支持

在广阔的大草原上，有几只小狼狗正在追逐着一匹比它们个头大出几倍的斑马，面对这个身材高大的斑马，小狼狗们分工明确，它们一只咬着斑马的尾巴，一只咬着斑马的鼻子，一只啃着斑马的腿，剩下的几只向斑马身上扑去，只见没几分钟的时间，斑马就倒在了地上，成为小狼狗们的盘中餐。

虽然斑马很高大，但是却被几只小狼狗给制服了，一个很重要的原因就在于小狼狗们面对这个大目标，组成了一支优秀的团队，各自分工，通力协作，最终取得了胜利。

在当今社会。"独行侠"时代已经结束，"合作共赢"才是新时期的主题。企业要想在竞争中更快地发展，仅仅靠自身的力量是远远不够的，它还需要合作伙伴的帮助和支持。换句话说，企业要想长远发展，就必须和合作伙伴搞好关系，要对合作伙伴抱有一颗感恩之心，如果拥有了一颗感恩之心，我们就可以换位思考，设身处地考虑合作伙伴的利益，帮助他们解决难题，只有这样，当你遇到困难的时候，他们才会同样伸出援助之手帮你渡过难关。

"创维"成立于1988年，于2000年4月在香港证券交易所主板上市(代码0751)，经过短短十几年的努力奋斗，这个由公众、世界著名投资基金及企业管理层组成的市值突破60亿元的国际性企业就已经成功入围世界彩电十大品牌、中国彩电前三强，不仅如此，"创维"还被认定为"中国名牌"和中国"驰名商标"，可以说，"创维"是中国电子百强企业的核心成员。

但是就是这么一个实力雄厚的集团在2004年年底的时候，遇到了一个大问题。那年11月30号，香港廉政公署在代号为"虎山行"的行动中，拘捕了"涉嫌盗取公司资金"的创维董事局主席黄宏生。当日，创维数码在香港被停牌。

　　香港廉政公署的声明、创维股票的停牌无疑使创维命悬一线。但是就在这个时刻，创维的合作伙伴给了创维很大的支持，帮创维度过了难关。

　　首先是创维的上游供应商，以彩虹集团为代表的8家彩管供应企业纷纷表态支持创维渡过难关。仅彩虹集团就公开表示将预留3200万港元应对创维危机，保证创维彩管的正常供应。

　　其次是来自下游流通渠道的帮助，当时国美董事局主席黄光裕、苏宁董事长张近东、永乐董事长陈晓、大中董事长张大中四巨头分别表示："无论发生什么情况，我们都力鼎创维，不为所动。"

　　还有就是七家银行的鼎力支持，他们表示在需要的时候会给予创维大力支持。

　　就这样，经过来自各方的合作伙伴的共同努力，挽回了创维已经打开缺口的企业公信力，有效控制了危机事件的不良影响，这一战，也让创维的生命力更加顽强，可以说，创维之所以有今天的成就，离不开众多合作伙伴的鼎力支持。

　　危难时刻显真情，由于合作伙伴的鼎力支持不仅让创维渡过难关，也让他们本身没有遭受损失。其实，支持本来就是相互的，你在用手打人的时候，你的手和被打的人同样遭受着疼痛，而如果你在寒冷的冬天给对方一个拥抱的时候，不仅感动了对方，也温暖了自己。没有哪个企业在经营之路上可以一直一帆风顺，遇到困难和危机在所难免，不管下一个"创维"是我们，还是我们的合作伙伴，我们都应该秉持感恩之心，走合作共赢之路。

　　俗话说：一个篱笆三个桩，一个好汉三个帮。单打独斗的时代已经过去了，时下这个年代是一个人脉的年代，社会关系网纷繁复杂却运行有序，每个人都是这个关系网上的一个结点，无论哪个结松了，都会牵一发而动全身。不管是个人还是企业都是如此，都少不了合作伙伴的帮助和支持。所以当你成功时，千万别忘了感恩合作伙伴长期以来的鼎力支持。

　　当然，真正的感恩应该是真诚的、发自内心的感激，而不是为了某种目的，去迎合合作伙伴或者其他人而表现出的虚情假意。与溜须拍马不同，感恩是自然的情感流露，是不求回报的。时常怀有感恩的心，你会变得更谦和、可敬且高尚。每天都用几分钟时间，为自己能有幸结交这么多好的合作伙伴而感恩，为自己能拥有这样一群优秀的合作伙伴而感恩。

感恩朋友患难中的真情

四季轮回，花开花落。生活于人世间的我们并不是孤独的，因为除了父母之外，我们每个人的身边都还有很多朋友，我们不仅要感恩父母的养育之情，也要对自己的朋友怀着一颗感恩之心，因为是朋友让我们感受到了人世间的友情。

巴金在《谈友情》中写道："我的眼眶里至今还积蓄着朋友们的泪，我的血管里至今还沸腾着朋友们的血，在我的胸膛里跳动的也不只是我一个人的孤寂的心，而是许多朋友们的暖热的心。我可以毫不夸张地说一句，我是靠着友情才能够活到现在的。"

友情的重要在这段文字中可见一斑。友情没有亲情的那种情意绵绵，它总是显得非常平淡，友情也没有爱情那样轰轰烈烈的，但是它却非常博大。只要你有一颗感恩的心，你就会有许多朋友，熟悉的或不熟悉的。

俗话说："在家靠父母，出门靠朋友。"我们不可能只依靠我们的亲人和爱人，因为亲人总有不在我们身边的时候，爱人总有和我们闹别扭的时候，在这个时候，我们需要朋友的支持和帮助，他们可以帮助我们走出难关，远离患难。

公元前4世纪，在意大利，有一名叫皮斯阿斯的年轻人因为触犯了国王而被判了死刑。

皮斯阿斯是一个大孝子，在临终之前，他请求国王能够让自己回家一趟，跟百里之外的母亲告个别，并表达一下自己的歉意，因为他不能够为母亲养老送终了。国王感其诚孝，同意了他的请求，但是为了防止他不再回来，国王提出了一个条件，那就是让皮斯阿斯找个人替自己坐牢。这个问题难住了皮斯阿斯，因为这是冒着被杀头的危险的，谁会自寻死路去帮助自己呢？然而没有想到的是，他的朋友达蒙知道消息后，主动请求帮助他。

达蒙住进了牢房，皮斯阿斯回家与母亲诀别。所有人都在为达蒙担心着，大家静静地看着事态的发展。时间过得很快，眼看刑期在即，可是皮斯阿斯好像根本没有回来的迹象，人们开始议论纷纷，大家都说达蒙愚蠢之极，肯定上了皮斯阿斯的当。

行刑日已经到了，皮斯阿斯仍然没有回来，达蒙被押赴刑场，围观的人非常多，不乏很多幸灾乐祸之人。但是，在刑车上的达蒙却没有一丝后悔的表情，反而是一副慷慨赴死的豪情。

追魂炮被点燃了，绞索也已经挂在达蒙的脖子上。行刑马上开始，很多人都吓得闭上了眼睛，他们都替达蒙感到深深的惋惜，替达蒙痛恨那个出卖朋友的小人皮斯阿斯。

可是就在这千钧一发之际，一个声音高喊着："我回来了！我回来了！"所有人都开始回头看，果然是皮斯阿斯，大家都跟着高喊了起来，大家仿佛都在梦中一样，消息很快就传到了国王的耳中，国王半信半疑地来到了刑场，他要亲眼看一看自己优秀的子民。

最后，国王万分喜悦地为达蒙松了绑，并当场赦免了皮斯阿斯的罪行，不仅如此，国王还嘉奖达蒙和皮斯阿斯，让全国子民向他们学习。

自古人们就对朋友有着独特的见解。有大诗人李白"桃花潭水深千尺，不及汪伦送我情"的感人故事，有王维"劝君更进一杯酒，西出阳关无故人"的惜别之景……

患难见真情，真正的友谊往往在一个人有困难的时候会被无限放大，体现得淋漓尽致。在皮斯阿斯最困难的时候，达蒙帮助了他，即使冒着生命的危险，也毫无怨言，因为他相信自己的朋友皮斯阿斯一定会回来，也正是因为这种患难中的真情，救活了皮斯阿斯。

什么是朋友？这就是朋友，在你绝望的时候，朋友会给你带来希望，让你有走下去的信心；在你悲观消沉的时候，朋友会送来一句温柔的问候；在你跌落低谷的时候，朋友捎来了春日的暖风和冬日的阳光；在你灰心气馁的时候，朋友给你带来了希望之光。

如果在你的身边有这样的朋友，你常用感恩之心去对待他，你会发现，拥有这样一位朋友是多么幸福的一件事情。

感谢周围的每一个陌生人

前几天，在电视上，听一位艺人在讲自己的从艺生涯，说自己到北京发展非常神奇，完全是一位只有一面之缘的同车旅客的指引。这位艺人说："那天我和妈妈拜托这位旅客买车票，告诉他买去北京或西安的都可以。我们当时想就看天意吧，能买到哪的我们就去哪发展。结果他就给我们买了去北京的。当时他拿着车票来兴冲冲地跑来对我妈妈说：'阿姨，我给你们买了去北京的车票。你一定要带她去北京发展，我相信她在北京肯定会有所作为的！'就这样，我就来了北京。也才会有了今天的成绩。"说完这句话，这位艺人脸上充满了感激之情，她说："真的很感谢上苍为我送来的这位陌生人。"

其实，在我们每个人的人生之路上，都会遇到类似的事情，都会遇到这样一部分人，他们在茫茫人海中，不知何时会与我们谋面，但在我们需要帮助时，却毫不迟疑地出现在眼前，如天降神灵般。这，就是陌生人的帮助，使我们生活的世界处处充满了爱。让我们这一生对他们都心存感激。

小青是某公司的一名出纳，一天，老板急用一笔资金，于是让小青到银行取十万块钱现金。到了银行，小青发现排队的人特别多，但是没有办法，她只能等待。结果这一等，就是大半个小时，待小青把钱取出来，时间已经过去了一个小时，小青正准备把钱放到包里，结果老板一个电话催促她，小青就边往外走，边往包里放钱，结果因为走得着急，小青在下银行门外的楼梯时，一不小心摔倒了，手里的钱散落了一地，小青赶紧站起来捡钱，没想到，这时候，起了一阵风，把地上的钱刮得满大街都是，看到满地的钱，小青一下子晕了过去。

过了一会儿，小青醒来了，她看见自己坐在银行里面的椅子上，旁边有个银行工作人员给她端来了一杯水，小青突然想起了那十万块钱，站起来就往外走，这时候，这个人说："小姑娘，别着急，你的钱都在这儿呢，你看看够不够？"

小青接过这个人手里厚厚的一沓钱，数了起来，"天助我呀，整整十万块钱。"小青连忙向眼前的这个人表示感谢，工作人员笑着说："你别谢我，这些钱不是我捡的，当时很多人看到满地的钱，都帮你捡了起来，但是由于你晕了过去，他们就把钱都送到了银行，让我转交给你。我也不知道他们都是谁，但是肯定是一群有爱心的人。"

世界上没有哪个人不需要别人的帮助，既然都需要别人的帮助，那么理所当然，我们每个人都应该帮助别人，无所求地做些力所能及的事，不大但及时。且行且布施。送人玫瑰手留余香，将爱传承下去，帮助别人快乐自己。让爱如多米诺骨牌一样传递下去！

那是一个夏天的夜晚，李明回家后发现自己阳台的灯亮着，他以为是妻子出去晾衣服忘了关了，于是就走向阳台准备关掉，这时候，妻子拦住了他。他感到很奇怪，妻子用手指着窗外让他看，在窗外的路边，有一辆装满垃圾的三轮车，旁边坐着一对捡拾垃圾的夫妇，他们正沐浴在自己阳台投射出的温暖的灯光中，边说边笑地吃着东西。看着灯光中的那对夫妇，李明和妻子相视一笑，悄悄地退出了阳台。

窗外那对夫妇可能永远不会知道，在这个陌生的城市中，有一盏灯是特意为他们点亮的。当我们用一颗感恩的心，为自己身边的陌生人点亮一盏灯的时候，我们也会在不知不觉中享受他人给予的温馨灯火。

人，不可能脱离群体而生活，日常的生活，无一不是众人所成就。凡衣食住行之点点滴滴，都含着彼此的辛勤劳动和付出。因为有了彼此的劳动和付出，因为有了很多陌生人的热心帮助，我们的世界才充满了爱，充满了温情，感谢他们，感谢周围所有的人，感谢每一个陌生人。

CHAPTER 14 | 第十四课

感恩社会，给予我们安定与和谐▶

　　社会是一个的大家庭，有欢笑也有泪水，有惊喜也有失望，社会上的每一个人都是我们的兄弟姐妹，他们在带给我们温暖和依靠的同时，也给我们磨炼、帮助与支持。懂得感恩社会，更好地融入社会，我们就不会孤单无助，就能无忧无虑地生活，健康快乐地成长。感恩是社会和谐的黏合剂，和谐社会需要感恩。如果人人都有一颗感恩的心，那么，社会就会更美好。

感恩是构建和谐社会的基础

构建和谐社会，是新时期全面建设小康社会、开创中国特色社会主义新局面的一项重大战略任务。构建和谐社会首先应当是人际关系的和谐，只有人与人之间自觉做到明礼诚信、互相关心，我们的社会才会和谐；只有人与人之间互相爱护、互相帮助，我们的社会才会和谐；只有人与人之间情同手足、爱意融融，我们的社会才会和谐；只有人与人之间心存感激、知恩图报，我们的社会才会和谐。

一天，修道院那面枣红色的厚厚的木门被叫开，看门人一看，原来是附近的果农，只见果农笑盈盈地给看门人送来了一盘晶莹剔透的葡萄，看门人很是惊喜，甚至有些手足无措。

果农真诚地说："兄弟，这是我今年新收获的葡萄，非常感谢你们修道院对我的悉心照顾，每次都让我过得很快乐！"看门人接过这份真诚的礼物笑着说："呵呵……没什么了，那都是我们应该做的，谢谢你的葡萄，一看就知道它非常鲜美，我都迫不及待地想要吃它了！"

果农高兴地离开了。他走之后，看门人认真地把那一盘子葡萄洗干净，然后拿起一颗准备塞到嘴里。正在这时，他想起了修道院里有一位病人最近对什么都没有食欲，他想这刚刚收获的葡萄可能会让他感觉新鲜一点，也许品尝后会胃口大开呢。

于是他把那颗葡萄又放回了盘子，然后端着向病房走去，来到了病人歌迪亚斯的床边，病人看到看门人手中的葡萄，眼睛一亮。看门人和蔼地说："歌迪亚斯，这是附近的果农刚刚送给我的新鲜葡萄，但是我知道你最近对什么东西都没有胃口，所以希望它能给你带来食欲。"歌迪亚斯的眼神里充满了感谢之情，他对看门人说："真得谢谢你，就算有一天我永远离开了人世，我也会在天堂为你祈福，让你幸福平安！"

看门人把葡萄递到病人的手上，然后转身离开了，病人高兴地拿起了葡萄，他和看门人一样实在抵御不了这葡萄的诱惑，可是突然他想起了日夜照顾他的年轻小护士，她兢兢业业，不辞辛苦地帮助自己，却从来没有抱怨过一句，于是，他决定将葡萄送给年轻小护士。

病人激动着大声喊护士，年轻小护士急匆匆地跑了过来，此时她的脸上挂满了担忧，因为她以为病人又出了什么事情了。看到满脸笑容的病人后，她才长出了一口气。

病人对护士说："亲爱的护士，这是看门人特意送给我的新鲜葡萄，他希望我吃了后可以增加食欲，由于我最近什么都没有吃，现在如果一吃很可能伤胃，所以我想还是把它送给你，谢谢你这些日子对我的照顾。"护士回答说："没关系的，你可以空腹吃葡萄。"护士坚持让他吃葡萄，可是她越坚持，病人越拒绝，盛情难却，护士收下了病人送给自己的鲜美礼物。可是她边走边想，这盘葡萄应该送给兢兢业业地为大家服务的厨师。

于是，护士找到了厨师，对他说："您的心像这盘葡萄一样高尚，这盘葡萄送给您，表示我们对您的感谢。"厨师接受了护士的好意，但是他认为比自己更辛苦的是修道院院长，因为整个修道院都要他一个人来操劳，的确是很劳累的。于是他又把葡萄送给了院长。院长认为还有比自己更应该感谢的，于是他又送给了清洁工……

就这样，这盘葡萄就像接力棒一样被传来传去，最后重新回到了看门人手中。看门人没有想到葡萄兜了一圈子后又回到了自己的手里，他更是不知所措，不过这次他没有犹豫，拿起一颗硕大的葡萄放进了自己的嘴里。活了大半辈子，他突然间觉得还从来没有吃过这么鲜美的葡萄，因为这里面不仅仅浓缩了汗水和辛劳，它更包含了爱和感恩！

其实，人们传递的不再只是一盘子葡萄，而是相互呵护的爱心，充满感恩的爱心。这是一场爱的传递，也是一场感恩的传递。一个人如果怀有一颗感恩之心，他就会本着严于律己，宽以待人来处世，他就能营造出一种和睦相处的氛围。"予人玫瑰，手有余香"。一个人如果能待人如待己，广施善缘，自己的善行便会衍生出无数个善行来，善行与爱就会在社会中传播开来，从而营造出一种宽松的环境，让人与人之间、人与社会之间的关系更加和谐。

拥有一颗感恩社会的心

当你看到红日在云端洒下暖融的曙光，你会感激这个早晨赐予的希望；当你看到一抹晚霞在天边舞动着华丽的光影，你会感激这个黄昏赐予的美好；当你看到万物复苏的时候，你会感激大地赋予我们的生命。但是你是否把最贴切的给忽略了，把最无私的给遗忘了，那就是我们最应该感谢的——我们的社会。

鸦懂反哺，羊知跪乳，我们人类从来到这个世界到离开这个世界的整个旅途中，为我们提供一切的，其实就是社会。然而，我们有很多人不知道感谢我们的社会，他们整天在抱怨物价太高，社会压力太大，贫富差距不等，在他们眼里，似乎社会上到处都充斥着不公平。试问在你抱怨的时候，有没有想过与此同时，我们的工资在增长，我们的生产力在飞速发展，我们的扶贫力度在不断加大，我们的生活水平在不断提高，难道这些都不是社会给予我们的吗？

感恩的心是一剂正确调整心态的良药。拥有一颗感恩社会的心，感恩社会给了我们家庭，给了我们权利，给了我们生活。感恩是一种处世哲学，是对社会关系的正确认识；感恩也是一种责任，是人生境界的体现。但是要记住，感恩不是感动，而是知恩图报。

广西大学有一位名叫何国英的女生，在上大二的时候，何国英被确诊为癌症，但是她拼命扼住命运的咽喉，读完了硕士研究生。7年来病魔的摧残并没有压倒这位羸弱的姑娘，更没有磨灭她对自己故乡和亲人的爱。何国英的理想就是帮助农民脱贫致富，她的毕业论文题目是《非常规饲料——构树叶的营养价值评定研究》，她对导师说："我家在农村，我喜欢这个'土'课题，构树叶在广西农村到处都是，如果能做成饲料，农民就可以用很低的成本养猪养鸡。"不仅如此，何国英还在自己的遗书中写道："财产3000元，一部分给父母，一部分给失学儿童；内脏器官如果能用，就捐献给医学研究。"坚强的她在弥留之际，给社会留下两个字：谢谢！

长沙一个男孩黄可自小患了先天肌肉无力症，18岁的时候，已经连驱赶蚊子的能力都没有了的黄可，却在死神随时可能出现的时候，决定和父亲在有限的时间里向曾经帮助过他的人们道谢。他们凭借一辆破旧的三轮摩托车开展感恩的旅途，不仅如此，黄可还要求死后把自己的角膜捐献出来，帮助社会上需要帮助的人。

世界首富比尔·盖茨和自己的夫人梅琳达共同成立的"盖茨·梅琳达基金会"，每年向全球医疗机构和救助妇女儿童组织捐赠达数十亿美元，还向中国捐赠5亿美元来防治艾滋病。

世界财富仅次于比尔·盖茨的70多岁的犹太职业投资家沃伦·巴菲特，将自己公司大约87%的股份约300亿美元捐赠给社会，让盖茨基金会来管理他捐赠的资产，用来回报社会。

感恩从来不论贫富，也不需要冠冕堂皇的装饰，每个人都有自己感恩社会的方式，医生通过救死扶伤来感恩，警察通过维护法纪来感恩，老师通过培育英才来感恩，学生通过努力学习来感恩……拥有一颗感恩的心，生活就会处处充满阳光，只要你去发掘，时时可感恩，事事可感恩。

心中长存感恩，便会意识到个人离不开社会，在处理个人和社会的关系时，就会产生一种内驱力，驱动自己尽职尽责为社会作贡献。拥有一颗感恩的心，就拥有了一颗包容天下的心，那么无论外界环境是怎样的，你都能坚定自己的信念，从小事做起，用最纯洁的心灵，最积极的人生态度来面对这个社会。

和谐社会需要"感动"

一位小朋友扶着一位盲人过马路；一个年轻人在公交车上为老人让座；一个有很多机会回到城里的乡村老师，因为乡民的挽留而挪不开脚步；一位解放军战士为了救一名轻生落水者而失去了自己宝贵的生命……

在我们的身边，这样的场景实在是太多太多，让我们值得永远铭记在心的人和事也太多太多，而它们共用的一个关键词就是"感动"。"两会"对祖国宏伟蓝图做出描绘的同时，也提出了很多关系普通老百姓切身利益的好政策，让人感动；"汶川""玉树"地震中，社会和人民为之作出的贡献，让人为之感动；嫦娥一号升空时，全国人民举国欢庆的情景让人感动；大孝无言，大善至爱的谢延信，郑秀珍以一颗感恩的心谱写出关爱老人、孝敬老人的人间赞歌，让人感动……总之，所有这些让人感动的人，他们身上都闪烁着中华民族传统美德的美丽光环；所有这些感动的事，都反映了社会和谐的内在需求。

白芳礼，这位平凡的老人，用生命的最后19年，省吃俭用、顶风冒雨，用自己蹬三轮车积攒的近35万元，资助了近300名贫困学生，而他的私有财产账单上却只是一个零。

1986年，74岁的白芳礼从天津回到家乡河北省沧县白贾村。这个地方是一个又让他悲伤又让他牵挂的地方。小时候，渴望读书的白芳礼由于家境贫困不能读书，13岁就逃难到天津，靠蹬三轮为生。新中国成立后，白芳礼蹬三轮成为劳动模范，并拉扯大了自己的三个孩子，在他的三个孩子中，有两个都成为大学生，这让白芳礼感到非常欣慰。

回到家乡的白芳礼拿着政府每月发的退休金，计划在家乡安度晚年。他走到村里，看到大白天有很多小孩却在地里干活，他问："为什么不去上学？"孩子们说："家长不让他们上。"于是他又问那些大人："为什么不让孩子上学？"大人们说："种田人哪有那多钱供娃儿上学！"

看到眼前的这一切，听到乡民们的声音，白芳礼老人一夜都没有合眼。虽然他自己没有什么知识，但是他很喜欢知识，也特别喜欢有知识的人。他经常对人念叨说，国家要发展，知识为先。他不忍心看着家乡的乡亲们就这样一辈辈地穷下去，更不希望看着这些没钱的小孩上不了学。

第二天一大早，白芳礼就开了家庭会议，宣布了两件事情：第一，我要把这些年蹬三轮攒下的5000块钱全部交给老家办教育；第二，我要回天津重操旧业，挣下钱来让更多的穷孩子上学！

就这样，已经74岁的白芳礼老人又回到了天津，蹬起了三轮，跟之前相比，他现在蹬三轮更加有劲，因为他有了自己的远大目标。在之后的19年里，白芳礼老人过得非常艰苦，他从来没有给自己买过一件衣服，穿的都是从路边垃圾堆里捡来的；他每天的午饭总是两个馒头一碗白开水，最多给里面倒点酱油。

虽然物质生活很艰苦，但是老人却把能量释放到了最高度。一年365天，他没有休息过一天，他曾在夏季烈日的炙烤下，从三轮车上昏倒过去；他曾在冬天大雪满地的路途中，摔到沟里；他曾因过度疲劳，蹬在车上睡着了；他曾多次因感冒高烧到39摄氏度时，一边吞着退烧药，一边蹬车……

就这样，这位老人在74岁以后的生命中，将自己一脚一脚地蹬三轮挣下的35万元人民币，全部捐给了天津的多所大学、中学和小学，资助了300多名贫困学生。即便是这样，老人还经常感叹说："现今缺钱上学的孩子这么多，光我一个人蹬三轮车挣来的钱救不了几个娃呀！"

2005年9月23日早晨，93岁的他静静地走了。无数活着的人在口口相传中记住了他——蹬三轮的老人白芳礼。

像白芳礼这样拥有感恩之心的人在我们身边有很多很多。和谐社会需要感动，作为社会的一分子，我们每个人都肩负着建设和谐社会的责任。而要完成这个责任，就需要我们每个人从身边的小事做起，从一点一滴做起，从好好学习做起，从积极工作做起……总之，在我们感动之余，我们也应作出更多感动的事情，小到感动个人，班级，大到感动社会，只有让我们感动的人多了，让我们感动的事多了，我们的社会才会更加和谐。

感恩社会，用行动回报社会

　　"5·12"汶川大地震发生之后，党中央、国务院、社会各界人士、海内外爱国人士纷纷支援建设四川家园，深切的关怀着灾区人民。汶川大地震，让人们深刻体会到了人们在自然面前的脆弱和无助，但是同时也见证了社会在人们面临险境时所深藏的那份伟大的力量。地震虽然摧毁了很多人的家园，但是却压不垮他们的脊梁。难以忘怀那些平凡而又伟大的亲人，那些勇敢无畏、冲锋陷阵的人民子弟兵，那些奔劳辛苦、倾力相救的白衣天使和志愿者，无数的灾民就是依靠这些不能忘的人和事以及那种伟大的力量获得了新生，创造了奇迹。我们也在巨大的灾难和悲痛中触摸到了有血有肉的生存过程，感受到了社会的力量。

　　社会其实不是只在地震的时候才会现出它的巨大力量，在我们的日常生活中，我们太多太多的人都受到了社会的帮助，有得到社会贫困补助的，有得到社会捐助的，总之，社会为我们做出了如此大的贡献，那么我们又应该怎样回报我们的社会呢？唯有感恩，用行动来回报我们的社会。感恩不一定要我们轰轰烈烈，感天动地，古人有言："天行健，君子以自强不息；地势坤，君子以厚德载物。"古人的谆谆教诲犹在耳边回响，而我们要做的就是将对良言的感悟化为实实在在的行动！

　　李雪娇的父母都是农民，1997年她的父亲因病去世，母亲长年患病，家里还欠下了不少外债，为了这个家，李雪娇的母亲一直咬牙支撑着，供着她和妹妹上学，因为他们一家人都知道，要想让家里的生活好起来，唯有让姐妹两个都上大学，成为一个有知识的人。2001年，李雪娇参加了高考，不负众望，她考上了河北大学，是承德县的文科状元。兴奋之余，也让这个家被愁云笼罩，因为开学时需要将近一万元的开销，这让本就捉襟见肘的家庭如何承担啊。就在此时，李雪娇接到了学校的通知，她已成为"西部开发助学工程"的资助对象。最终，李雪娇顺利地进入了河北大学。

上了大学后，李雪娇享受了减免学费的政策，每年还能获得一定金额的生活费。李雪娇知道唯有勤奋刻苦地学习才是对社会最好的回报。她在学校里学习更加用功，在大学连续四年都获得奖学金，这样别说向家里要学费和生活费了，她每年得到的资助和自己的奖学金加起来，总还有一些剩余，于是她都留下来给自己的妈妈买药。

李雪娇学的是法律专业，大学毕业那年，她有机会去大城市工作，老师和同学也都希望她有一个好的出路，但是李雪娇却毅然选择了参加河北省选调生考试，并在"去向志愿表"上填上了"承德"，最后被分到了上板城镇政府。李雪娇说："是我家乡的人民帮助了我，我要用我的实际行动来感谢他们，回报他们！"

上板城镇是承德县的一个贫困乡镇，全镇三分之二的面积是山地，经济、社会发展都较为落后。李雪娇在一个村子里走访时发现，这个村子里的男劳动力大多出去打工了，很多留守妇女整日无所事事。为了摆脱他们的贫困，让村子里的妇女能够过上好的生活，李雪娇经过多次努力，从承德县妇联争取到了一批扶贫资金，引导村子里的妇女发展特色蔬菜种植。如今，这个村子的特色蔬菜种植面积达到了300多亩，50多户家庭获得了可观的经济收入。这个村的妇女工作就此逐步开展起来，整个上板城镇的妇女也受到激励，创业热情日益高涨。

李雪娇已经在镇上工作快两年了，提起当初的选择，她无怨无悔。现在，李雪娇每天还是和往常一样做着琐碎而忙碌的工作，依旧会经常下到各个村子去视察工作，皮肤已被晒得黝黑。但是谈到未来，李雪娇总是充满热情地说："我要更加努力，要进一步提高自己的能力，把工作做得更好，多为百姓办点实事。"

承载着历史的恩宠，肩负着祖国大地的期盼，我们又有什么理由不以感恩之心行天下，立志思进报社会呢？作为社会的一分子，我们应该胸怀远大的理想，将自己的未来目标与祖国的前途命运联系起来，与家乡的前途命运联系起来。如果社会需要，我们愿意投身到条件恶劣的大西部，为祖国基层的建设奉献绵薄之力；如果社会需要，我们愿到喧闹的都市中，做最普通繁琐的服务工作。总之，感恩社会需要我们用行动来回报社会。

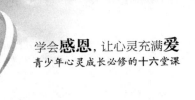

感恩社会，将爱心传递下去

爱是什么？小朋友笑眯眯地说："爱是爸爸妈妈对我的呵护和关怀。"一个青年说："爱是心中的那个人对自己细心的叮嘱。"父母说"爱是子女对我的给予和付出。"一个受到社会援助的人说："爱是社会上所有人对我的帮助。"

爱究竟是什么？每个人都有自己的答案，其实爱就在我们身边，爱无处不在。

爱是严父对恨铁不成钢的孩子的斥责；爱是慈母每天的唠叨和呵护；爱是朋友之间善意的帮助；爱是老师对学生一个许可的眼神……

爱是给予，爱是付出。人们在给予爱的过程中，也传递着爱。

"妈！我帮您洗脚！"一位衣着朴素、面容憔悴的妇女从屋里端出一盆装满热水的洗脚盆。这位妇女虽然很辛苦，但是她知道自己腿脚不方便的婆婆在家一个人照顾年幼的孩子也很累。她把洗脚盆放在自己两鬓斑白的婆婆脚下，帮婆婆挽起裤脚，又卷起自己的袖子，用毛巾轻轻地擦洗着婆婆的脚。婆婆看着辛苦的儿媳，擦去她头上的汗说："忙了一天，歇一会吧！"儿媳低头笑着说："不累。妈，烫烫脚对您身体有好处。"顿时，一股爱意从婆婆的脚跟涌上心头。她那饱经风霜的脸上露出了幸福的笑容。

这一幕被躲在门后的孩子看到了，他飞快地跑进了屋里。

妈妈给奶奶洗完脚，来到了孩子的屋里，结果房间空无一人。"妈妈，洗脚！"一声充满稚气的声音从妈妈背后传出来。妈妈转过身一看，孩子正小心翼翼地端着热水，而衣服已被溅出来的水花弄湿了，他的脸上溢满了天真的笑容……

妈妈在给予自己的婆婆爱的同时，也将爱传递给了自己的孩子。其实这就是爱的传递，他不需要你去一个一个地去劝说别人，只需要你真心地把爱送出去。

爱心就是我们每个人手中的火炬，只要我们燃烧起手中的火炬，把热情传递给每一个人，把爱心传递给未来，我相信，明天的世界定会充满爱。

张强的父母都是淳朴老实的农民，靠家里的几亩地支撑着这个家，以及张强高额的学习生活费用，虽然生活很艰难，但父母从来不会抱怨，只是一个劲儿的鼓励张强一定要好好学习，将来考上大学，出人头地。每当看到父母疲惫的身影，张强真想上去帮一把，让他们好好休息休息。但是张强知道那不是他们想要的，他现在唯一能做的就是好好学习，以优异的成绩报答父母，让他们为此而感到骄傲。

张强非常争气，考上了大学。但是，就在那一年，张强的父亲因为脑溢血突然死亡，而母亲由于受不了打击，也伤心过度离开了人世。这个时候的张强别说自己上大学了，连基本的生活都没有了保障。但是天无绝人之路，张强得到了社会的帮助。张强的事情被一位记者做了报道，很多好心人士都给张强捐了款，学校知道张强的事情后，也为他减免了学费。

短短的一个暑假，张强收到的捐款数字大得惊人。张强说："我一辈子都没有见过这么多的钱。"

由于减免了学费，张强没有动那些好心人捐的款，而是将那些钱，一分不剩的全部捐给了比他更需要帮助的学生。上大学后，张强更加刻苦努力，虽然父母的恩情不能报答了，但是他告诉自己："社会的爱，他不能忘。"张强每天都把时间安排得满满的，除了学习，就是出去打工，给自己攒生活费，很快，大学毕业了，张强靠自己的实力进入了中国一家知名企业。

工作后的张强没有忘记社会对自己的帮助，每个月，他都会把自己的工资拿出来一部分捐出去，而且他对自己每资助的一个对象都会寄去一封信，信上只有简短的几个字：如果你有能力，请将这份爱传递下去。

社会在发展，人们的物质生活和精神生活也都在提高。但是仍然存在很多因家庭贫困而无法完成学业的学生。当然，值得庆幸的是我们生活在充满爱心充满温暖的社会。有社会各界的爱心人士向我们伸出了援助之手，来帮助我们实现心中的梦想。生活在新时代的大学生，我们是幸福的，也是幸运的。对于这份爱，我们无以回报，最好的方式，就是把这份爱心传递下去，从生活中的一点一滴做起，帮助身边那些需要帮助的人，让他们也能感受到我们这个社会大家庭的温暖。

爱如一缕春风，轻轻的吹拂人们的脸庞，给人们新的希望；爱如一束阳光，悄悄地照耀在人们身上，给人们送去温暖；爱如一盏明灯，给处于迷茫中的人们带来光明。因为通过爱的传递，希望才能永存；因为通过爱的传递，温暖才能依旧；因为通过爱的传递，光明才能永恒；正是因为通过传递爱，才更能彰显出人性的真、善、美。

CHAPTER 15 | 第十五课

感恩自然，
让我们天天享受免费的阳光、雨露 ▶

　　我们每时每刻不能停止呼吸，而空气却是免费的；我们不能没有太阳的照射，而阳光却是免费的；我们不能没有雨水的滋润，而雨露却是免费的；我们享受着春风的轻抚，而春风却是免费的。面对大自然给予的一切，我们无需任何代价就已得到世间上最珍贵的一切，我们难道不应该心怀感恩吗？

感谢大自然，养育了我的生命

当我们沐浴在阳光雨露之中，当我们散步于满天星辰的夜空之下，当我们游览在绿水青山之中，当我们累了小憩在野花小草之间……我想，没有一个人会不为大自然创作出这样的杰作而感到惊叹。

大自然赋予了我们土地，我们才能有每年的五谷丰登；大自然给了我们各种各样的矿产，我们才有了五彩缤纷便利的生活；大自然赐予了我们阳光，我们才有了温暖的日子；更重要的是大自然给予了我们水源，我们人类才能生生不息，代代相传，不断发展。感谢大自然，她赐予我们如此美妙的生存环境。

自古以来，中华民族就以乐于助人，知恩图报闻名于世，更有"受人滴水之恩，当以涌泉相报"之说。然而，我们人类对大自然的感恩，远远不及大自然对我们的贡献，更加谈不上"涌泉相报"了。

看看人类对于大自然的"恩赐"吧：

1．乱砍滥伐

由于受到各种利益的驱使，人类对于森林的"乱砍滥伐"现象严重，据联合国粮农组织的统计，现在全世界每年就有1200万公顷的森林消失，就是说平均每分钟就有20公顷的森林化为乌有。我们国家的森林覆盖率约13％，低于世界大多数国家，处于第120位，我国的人均值仅为世界的1/6，由于长期以来的过量采伐，我国很多著名的林区森林资源都濒临枯竭。例如长白山、大兴安岭、小兴安岭、西双版纳、海南岛、神农架，这些我国过去著名的林区，现在森林资源都枯竭了，有些地方已经变成了荒山秃岭。

2．全球气候转向恶化

由于人口的增加和人类生产活动的规模越来越大，向大气释放的二氧化碳（CO_2）、甲烷（CH_4）、一氧化二氮（N_2O）、氯氟碳化合物（CFC）、四氯化碳（CCl_4）、一氧化碳（CO）等温室气体不断增加，导致大气的组成发生变化。大气质量受到影响，导致全球气候变暖。

先看一组数据：据中国工业和信息化部网站2011年01月10日消息说，2010年中国汽车产销量双双超过1800万辆，稳居全球产销第一。2009年，中国汽车产销量突破1300万辆。2010年中国汽车产销量增长惊人，再次创出新高。据中国汽车工业协会统计，全年汽车产销量分别增长32.44%和32.37%，达到1826.47万辆和1806.19万辆。然而，随着汽车数量越来越多、使用越来越广，汽车给人们带来的一切快捷和便利，也伴随着对地球环境的污染和破坏、对能源的无休止利用和开采。汽车污染已经成为一个世界性问题：全球1/4以上的城市大气污染源于汽车尾气，从而引发人类呼吸系统疾病，造成地表空气臭氧含量过高，加重城市热岛效应，使地球气候转向恶化。

3．生物多样性减少

近百年来，由于人口的急剧增加和人类对资源的不合理开发，加之环境污染等原因，地球上的各种生物及其生态系统受到了极大的冲击，生物多样性也受到了很大的损害。有关学者估计，世界上每年至少有5万种生物物种灭绝，平均每天灭绝的物种达140个，估计到21世纪初，全世界野生生物的损失可达其总数的15%~30%。在中国，由于人口增长和经济发展的压力，对生物资源的不合理利用和破坏，生物多样性所遭受的损失也非常严重，大约已有200个物种已经灭绝；估计约有5000种植物在近年内已处于濒危状态，这些约占中国高等植物总数的20%；大约还有398种脊椎动物也处在濒危状态，约占中国脊椎动物总数的7.7%左右。

…… ……

类似于上面的例子举不胜举，但是我要说的是：千百年来，人类心安理得地在向大自然索取，不分白昼黑夜地享用着大自然！把我们那如母亲般赋予我们一切，可敬可爱的大自然搜刮的伤痕累累、苍凉而凄惨！但是，她仍然用她那博大的胸怀包容着我们，忍受着我们种种愚蠢的行为，仍然无私地献给我们种种宝贵的资源！

日升月落，春夏秋冬，大自然总是在默默地付出，给人类关爱和包容，正因为此，我们才能在大自然的庇护下生活得如此多姿多彩，得以感受生命的真谛。大自然是无私的，大自然是美丽的，我们在她的羽翼下生活和工作，欢笑着成长。大自然给予了我们一切美好的东西，让我们用一颗虔诚的心，一颗感恩的心去面对大自然，感谢她养育了我们的生命。

自然之美——体验大自然的奇妙

美，是一个辉煌夺目的字眼，它千古生辉，激荡着世代人的心灵。人们迷恋它的风韵，追寻它的足迹，享受它的光华，探求它的奥秘。

大千世界，美，无处不在。漫步河边，你可以看到柳丝含烟，岸草吐绿，远山凝黛，近树滴翠。躺在草坪上，抬头望天，碧空如洗，乳燕练飞，这一切，不得不让你感叹大自然如此美好。

蝴蝶是我们大家经常见到的一种昆虫，看到蝴蝶在草丛中飞来飞去，人们甚是喜爱，但是你知道吗？蝴蝶竟然是让我们很多人不敢碰触的毛毛虫变化而来的。在这个世界上蝴蝶有很多种，最漂亮的当属"光明女神蝶"了，它身穿蓝色花裙，上面点缀着斑点，像宝石一样闪耀，美丽，珍贵。还有很多种蝴蝶，比如："88蝶"，因为它的翅膀上有两个"8"字，因此而得名。还有美女蝶、蓝闪蝶、紫玫瑰凤蝶、梅花水晶蝶、花花公子蝶等等。

猫也是人们常见的一种动物，但是猫的奇妙之处在于，它的眼睛会一日三变！猫的眼睛不仅是早晚不一样，而且中午的时候，也会发生变化。猫眼的瞳孔很大，瞳孔括约肌的收缩能力极强，在不同的光线下，括约肌能很好地对瞳孔进行调节，使瞳孔与光线相适应。早晨阳光强度一般，瞳孔就成了枣核状；中午阳光强烈，瞳孔便缩成一条线；晚上光线昏暗，瞳孔放大成像十五的月亮一样圆。

还有我们的国宝大熊猫，它以前竟然是食肉动物，后来在进化过程中，逐渐转变为吃植物为主了。不仅如此，大熊猫的家族非常古老，和恐龙是一个时代的，恐龙早已灭绝了，而大熊猫却一直生存到了今天。

　　大自然的奇妙真是无处不在。你仰望过朵朵白云在一碧如洗的蓝天上缓缓飘动的画面吗？那种自然色彩的对比是何等的赏心悦目啊。你看过一场大雨过后架在天空中的彩虹吗？赤橙黄绿青蓝紫，那是一条弧形的彩练，一座通向天国的桥啊，既飘逸又凝重，那也是大自然呈现的最高境界的美呀。

　　大自然无处不在的美需要我们去发现、去感受、去体味、不要以为只要有一双眼睛和两只耳朵便能感受和体验美了，那需要用一颗感恩的心灵去体会和感受啊。我们生活在奇妙的大自然中，不仅欣赏到了大自然的奇妙景象，而且大自然的奇妙给我们人类带来了很多启示。我们不妨来看看吧。

　　鱼儿能够在水中自由地游来游去，让人们很是羡慕，为了能像鱼儿一样在水里自由游行，人们就模仿鱼类的形体造船，以木桨仿鳍。相传早在大禹时期，我国古代劳动人民观察鱼在水中用尾巴的摇摆而游动、转弯，他们就在船尾上架置木桨。通过反复的观察、模仿和实践，逐渐改成橹和舵，增加了船的动力，掌握了使船转弯的手段。这样，即使在波涛滚滚的江河中，人们也能让船只航行自如。

　　苍蝇虽然是人类非常讨厌的一种生物，但是他却给人们的生活带来了很多的启示，苍蝇的楫翅（又叫平衡棒）是"天然导航仪"，人们模仿它制成了"振动陀螺仪"。这种仪器目前已经应用在火箭和高速飞机上，实现了自动驾驶。不仅如此，人们还根据苍蝇的"复眼"，模仿制成了"蝇眼透镜"。"蝇眼透镜"是用几百或者几千块小透镜整齐排列组合而成的，用它做镜头可以制成"蝇眼照相机"，一次就能照出千百张相同的相片。这种照相机已经用于印刷制版和大量复制电子计算机的微小电路，大大提高了工作效率和质量。"蝇眼透镜"是一种新型光学元件，它的用途很多。

　　受到企鹅的启发，人们设计了一种新型汽车"企鹅牌极地越野汽车"。这种汽车用宽阔的底部贴在雪面上，用轮匀推动前进，这样不仅解决了极地运输问

题，而且也可以在泥泞地带行驶。

…… ……

这样的启示实在是太多太多，从萤火虫到人工冷光；从电鱼到伏特电池；从螳螂臂到锯子；现代起重机的挂钩起源于许多动物的爪子；屋顶瓦楞模仿的是动物的鳞甲；船桨模仿的是鱼的鳍……

我们在大自然的羽翼下生活和工作，欢笑着成长，大自然是美丽的，大自然是无私的，大自然更是奇妙的，大自然给予了我们一切。让我们用一颗感恩的心去面对大自然，拥抱大自然吧！

感恩土地给予我们营养

土地是万物之母，世间的万事万物都是因为有了土地才能生长、繁殖，人类更是因为土地而生生不息。自古以来，人类就为土地而争斗不息，各个国家和民族之间的战争几乎都是因为土地而起的。因为谁拥有的土地越多，就意味着谁可以赚取更多的财富。翻开一页页的历史，我们发现一次次的农民起义也都是因为农民对土地的渴望，地主对土地的强占而引起的。直到土地革命、改革开放以后，农民才拥有了自己的土地，过上了温饱的生活，从而开始奔小康，使经济持续发展。可见，土地是国之根本，民之衣钵；土地是万物之源，是一切一切的根。

有一天，爸爸告诉女儿，世界上的任何东西都来源于土地，女儿眨眨大眼睛说："真的吗？"爸爸回答："当然了。"

"那房子也来源于土地吗？"

"是啊，房子由砖头砌成，而砖头是用泥土烧制的。"

"那桌子也来源于土地吗？"

"是啊，桌子是木材做的，而树木生长在土地上啊！"

女儿不服气，于是指指她穿的塑料凉鞋，说："它总不会来自泥土吧？"

"孩子，塑料是石油做的，石油蕴藏在土地里啊！"

"啊？！塑料是石油做的，我还是第一次听说。爸爸，你懂得真多。"

爸爸摸着女儿的头说："就连我们人类其实也来自土地啊，没有土地我们从哪里得到食物呢？所以说，我们要感恩土地，珍惜土地。"女儿懵懂地点点头。

土地是万物之母，她辽阔、朴实、宽广而无私。我们在土地里播下一粒种子，她回报给我们的却是一堆果实。感恩土地，感谢你的辽阔，因为你的辽阔才让我们有了自己的家，有了一个遮蔽风雨的地方；感恩土地，感谢你的无私，因为你的无私才让我们得到了我们生存的物资，给予我们一个充足的环境；感恩土地，感谢你的朴实，因为你从不曾向我们索取，你只懂得付出，因此才令我们的日子过得富足。

土地默默无闻，甘于奉献，为人类提供了物质需要，但是人类却贪得无厌，对土地不断地索取，索取无度，最终伤害了万物之母——土地，也害了我们自己。

1998年，我国发生特大洪灾，其相当大的原因就是因为长江上游的森林遭到乱砍滥伐，导致水土流失引起的。当洪水泛滥的时候，我们的土地母亲其实也在哭泣，因为只有团结的泥土才具有能量，否则那是一盘散沙，沙漠一片荒凉，是不适合人类居住的。

还有，在南京召开的第二届土壤污染和修复国际会议上获悉，我国土壤污染问题不容乐观。据估计，我国受农药、重金属等污染的土地面积达上千万公顷，其中矿区污染土地达200万公顷，石油污染土地约500万公顷，固体废弃物堆放污染土地约5万公顷。土地污染已经对我国生态环境质量、食物安全和社会经济可持续发展构成严重威胁。

在环发〔2008〕48号文件《关于加强土壤污染防治工作的意见》中，对土壤环境是这样描述的：土壤环境面临严峻形势。目前，我国土壤污染的总体形势不容乐观，部分地区土壤污染严重，在重污染企业或工业密集区、工矿开采区及周边地区、城市和城郊地区出现了土壤重污染区和高风险区；土壤污染类型多样，呈现出新老污染物并存、无机有机复合污染的局面；土壤污染途径多，原因复

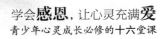
杂，控制难度大；土壤环境监督管理体系不健全，土壤污染防治投入不足，全社会土壤污染防治的意识不强；由土壤污染引发的农产品质量安全问题和群体性事件逐年增多，成为影响群众身体健康和社会稳定的重要因素。

人类的脉管和土地是连在一起的，我们生命的根深扎在土地之中，土地给我们提供了生活的平台，给予我们生长的营养，但是我们却使土地在荒芜，沙漠在扩张，可曾想过如果再不珍惜我们的土地，真爱我们的土地，等待我们的也终将是毁灭。庆幸的是，我们人类已经懂得感恩土地，知道土地对我们的重要性，正在想尽办法拯救我们的大地母亲。

感恩土地，尊重土地，珍惜土地，只有这样我们才能永远屹立在这一片辽阔的土地之上。

感恩四季给我们带来多姿多彩的生活

感恩是一个千古话题，它长存不息，延续至今。在生活中，我们有各种各样的感恩之情。有子女对父母的，有弟子对恩师的，有游子对故乡的，也有赤子对祖国的……感恩之情太多太多，以至于很多人忽略了对大自然的恩情，大自然赋予我们的真是太多太多了。纤细秀丽的江南风光；雄伟古朴的北国山川；众多的湖泊，漫长的海岸……而最可贵的是给了我们四个无比美丽的季节。感恩四季，感恩那春天的草长莺飞，夏天的红瘦绿肥，秋天的硕果累累，冬天的白雪皑皑，感恩四季让我们在感受自然之美、物华之美的同时，也感受到了生命的真谛。

春天是一个神奇的季节，万物复苏，一夜之间整个世界焕然一新。春天来了，大地不再显得那么荒凉、单调，嫩绿的小草渐渐地从土里探出头来，感受春天的第一缕阳光，第一滴雨露。春天来了，河冰化了，水涨了，山绿了，太阳好像更亮了。生机勃勃的春天来了，她给我们带来了轻柔的春风和多情的春雨，让我们感受春的魅力、春的色彩。

春天的这个时候，如果你坐在教室里朗读课文，你会感觉浓厚的生命气息：春风不时地给你送来几缕清香，鸟儿也会来为你歌唱。如果你用心去听，你可能还会听到枝头抽出新芽的声音，那就是和谐最完美的表达，恐怕只有懂得感恩的人才能够体会得到。

春姑娘走了，夏姑娘正向我们走来，虽然对春天有着万分的眷恋，但是感恩的心告诉我：夏天依然美丽！夏天虽然没有春天的含蓄，但是却有着自己独有的热情。在夏天里，草儿越发浓郁了，树叶更加茂盛了，花儿也更是盛情绽放。枝头不再是属于小鸟独有，进入我们耳朵里的是禅和鸟儿的合唱。夏天是属于太阳和大雨的。他们总是在不停地交替出现。大雨让花儿喝个够，阳光让草儿温暖个够。夏天的雨释放着夏天热情的本性，轰隆隆的，热闹得不得了，像一首奏鸣曲的开端。雨珠从万米高空冲击而下，抽打在湖中、路旁、亭畔、山尖……更打在人们的思绪里，炸出更小的水珠向四周弥漫，化作一团水雾。

夏天的雨说来就来，说走就走。雨后的夏天，如果你走向田间，天空出现了一座"七彩桥"；如果你走向池塘边，是一番"接天莲叶无穷碧，映日荷花别样红"的景象。荷花是夏天的灵魂，她凭着自己"出淤泥而不染，濯青莲而不妖"的纯洁，让其他的花都望尘莫及。荷花从来都不会感叹命运的不济，因为她明白生命的可贵，她懂得珍惜上苍的赐予，带着这颗感恩的心，她开得越发鲜嫩多彩了。

秋天来了。秋天是一个收获的季节，一个丰收的季节。在这个季节里，我们更需要的就是感恩：感恩上苍的恩赐，感恩这累累的硕果。在秋天里，你走进田间，苹果像一个个小灯笼挂在树梢，柿子把树枝压弯了腰，田里的水稻黄得像金色的海洋……秋的天空是蓝色的。蓝得空旷，使人感到秋天独有的空间美，秋的落日是暖暖的。一道晚霞染亮天空的黯淡，那片片凋零的树叶，像一只只蝴蝶，在高远的天空中翩然起舞。

刘禹锡在诗中写道"自古逢秋悲寂寥，我言秋日胜春朝"，可见他是一个懂得感恩的人，因为没有感恩之心的人是看不到秋天那种豪气和壮美的，他们的眼里秋天就是一个冷落、萧瑟、凄凉的时令。

秋天走了，一阵寒风把冬天吹入人间。一到冬天，整个世界都冰封了起来，让人想起"北国风光，千里冰封，万里雪飘，望长城内外，惟余莽莽。"是啊，冬天是个美丽的季节，是一个纯洁的世界，最美的场景就是下雪了。漫天的大雪飘在空中像翩翩起舞的少女，像你追我赶的嬉戏孩童，像携手同行的情侣，诠释着冬的魅力。一枝独秀的梅花，在冬天里更是显得耀眼，我想梅花的美丽和耀眼不限于它的梅香，而更重要的是它有一颗感恩的心，是感恩让它不为困境，迎寒而生，展现着生命的顽强。

一年因为有了四季，才会让我们明白花开花落、春播秋收、四季轮回的人生哲理。感恩四季，她让我们体味了春天的艳丽、夏天的缤纷、秋天的金黄、冬天的银装；是她丰富了我们的视野，让我们拥有了无限的遐想，我们的生活在四季轮回中变得充实和美满。感谢你，美丽的四季，给我们带来多姿多彩的生活。

感恩动物、植物陪伴着我们

曾经在网络上传播的沸沸扬扬的"虐猫"事件，引起社会人士广泛的关注，为了捉拿这个悲剧的幕后主人公，很多人自愿掏腰包发出悬赏公告。动物是上帝派来陪伴我们的朋友，对我们的朋友采取这样的恶劣行为，我想没有谁会答应。

大千世界，芸芸众生，每个生命都是平等而又有尊严的。我们所熟悉的大自然也是人类和所有动物共同的家园。动物和我们一样拥有生存的权利，我们都是平等的。万里大地，因为有了动物而更加出色。动物在其中扮演着极为重要的角色。它们给人类带来无限的帮助。我们人类自古就有"受人滴水之恩，应当涌泉相报"的传统美德。因此对于动物，我们也应怀有一颗感恩的心。

三国时期，住在襄阳的李信养了一只名叫"黑龙"的狗，"黑龙"平时和主人李信是形影不离，关系非常好。一天，李信带着"黑龙"进城，因为喝了很多酒，在回家的路上，李信倒在城外的草地上睡着了，而这个时候，襄阳太守郑瑕正在附近打猎，由于杂草丛生，难以看清猎物，于是他命人烧荒。很快，火随着风势就蔓延到李信的身边，而烂醉如泥的李信根本没有察觉。在这个关键时刻，李信身旁的"黑龙"疯狂地叫喊着，它拖咬着主人，但是怎么都无法把主人叫醒，也移不动，情急之下，"黑龙"看到不远处有一个小溪，机智的"黑龙"跑过去跳入溪中，将身体浸湿后，飞奔回醉睡的李信身边，抖落皮毛上的水将李信的衣服和周围的草弄湿，往返多次后，李信得救了，但是"黑龙"却因过度劳累而死在了李信的身旁。火没有烧到李信，待李信醒来之后，明白了发生的一切，扑在"黑龙"身上痛哭不止。太守郑瑕听到这件事，感叹道："狗比人更懂报恩，人要是知恩不报还不如狗呢。"后来，人们择了个吉日厚葬了义犬"黑龙"，并在高坟上立碑"义犬冢"。

泰国在一次发生海啸之前，赶象人萨郎甘和妻子正率领一支由8头大象组成的队伍向海边进发，象背上坐着十几名外国游客。突然，大象们开始吼叫。此时，印尼苏门答腊岛附近的海域正发生着9级地震。紧接着，大象们开始往山上跑。人们看见巨浪袭来，都跟着大象狂奔。最终，这群大象成功地解救了当时在场的许多人。

其实，像这样的事情有很多很多。古往今来，动物对人类的贡献让人怎么数也数不清。不仅是动物帮助人们脱离险境，还体现在其他很多方面，比如：人们从自由翱翔的蜻蜓身上得到启发，发明了第一架飞机；人们发现蚁卵所含的蛋白质营养价值很高；熊猫"团团圆圆"帮助人类沟通情感，它们代表着大陆和台湾人民的共同愿望，代表着隔海相望的颗颗爱国之心等等。

试想一下，如果生活中没有动物的陪伴，我们的生活将是怎样？或许是一片黯然，或许是世态炎凉，或许……或许……或许谁知晓呢？所以，感恩我们身边的动物吧，谢谢他们对我们的陪伴。谢谢它们总是默默无闻地贡献着自己的一生。其实不是只有动物陪伴着我们，也许此时你一深呼吸，就会发现，原来陪伴我们的还有很多很多为我们提供氧气的植物。

曾经在《自然之友》里，看过这样一段话：我们吃植物、喝植物、烧植物、拿它治病痛，我们走在、坐在、住在，特别是呼吸在植物制造的芬芳氧气之中。不仅如此，它们拿自身喂养着动物，以自己的被粉碎和被咀嚼转变成人类更多的身上衣和口中食。植物给我们生命，给我们安全、温暖、香醇、舒适和饱足，可是我们从来也不认为需要感谢它，越是醒悟到这一点，越是心中有愧。

第十五课 感恩自然，让我们天天享受免费的阳光、雨露是啊，植物是我们生活中不可缺少的，没有植物就没有空气，我们也就无法在地球上生存；没有植物就没有粮食，我们就无法生活……当我们早晨睁开眼的时候，一股新鲜的空气扑鼻而来。哇！这就是植物第一时间送给我们的"礼物"。

赶快感恩吧！感谢动物，感谢植物，感谢所有陪伴着我们的生物！

CHAPTER 16 | 第十六课

感恩祖国，
让我们沐浴五千年璀璨的华夏文明▶

　　祖国是我们的根，是我们的源。没有祖国，就没有我们做人的尊严；没有祖国，就没有我们和平的生活，没有祖国，就没有我们所拥有的一切！我们应该感恩祖国，感谢祖国为我们撑起绿荫和蓝天，感谢祖辈圣贤为我们创造了五千年璀璨的文明，感谢祖国在灾难面前给我们爱与温暖、信心与勇气、坚强与力量。愿祖国的明天更美好！

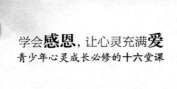

祖国，让我们赢得尊严

现如今，我们即将迎来我们祖国63岁的生日，在这62年里，人民生活富裕、安居乐业、社会稳定，无论是"神七"的升空，还是西藏铁路的开通；无论是奥运会的顺利举办，还是世博会的完美收场；无论是汶川、玉树地震的全民大救援，还是保护在利比亚的中国人的安全，无一不见证着我们神州大地所呈现出来的生机和活力，无一不展示着我们中华民族的伟大复兴，无一不证明着我们综合国力的日益提升。

自新中国成立以来，我们的国力在不断提升，人民生活在不断改善，中国在世界上的地位发生了翻天覆地的变化，我们中华儿女更是获得了世界人民的无比尊重。

在20世纪60年代，很多国家包括美国、南非在内都还奉行着种族歧视政策。当然，我们中国人是黄皮肤也属于有色人种，在公共汽车上，我们在外国必须做后排座，前排的座位只属于白种人。

当时，有一个国民党将领，由于战败，不能被重用，于是他去了南非，自己做点小生意过日子。1964年的一天，这位先生和往常一样，上公共汽车后，习惯性地往后面走。这时，司机对他说："你可以坐前排座。"这位先生很好奇："我是中国人，我不是应该坐在后排吗？"司机说："我知道，我看出来了。难道你没有看今天的报纸吗？昨天中国爆炸了原子弹，能造出原子弹的民族当然是优等民族。所以，从今天开始，中国人可以坐前排座了。"老先生愣住了，此刻，他的内心非常澎湃，他抑制不住自己内心的激动，对司机说："我不坐了，我要下车自己走路。"下车后，老先生一路上都满含泪水。

曾经，在美国的华人区，有很多中国餐馆，虽然他们每天的利润微薄，但是对来餐馆吃饭的美国客人他们必须卑躬屈膝地下跪服务。刚开始他们可能很不习惯，但是日子久了，他们似乎都麻木了。然而有一天，所有中国餐馆的老板都骄傲地告诉自己的职员："从今天开始，我们再也不用给别人跪着服务了……"

　　如果没有祖国的强大，怎能让身在南非的老先生不用再坐在后排，如果没有祖国的繁荣，身在美国的华人餐馆人员又怎能赢得站立。是我们的祖国为我们每一位炎黄子孙摆脱了屈辱，迎来了民族的尊严。

　　前不久，利比亚发生内乱，为了让在利比亚的所有中国人能够安全回国，我国驻科威特使馆武官王瑞正亲自赶往突尼斯杰尔巴岛参加撤离工作，参与完成了我国1万多人乘包机回国的任务。王瑞正说："我在杰尔巴机场具体负责撤离人员通关、安检、登机及包机起降和地勤保障联络工作。8天里，我遇到的人和事，看见的情和景，在脑海里最终汇成了一句话——祖国让我们有尊严"。

　　那段时间，不仅仅是王瑞正有这样的感受，几乎所有参与撤离工作的人员都为祖国而骄傲和自豪。

　　参与撤离工作的北京建工集团的王建同志动情地说："一从利比亚进入突尼斯，边界就有使馆的人在等，路边有旅游车在等，到饭店有床在等，到机场有包机在等。环视四周大批无所适从的各国难民，由衷感到作为中国人的尊严和体面！此时此刻，祖国不再是一个概念，而是心中最坚固的靠山！"王建同志抑制不住自己的激动心情，继续说道："由于中国的国际地位日益提高，外交官办事容易得多，我们凭借这个优势，顺利地打通了关系，机场专门为中国人开辟了绿色通道、给予了特殊的礼遇，黑头发、黄皮肤一时成了'特别通行证'，一些与中国人长相近似的亚洲国家侨民也凭借长相优势，'冒充'中国人加入到我们的队伍里，顺利进入候机厅。当他们登上自己国家的飞机时，友好地向中国公民的撤离队伍招手，用不太标准的汉语说'你好'、'再见'，羡慕之情溢于言表。其中有一位印尼人对我们说：'虽然我不是中国人，但我为你们中国人感到自豪，因为你们有一个强大的祖国做后盾，我羡慕你们！'"

百年历史经验告诉我们：没有祖国的强大，就没有我们今天所拥有的一切，作为华夏子孙，不论你身在何方，都要记住，你的前途、命运和未来和祖国息息相关，我们没有理由不感谢祖国让我们有了尊严，没有理由不为我们的祖国出一把力，好好学习，好好工作，好好生活。

国家兴亡，匹夫有责

孟子曰："以天下兴亡为己任"，北宋范仲淹说："先天下之忧而忧，后天下之乐而乐。"明清思想家顾炎宗也道："天下兴亡，匹夫有责。"他们的言语都在向我们说明一个道理，那就是：国家利益高于一切，一个人要把国家的利益放在第一位，把个人的利益放在第二位，国家的富强是我们每一个人的责任。

那么什么是国家呢？国家就是一个能维护、保障所处于其中人民的一个组织，一个集体。那么一个国家能否做到让处于其中的人民享有足够的权利和生活条件，关键在于这个国家是否强大，是否处于良好的发展状态，而这需要靠我们这些处于其中的人民来创造。

换句话说，国家和人民是相互作用，相互依靠的，我们的生活保障和生活条件取决于国家的富强，而国家的兴亡又取决于我们每一个人的责任。我们每个人都有责任为我们的国家作出自己的贡献，我们的一言一行都有可能给我们的国家带来方方面面的影响。因此我们每一个人都要有"国家兴亡，匹夫有责"的意识，要知道一个对国家、对社会有责任心的人，才会用一颗感恩的心去面对一切，他的人生也因此而精彩。

战国时期，赵国的蔺相如非常优秀，他多次出使秦国，而且随同赵王会见秦王，每次蔺相如都凭着自己的大智大勇，挫败了骄横的秦王，为赵国争光。因此，赵王非常器重蔺相如，很快就将他提拔为上卿，位于老将军廉颇之上。

这一件事情惹恼了战功卓著的老将军廉颇。廉颇看到蔺相如官位比自己还高，很是不服气，他到处扬言说："我为赵国出生入死，有攻城略地的大功。而这个蔺相如，出身低微，只是凭着鼓动三寸不烂之舌，就能位在我之上，这实在是让我难堪！以后我再见到蔺相如，一定要当着众人的面羞辱他。"

这话传到了蔺相如的耳朵里后，蔺相如不但没有找廉颇问罪，反而处处避让廉颇。有一次，蔺相如坐着轿子在大街上走着，突然看见廉颇的马车正迎面驶来，蔺相如立刻命人将自己的轿子拐进了一条小巷，等廉颇的马车过去之后，才从小巷里出来继续前行。蔺相如的随从们看到主人对廉颇一让再让，好像十分惧怕廉颇的样子，他们觉得很是丢面子，于是在一起议论纷纷，还商量着要离蔺相如而去。

蔺相如知道此事后，把他们找来，问道："你们认为是秦王厉害还是廉颇厉害？"

随从们都齐声回答说："当然是秦王厉害，廉颇哪能跟秦王相比啊！"

听了随从们的回答，蔺相如笑了说："这就是了。人人都知道秦王很厉害，可我连威震天下的秦王都不害怕，怎么可能怕廉将军呢？我之所以不跟廉将军发生冲突，是因为我要以国家利益为重啊！你们想想，秦国为什么不敢侵犯赵国？不就是因为赵国有我和廉将军两个人吗？如果我们两个发生冲突，互相争斗，那么不管哪一方输了，势必赵国的力量会被削弱，赵国岂不是危险了？所以，我没有去计较廉将军的行为，是为了赵国啊！"

廉颇知道蔺相如不跟自己计较的事情后，大受感动。他想到自己日常对蔺相如不恭的言语和行为，是又羞又愧。于是，他脱光了自己的上衣，背着荆条，亲自到蔺相如府上请罪……

从此以后，廉颇和蔺相如两个人一心为国，更加团结，很多诸侯国听到他们之间的故事后，都不敢再侵犯赵国了。"负荆请罪"的这段佳话也被人们流传至今。

蔺相如之所以能够目光远大，拥有超越自我的宽广情怀和像日月一样坦荡的胸怀，就是因为他有着一颗赤诚的爱国心，一片激昂的爱国情。面对廉颇的侮辱，他选择委曲求全，因为他知道在国家利益面前，个人的恩怨根本不算什么；同样，廉颇之所以能够负荆请罪，不仅是蔺相如人格魅力的感召，爱国之心的感染，更是廉颇本人爱国觉悟的升华。国家兴亡，匹夫有责，如果一个国家的人民都能够像蔺相如和廉颇一样，把国家利益放在第一位，为了大我，宁愿牺牲小我，那么我们的国家何愁不强，何愁不富呢？

俗话说："大河有水小河满，大河无水小河干。"个人利益和国家利益是分不开的，如果国家衰败，民生凋敝，又谈何个人利益？只有国家兴旺了，强盛了，人民才能安居乐业，才有个人幸福而言。因此，作为华夏子孙的我们一定要深知"国家兴亡，匹夫有责"的道理，不要只为了个人的幸福而奋斗，更要为了祖国的繁荣昌盛而努力！

金牌·荣誉·祖国

每当国歌在奥运会场上响起的时候，每当中国队在比赛中夺冠的时候，我想，你和我一样，为我们生在中国而骄傲，为我们是中国人而自豪。看着那些奥运冠军披着中国国旗在赛场上奔跑，看着他们流下幸福的泪水，我们在那一刻真正感觉到了什么是荣誉感，什么是幸福感。

在1984年7月29日，一位叫许海峰的中国人，在洛杉矶普拉多射击场击发的最后一枪，以总成绩566环获该届奥运会的首枚金牌，这是中国获得的第一枚奥运会金牌。随着这一枪，中国沸腾了。尽管那时中国还没有电视直播，但是报纸和电台都传播着这个振奋人心的消息："许海峰捅破了一层叫'东亚病夫'的纸，国际奥委会主席萨马兰奇亲自为他颁奖"，"一个积弱百年的大国，经历了生死涅槃之后，这个东方巨人在1984年的洛杉矶宣布了自己的醒来。"从此，"体育"一下成为中国人实现"强国梦"的象征。金牌成为国家荣誉的象征。

金牌不仅是对每一项体育运动项目最高成绩的肯定，也是运动员成绩第一的标志，更是冠军的荣誉，国家的荣誉。一块金牌，蕴含着无数的心血，它既是国家荣誉的象征，又是一个运动员在他事业上取得巅峰的标志。为了一块金牌，多少人屏息凝神，多少人挥洒着汗水和泪水。

2008年8月17日下午4点36分，北京奥运会赛艇比赛结束了女子四人双桨的决赛争夺，中国队的唐宾/金紫薇/吴爱华/张杨杨以6分15秒95获得了冠军！实现了中国在赛艇项目上金牌零的突破！这是一枚"计划外"的金牌，谁都没有料到，四位中国姑娘竟然在冲刺阶段爆发出了巨大的战斗力，以领先英国队1秒42的优势帮助中国在这一欧洲传统强势项目中，虎口拔牙，硬生生的为中国赛艇夺得了奥运会上的第一枚金牌。

这块金牌的分量堪比刘翔在110米栏的金牌，因为中国四个姑娘打破了欧洲人的垄断，经过三年的努力，圆了中国赛艇24年的梦。在女子四人双桨的颁奖仪式上，四位姑娘身披五星红旗，24年来，国歌第一次在奥运赛艇的战场上响起。在现场，观众，记者，摄影师都纷纷鼓掌为中国姑娘叫好，见证这一历史性时刻的人都倍感振奋。国际奥委会委员科维格为运动员颁奖，获得铜牌的德国队老将流下了眼泪，被中国队在最后时刻超越的英国队脸上也写满了失望。在这一刻，只有四名中国姑娘脸上写满了喜悦。

比赛开始之后，唐宾、金紫薇、吴爱华和张杨杨四位姑娘组成的中国队在第一个500米之后暂列第三位，完成比赛时间距离排在第一位的英国组合有1.61秒的差距。第二个500米，中国队以1分35秒27的成绩完成，总成绩3分06秒86上升到了第二位，不过距离第一位的英国队还有1秒01的差距。第三个500米之后，英国队依然以4分42秒13的成绩稳居第一，从物理距离上看，英国组合超越中国队达1/4多个艇身。最后的500米开始了，英国队的领先优势似乎不可撼动，但是正是从这最后的一个500米开始，中国队四名桨手的划桨频率突然加快，依靠着强劲的突然发力，中国队很快就超越英国队上升到了第一位。最后的冲刺阶段中国组合没有放松划桨的频率，尽管前面3/4赛程一直保持领先的英国队苦苦追赶，但是中国队还是将领先的优势保持到了最后，最终以6分16秒06的成绩第一个冲过终点，最后500米1分32秒46的成绩在所有参赛队中排名第一，正是这500的出色发挥最终为中国队的夺冠奠定了坚实的基础。

比赛结束后，四位姑娘接受了媒体的采访，金紫薇眼含泪水地说："我觉得非常骄傲和自豪，我们为中国的赛艇事业做出了自己的贡献，终于为中国在这个项目中实现了零的突破。"领划的张杨杨则骄傲得向世人宣布："我们用自己最大的努力完成了中国赛艇的梦想。"

面对历史性的一金，金紫薇激动地说："我知道(创造了中国赛艇的突破)，非常骄傲和自豪，为中国赛艇做出我们的贡献，很激动，我们实现了突破中国赛艇零金牌的梦想。"由于中国赛艇在之前几个有希望夺金的项目，都没有拿到金牌，因此这四朵金花身上背负了太多太多赛艇人的梦想。对此，张杨杨说："我们用我们最大的努力完成了中国赛艇的梦想。"奚爱华更是哽咽地表示："从来这个项目都是欧洲人行，中国人不行，同样的项目中国人也可以做得到，我们今天证明中国人也可以行。"

她们在获得冠军后，不停地亲吻着那等了24年的奥运金牌，那一刻，她们相视而笑，脸上尽是满足之情。她们高举手中鲜花的那一刻，成为颁奖典礼上最动人的风景。国歌奏响，中国人的声音响彻赛场，这一刻，四位中国姑娘掩面而泣，四朵金花用她们的实际行动告诉全世界，我们中国人不比谁差，用她们的"金牌"向世人展示着中国人的美丽和风采。

感恩祖国让我们享有和平生活

和平的年代里，我们的生活是稳定的，不用风餐露宿，四海为家，也没有了痛苦，拥有的是欢笑和幸福。和平的年代里，每个人都是快乐的，小孩子可以在宽阔而明亮的教室里读书，学习。和平是全世界人民的梦想，每个人都希望自己生活的环境是和平的。

现如今，世界上很多国家的人民都愿意到中国来，无论是投资还是旅游，他们都认为中国是最好的选择。他们的理由是我们的祖国繁荣富强，我们的祖国和平稳定，这让他们所做的一切都有了确实的保障。

是啊，现如今，我们已经进入了21世纪，然而在最近10年里，还有很多的国家处于战乱之中，战乱让很多人失去了生命，让很多人沦为难民，让很多儿童成为孤儿。看着那些还在战火纷飞中度日的国家，我们没有理由不为我们能够生活在一个和平稳定的国家而感到自豪和幸福。

2006年的时候，中央电视台的李小萌女士，为做一个关于中国维和部队的记录节目，前往非洲苏丹等地进行采访。

在她去的四个国家里，利比里亚让她印象非常深刻，因为在那里，她看到利比里亚的首都只有几条马路，到处都是打仗的痕迹，所有的路灯都被打掉了，只剩下光秃秃的电线杆在那里站着，银行只剩下个框架，就连利比里亚曾经最好的酒店如今也成为一个烂尾楼，所有的玻璃都被打掉了，如今这里成为难民营，8层楼里住了2000多个难民。

李小萌说："他们的生活根本看不到希望，污浊的空气，主妇做着饭，他们的主食就是一种植物的叶子，小孩随地跑着，洗过的衣服就在地上铺开晾。这种感觉很可怕。"

还有一次，李小萌在苏丹看到一个小院子，里面有一些小女孩在做饭，还有一个举着他们国家的国旗，李小萌知道这是一个女子学校后，就想进去了解一下战后的教育是怎样的。跟学校传达室的门卫和校长打好招呼后，他们就进去了，可是正当她在和教室里的小女孩聊天的时候，整个学校都乱了：正在上课的老师都在跑，还有的要哭；门口聚集了上百人，当地警察都拿着枪……后来，她才知道，是因为她们的工作人员拿着摄像机，而学校的人都以为是什么武器，所以都非常害怕。经过多少年的战争，人的神经特别敏感、也特别脆弱，一点骚动就有可能蔓延成大的事件。

李小萌后来回忆说："当时的感受是非常的震惊，战争、贫穷是如此的可怕。自己没有资格去评价当地人的生活，可是，反过来，我才猛然觉得，生活在和平安宁的祖国是一种多么大的幸福！我们真的太应当珍惜我们国家的和平稳定了。"

其实在这个世界上，处于战乱的国家还有很多很多，在伊拉克，长年的战争使得这里满目疮痍、哀鸿遍野，人们的生命随时都可能被夺去。在阿富汗，长达20多年的战火毁掉了他们赖以生存的各种物质材料。他们甚至不得不卖掉自己的孩子来换取粮食。在利比亚，很多居民为了躲避战争都离开了自己的国家，不愿意再回去。

人类最大的幸福莫过于和平。为了让全世界都免于战火，联合国大会于2001

年9月7日第55/282号决议中决定，从2002年开始，每年的9月21日被设为"国际和平日"。大会宣布，这一天应该作为全球停火及非暴力的日子加以纪念，并邀请所有国家和人民在这一天停止敌对行动。大会邀请所有会员国、联合国系统各组织、区域和非政府组织及个人，通过教育和公共宣传等适当方式纪念和平日，并与联合国合作，实行全球停火。

虽然"国际和平日"并不能够让那些处于战争中的国家真正停止战火，但是它至少向那些国家传递了一个信息：全世界人民都在渴望和平！很多从利比亚回到祖国母亲怀抱的中国人都发出这样的感慨"战争太可怕了！感谢祖国母亲让我们远离战争！"

没有经过沙漠的跋涉，不知道一口清泉的可贵；没有饱尝战争的惨痛，不懂得对和平环境的珍惜。是祖国让我们远离了战争，是祖国让我们享有和平的生活，感恩祖国！

为国为民，从小事做起

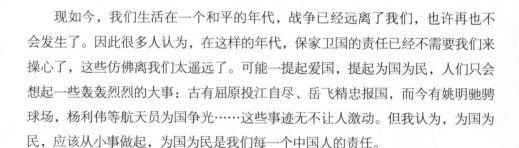

现如今，我们生活在一个和平的年代，战争已经远离了我们，也许再也不会发生了。因此很多人认为，在这样的年代，保家卫国的责任已经不需要我们来操心了，这些仿佛离我们太遥远了。可能一提起爱国，提起为国为民，人们只会想起一些轰轰烈烈的大事：古有屈原投江自尽、岳飞精忠报国，而今有姚明驰骋球场、杨利伟等航天员为国争光……这些事迹无不让人激动。但我认为，为国为民，应该从小事做起，为国为民是我们每一个中国人的责任。

泰山不累抔土，何以成其高；江河不积细流，何以成其大。为国为民这个伟大的主题往往体现在很小的一个个细节中。在1994年10月16日，亚运会在日本广岛结束的时候，容纳过六万人的会场上竟没有留下一张废纸！几乎全世界的报纸都登文惊叹：可敬、可怕的日本民族！就是因为没有一张废纸，就使得全世界为之惊讶，就提升了日本国的声望。然而再看看我们十月一日在天安门广场升国旗的镜头，当人们散去后，满地的废纸，到处乱刮！外国人一看当然会这样认为：

你们中国要同日本比，还差得远呢！小事有时更能体现伟大之处，却也更难让人做到。

李素丽所从事的工作再平凡不过了，一个公交车售票员，但是就是在这样一个平凡的岗位上，李素丽做出了不平凡的贡献。

李素丽当年以12分之差没有考上大学，到60路汽车当了售票员。但是她并没有因此而去抱怨，而是渐渐地爱上了自己的这份工作，每当她热情地为国内外乘客服务，得到对方认可和表扬时，她都会感到自己平凡岗位的不平凡。

"对内我代表首都，对外我代表中国。"这是一句流行在首都窗口行业的话，这句话让李素丽深有感悟，她常说，国内外乘客下了火车，接受北京的第一次服务，可能就是我这个售票员，服务的好坏直接关系到首都的声誉和中国的形象。我一定要让他们从一开始就享受到中国人的美好服务，北京人的美好服务。

在自己的平凡工作中，李素丽总是非常的热心和热情，她会根据乘客的不同需求，给他们最需要的帮助和服务：老幼病残孕，怕摔怕磕怕碰，李素丽挽上扶下；"上班族"急着按时上班，李素丽尽量让他们上车；外地乘客容易上错车或坐过站，李素丽及时提醒他们；中小学生天性活泼，李素丽提醒他们车上维护公共秩序，车下注意交通安全。李素丽始终把"全心全意为人民服务"作为自己的座右铭，真诚热情地为乘客服务，被人们誉为"老人的拐杖，盲人的眼睛，外地人的向导，病人的护士，群众的贴心人"。

多年来，李素丽用自己日复一日的劳动给人们带来真诚的笑脸、热情的话语、周到的服务和细致的关怀。即便是这样，李素丽还是会遇到一些"特别"的乘客。

公共汽车其实就是一个流动的小社会，车上什么样的乘客都会有，尤其是在每天早晚上下班高峰期间，车厢拥挤、嘈杂，有时还会发生矛盾和口角。但是李素丽总是简短的几句话就化解了一个个矛盾，而这几句话也更显示出了她的服务水平。

一次，李素丽查验下车乘客的车票，一个小伙子掏完衣兜掏裤兜，就是拿不出票来。李素丽知道这位小伙子没买票，但是她没有当面给他难堪，而是说："您可能一时着急找不到票了，要不，你今天再买一张，下车后，你要是找到

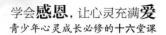

了，下次坐我的车就不用买票了。"小伙子不好意思了，拿出两元钱说："大姐，刚才我没买票，您说怎么罚就怎么罚吧！"李素丽回答说："按我们的规定，下车逃票才罚款，您及时补票就行了。下次上车要主动买票，这样就不耽误您的时间了。"事后，李素丽说：人人都有自尊心，售票员不能得理不让人。让乘客下台阶，我的服务就上了台阶。

还有一次，有一个小伙子，非常不懂礼貌，上了车就往干干净净的地板上吐了一口痰。李素丽轻声提醒他不要随地吐痰。不想气呼呼的小伙子又吐了一口。这时，李素丽没有再说话，走过去，掏出纸把地板上的痰迹擦干净。在全车人的注视下，小伙子脸红了，下车时连连道歉："刚才全是我不对，请大姐原谅。"

李素丽为她的岗位感到自豪。她说："是它给了我每一天都能向他人奉献真情的机会。"

"每一条公共汽车的线路都有终点站，但为人民服务没有终点站。我永远属于我的乘客，属于我的岗位。"

"把平凡的事做好就是不平凡，把简单的事做好就是不简单。"李素丽在自己平凡的岗位上，让外地人看到了北京人的风采，让外国人看到了中国人的风采。热爱祖国是我们每一个人的责任，是我们每一个人的义务，为国为民也不需要我们小米加步枪，更不需要我们承载神舟飞船升天……

为国为民只需要我们从身边的小事做起，作为一名中学生，我们就应该从上好眼下这一堂课开始，从帮助身边的某一个同学开始，从尊敬自己的老师开始，从孝敬自己的父母开始。总之，只要我们真正热爱我们的祖国，做力所能及的事情就足够了。让我们都用实际行动投入到爱祖国中去，从自我做起，从身边的小事做起，从现在做起。

祖国的明天更美好

改革开放之后，我们的祖国繁荣富强了起来，在党的领导下，我国各族人民同心同德、和衷共济、携手向前，从容应对并经受住了国际国内各种挑战和压力的考验，保持了经济发展、政治安定、文化繁荣、社会和谐、人民幸福的良好局面。各族人民大团结日益巩固，为中国特色社会主义伟大事业的胜利前进提供了可靠保障。

改革开放所取得的巨大成就，不仅让我们看到了新中国在国家建设进程中所取得的重大突破，也让我们看到了中华民族凝聚力的日趋增强。中国的脊梁已不是弯曲的，而是顶天立地，自豪地挺立着。祖国让我们有了尊严，我们为亲爱的祖国感到无比骄傲，无比自豪。

1997年7月1日零点，中华人民共和国国旗和香港特别行政区区旗在香港升起，经历了百年沧桑的香港回到祖国的怀抱，中国政府开始对香港恢复行使主权。

1999年12月20日零时，中葡两国政府在澳门文化中心举行政权交接仪式，中国政府对澳门恢复行使主权，澳门回归祖国。这是继1997年7月1日香港回归祖国之后，中华民族在实现祖国统一大业中的又一盛事。

1999年11月20日，神舟一号成功发射，这是中国实施载人航天工程的第一次飞行试验，标志着中国航天事业迈出重要步伐，对突破载人航天技术具有重要意义，是中国航天史上的重要里程碑。

2003年10月15日，我国第一艘载人飞船神舟五号成功发射。中国首位航天员杨利伟成为浩瀚太空的第一位中国访客。神舟五号21小时23分钟的太空行程，标志着中国已成为世界上继俄罗斯和美国之后第三个能够独立开展载人航天活动的国家。

2008年9月25日，载着翟志刚、刘伯明、景海鹏3位航天员的神舟七号飞船在

中国酒泉卫星发射中心发射升空。

2006年7月1日。青藏铁路通车庆祝大会在青海省格尔木市和西藏自治区拉萨市同时举行。

2008年8月，中国北京成功举办第29届奥林匹克运动会。

2010年5月到11月，中国上海成功举办了第41届以"城市，让生活更美好"为主题的世博会。

…… ……

这一切的一切无不证明着我们祖国的强大和繁荣，无不证明着东方巨龙的腾飞，无不证明着我们祖国正在意气昂扬地向着一个崭新的时代迈进！尽管如此，在近些年来祖国发展的道路上还是有一些不顺利，国内相继发生南方雨雪冰冻、非典、汶川和玉树大地震、国际金融危机等天灾人祸，但是这些灾难并没有摧垮中国人民的意志，反而让所有中国人民更加团结和坚强。国内经济继续保持平稳较快发展，各项社会事业稳步向前推进。这让每一个中国人更能深刻感受到祖国的强大，祖国的温暖。

现如今，我们已经步入21世纪，21世纪，将是祖国高速发展的一个契机。当下，以胡锦涛主席为核心的新一代领导集体，提出了构建和谐社会的伟大理念。构建和谐社会，首先需要解决的就是人与人的和谐问题。而这就需要我们大家常怀一颗感恩的心，感恩父母，感恩老师，感恩公司，感恩领导，感恩对手，感恩身边的每一个人，其次我们要解决的是人与公司的和谐，人与自然的和谐，人与社会的和谐等等，只有一个个小集体、小家庭和谐了，我们整个社会才会和谐。和谐的社会是繁荣的社会，是发展的社会，是腾飞的社会，是实现小康的社会。和谐的社会必将使祖国走向辉煌灿烂的明天，也必将给祖国人民带来幸福美满的明天！

感恩祖国，愿祖国的明天更美好！

今天我要加倍重视自己的价值

　　今天我要加倍重视自己的价值。桑叶在天才的手中变成了丝绸。黏土在天才的手中变成了堡垒。柏树在天才的手中变成了殿堂。羊毛在天才的手中变成了袈裟。

　　如果桑叶、黏土、柏树、羊毛经过人的创造，可以成百上千地提高自身的价值，那么我们为什么不能使自己身价百倍呢？

　　今天我要加倍重视自己的价值。

　　我的命运如同一颗麦粒，有着三种不同的道路。一颗麦粒可能被装进麻袋，堆在货架上，等着喂猪；也可能被磨成面粉，做成面包；还可能撒在土壤里，让它生长，直到金黄的麦穗上结出成百上千颗麦粒。

　　我和一颗麦粒唯一的不同在于：麦粒无法选择是变得腐烂还是做成面包，或是种植生长。而我有选择的自由，我不会让生命腐烂，也不会让它在失败、绝望的岩石下磨碎，任人摆布。

　　今天我要加倍重视自己的价值。

　　要想让麦粒生长、结实，必须把它种植在黑暗的泥土中，我的失败、失望、无知、无能便是那黑暗的泥土，我须深深地扎在泥土中，等待成熟。麦粒在阳光雨露的哺育下，终于发芽、开花、结实。同样，我也要健全自己的身体和心灵，以实现自己的梦想。麦粒须等待大自然的契机方能成熟，我却无须等待，因为我有选择自己命运的能力。

　　今天我要加倍重视自己的价值。

　　怎样才能做到呢？首先，我要为每一天、每个星期、每个月、每一年、甚至我的一生确立目标。正像种子需要雨水的滋润才能破土而出，发芽长叶，我的生命也须有目的方能结出硕果。在制定目标的时候，不妨参考过去最好的成绩，使其发扬光大。这必须成为我未来生活的目标。永远不要担心目标过高。取法乎上，得其中也，取法中也，得其下也。

　　今天我要加倍重视自己的价值。

高远的目标不会让我们望而生畏，虽然在达到目标以前可能屡受挫折。摔倒了，再爬起来，我不灰心，因为每个人在抵达目标之前都会受到挫折。只有小爬虫不必担心摔倒。我不是小爬虫，不是洋葱，不是绵羊。我是一个人。让别人作他们的黏土造穴吧，我只要一座城堡。

今天我要加倍重视自己的价值。

太阳温暖大地，麦粒吐穗结实。这些羊皮卷上的话也照耀我的生活，使梦想成真。今天我要超越昨天的成就。我要竭尽全力攀登今天的高峰，明天更上一层楼。超越别人并不重要，超越自己才是最重要的。

今天我要加倍重视自己的价值。

春风吹熟了麦穗，风声也将我的声音吹往那些愿意聆听者的耳畔。我要宣告我的目标。君子一言，驷马难追。我要成为自己的预言家。虽然大家可能嘲笑我的言辞，但会倾听我的计划，了解我的梦想，因为我无处可逃，直到兑现了诺言。

今天我要加倍重视自己的价值。

我不能放低目标。

我要做失败者不屑一顾的事。

我不停留在力所能及的事上。

我不满足于现有的成就。

目标达到后再定一个更高的目标。

我要努力使下一刻比此刻更好。

我要常常向世人宣告我的目标。

但是我决不炫耀我的成绩。让世人来赞美我吧，但愿我能明智而谦恭地接受它们。

今天我要加倍重视自己的价值。

一颗麦粒增加数倍以后，可以变成千株麦苗，再把这些麦苗增加数倍，如此数十次，它们可以供养世上所有的城市。难道我不如一颗麦粒吗？

当我完成这件事，我再接再励。当羊皮卷上的话在我身上实现时，世上会惊叹我的伟大。

——本文引自《羊皮卷》

后 记

　　诗人柯岩说："人的一生都在路上。"每个人每天都在用脚丈量自己的生命。每个人的一生又都在不断求索。感恩之于青少年，犹如雨露之如禾苗，活水之如游鱼，阳光之于地球。做为一位青少年心灵成长导师，给孩子们奉上这本书，真诚的希望他们能畅享到这份心灵成长的"大餐"。生命从此而不再干枯，并能结出优美的甜果。

　　如果你有幸接触到这本书，并能认真仔细的读完这本书，请你马上做一个小小的动作。把这本心灵的著作慢慢的合起来，轻轻的闭上眼睛，仔细的回忆下你从这本书中所学到的东西。也许是一个新观念、一个好的学习方法、一个好的心态、一个积极向上的人生观……

　　如何把学到的东西转化为自己的东西，然后把它加以利用，运用到自己的学习上、成长上以及工作中，也只有这样才会对你的人生有所改变、有所帮助。每一个人的大成功都是由一个个小成功积累而成的。

　　成功是我们每一个人都非常渴望、无时无刻不在追求的东西。而每个人对于成功的定义却有所有不同。对某些人而言。成功是每天早上起床的时候是站在地面而非躺在地面上；成功是每天能够睁开双能看到这个五彩的世界；成功是能够见到自己最想见的人；成功是一种地位；成功是一次掌声；成功是踏上一个又一个高峰，而我的成功，只要每天能够帮助别人就是我最大、最渴望的成功。对于你而言，成功的意义是什么呢？

当你正被书中的内容打动，当你正在回味书中的某一个故事时，我却正站在某个学校的演讲台上，正驰骋在去往某个学校所在城市的高速路上，坐在去下一个城市的飞机上。我相信通过这本书的学习，你能够找到学习的原动力。如果你对于你的学习目标和人生目标还不明确，请你再仔细的阅读一遍。阅读的次数多了，才能从书中找到属于自己的黄金屋

有爱的世界更精彩，有爱的人生更灿烂。当你读完了这本书后，我相信，你与世人的心灵的距离在缩短，爱的阳光会洒满你的心间成功之日指日可待！

给爸爸妈妈的一封信

  请用发自内心的语言写下你看完这本书之后内心深处最深切的感受，希望你每一年都能拿出这本书，翻到这一页，把这封写给父母的信再默默的读一遍！

  我们相信，这封信将会成为你人生中最重要的一封信，必将深刻地影响到你的一生！

  亲爱的爸爸妈妈：

  谨以此书献给天地之下所有含辛茹苦仍不忘艰难哺育子女重任的父母！

决心书

　　中国的父母是全世界最辛苦，最献身，最可怜的！

　　一生的操劳，一生的忧虑，一身的病痛！难道这就是我们能带给父母的吗？我们什么时候才能长大？我们什么时候才能报答父母？他们能等到那一天吗？

　　和父母的付出相比，我们在学校里没有做到全力以赴！

　　因为没有全力以赴，所以我们没有能力，没有本事去报答他们！

　　因为我们不懂事，不成熟，反而给他们带来了更多的白发，更深的皱纹，更虚弱的身体！请反省一下自己吧！

　　不要再对父母的爱熟视无睹！他们的快乐和健康就是我们最大的责任！

　　只要我们全力以赴，他们就将终身无悔!父母的要求就这么一点!

　　请在这里写下你人生的五大梦想，并让你的父母签名！

　　第一大梦想：

　　第二大梦想：

　　第三大梦想：

　　第四大梦想：

　　第五大梦想：

　　我一定要最大限度地利用每一天的每一分钟！

　　我对我的未来完全负责！

　　无论我做什么，我都将全力以赴，追求成功！

　　我的签名：　　　　　　　　时间：

　　见证人：　　　　　　　　　地点：